人才发展的市场与政府互动

吴坚 著

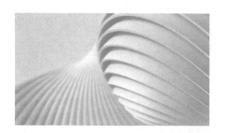

上海三联书店

目　录

下卷　人才发展的政府篇

上卷

人才发展的市场(社会)篇

第一章

新时代青年领导能力的培育与提升

领导力简言之就是领导能力,体现为影响他人的能力,赢得追随的能力。中外历史表明,任何一个成功的领导者都离不开他所处的政治经济社会形态的支持,唯有契合社会形态的领导者的素质、类型、风格和策略才能取得成功,获得追随者的支持。因此,当代中国青年领导力修炼也有一个契合当前社会形态的问题,即如何从当前中国社会实际出发来塑造青年领导的类型、理念和风格,是摆在理论工作者和实践者面前的一个现实问题,本文在此抛砖引玉,希望能引起对青年领导力修炼情景性问题的更多关注。

第一节　领导情景的三个特殊视角

对当前中国社会的描述和判断很多,如棱柱性社会、风险型社会等等,依据既有的研究文献中当代中国领导情景特殊性可以归纳为以下三方面。

(一)转型社会的不确定性

"所谓社会转型,是指由传统社会向现代社会的过渡,由传统社会向现代社会的结构性变动,由传统社会向现代社会的整体转化。[①]"社会转型"是一个中性且含义很广的概念,是整体的和全面的社会结构状态的过渡,在内容方面主要涵盖了结构转换、机制转轨、利益调整和观念转变等方面。社会转型是当前中国最大的基本国情,自改革开放以来中国社会的经济发展、城市化、国际开放、社会分化等方面都在处于快速的发展中,在未来的中短期都不会结束社会转型的过渡期社会性质,在这样的社会法制生态还不健全,人治大量存在,社会的运营,除法以外,还有亲情理义权等力量在起作用,不仅社会整体变化快、不确定性大,为适应社会实际情况的变化,政治与政策变化快,而且更替频次也快。昨天能干的事情,到了今天也许就不能干了;昨天不能干的事情,今天也许就能干了。

(二)高语境社会的隐晦性

霍尔(Hall,1959)在《无声的语言》一书指出文化具有语境性,根据信息由语境或编码表达的程度,将文化分为高语境和低语境,高语境文化则不然,人们受多年积累的文化熏陶,形成了一定的价值观念、行为准则。在交流过程中,很多信息蕴含在背景文化中,无需明确地表达出来,人与人之间的交流比较隐晦,只需轻轻一点,双方即可心领神会。交流过程中人们更多考虑的是对方的感觉和面子问题,习惯于把自己的真实想法隐藏起来婉转地表达

[①] 吴忠民:《20世纪中国社会转型的基本特征分析》,《学海》,2003年第6期,第98页。

出来,"伪装掩盖了说话者的真实意图",重视听者领会和推断说话者意图的能力,高语境文化常常以听者为中心"。低语境社会中,人与人之间的交往直截了当、开门见山,信息需要通过清晰易懂的文字语言传达出来,没那么多弯弯绕绕,也不需要领会"弦外之音"。中国是典型的高语境社会,群众和被领导者利益和需求表达比较隐晦,更多在中国传统文化的范畴内表达和倾述,间接交流,注重维持群体的和谐一致。

(三) 差序社会的多元性

费孝通先生在《乡土中国》一书中提出了中国社会结构和人际关系"是好像把一块石头丢在水面上所发生的一圈圈推出去的波纹,每个人都是他社会影响所推出去的圈子的中心,被圈子的波纹所推及的就发生联系"的"差序格局"模式①,"中国传统社会的人际关系,在定位上,已被儒家哲学转化成伦理的形式,使得父子、朋友、君臣等等之间,依此关系形成一种差序性的伦理关系。"②中国传统的伦理道德,像仁、义、礼、孝等等,都是在解决怎么分配资源的问题,或者说是在解决给谁面子、不给谁面子、给多大面子的问题。儒家归纳出人类社会中的五种伦理关系,就是所谓的"五伦":父子、兄弟、夫妇、朋友、君臣。儒家提倡处理这五种关系的原则是"尊尊"和"亲亲","尊尊"是地位的高下,"亲亲"是关系的远近。人际交往中,应该按地位高下决定谁是"资源的支配者",再按关系远近决定资源分配或者交易的法则。"陌生人之间的关系是工具性关系,需要公事公办,执行公平法则;家人间的关系是情感性关系,

---

① 费孝通:《乡土中国》,中华书局,1998,第 26 页。
② 卜长莉:《差序格局"的理论诠释及现代内涵》,《社会学研究》,2003 年第 1 期,第 22 页。

需要平均分配,执行需求法则;介于二者之间的是混合性关系,需要考虑付出和回报,以及关系网内其他人的反应,执行人情法则。"①

第二节　领导类型的经验分析

　　面对传统规则和文化,在适应与改变中中国领导者们交出了一幅幅夹杂成功喜悦与失败痛苦的答卷。根据不同的行为表现西方学者伯恩斯(Burns)、豪斯(House)等提出了交易型、变革型和魅力型三种领导类型。借鉴这三类领导类型,从"领导与组织成员的互动"分析框架出发,结合中国实际归纳了"机会型领导""幻觉型领导""常态型领导"和"理想型领导"四种领导类型。② 我们分析其中的两种类型。

(一) 机会型领导

　　机会型领导是指在方向和目标较为明确的组织中,由于领导情景的不确定性,领导者采取表面合法、合理,而实质缺乏理性、常识和社会主义信念的做法来实现组织目标的一种领导类型。这类领导通常几乎没有社会理想,理想信念淡漠,追求的是个人的成功,追逐物质世界的金钱、权力和地位等,不是去创新管理,努力改革不适宜的制度与体制,而是适应体制利用现体制"合理"、"合法"实现自己的个人利益,组织利益和组织目标只是它的一种掩护。

① 黄光国:《面子:中国人的权力游戏》,中国人民大学出版社,2004,第 9—11 页。
② 韩巍、席酉民:《机会型领导、幻觉型领导:两个中国本土领导研究的关键构念》,《管理学报》,2012 年第 12 期,第 173 页。

机会型领导是一种可怕的领导类型,因为其表面的"合理、可信",尤其是制度上的"疑似合理性",善于用"表面上合理、可信",却经不起推敲的"制度"实现自认为可取的组织目标。"比如在各级地方政府、各种组织中,存在大量善于迎合某些显失常识的各种"政绩/业绩指标"的地方官员、组织领导;比如地方官员大张旗鼓、不择手段地追求 GDP 规模、增速;比如大学大张旗鼓对各类项目、基地、博士点、SCI(SSCI)的过分追逐;比如企业忽视产品品质、消费者权益、环境安全、资源保育,对销售额、利润率的过分追求。或许在短期、在局部上,机会型领导中领导的"政绩/业绩"可能堪称"优异",却会给组织、社会的广泛合作带来长期的危害。"规避并遏制"机会型领导、幻觉型领导"是当前中国必须面对的问题。

(二) 理想型领导

理想型领导是指为应对社会经济形态的发展变化,以对社会负责的精神和态度,提出组织的目标和方向,且以理性、合法、符合常识的手段方法激发追随者的热情和向往,他们往往是制度创新的推动者,危机管理的核心人物。基本特点是在不确定的环境和目标中,实现了组织持续发展和根本目标,提出了组织存在的使命、愿景和方向,组织成员们也是基于说服和理想信念的坚持而跟随领导者。在现实中,这类领导往往存在于变革型或危机型组织中,他们的素质、能力强和社会信仰理念坚定,对社会发展趋势和需求把握明确,从而对组织的目标和方向能统一人心,进而营造出了全新的目标、方向和实现目标的新策略和手段,建立了新秩序。鼓励并培养理想型变革型领导是当前中国青年领导力修炼的一个重要方面。变革型领导往往通过提升下属士气和道德水准,鼓励他们为了组织和团体的共同目标超越自身利益并超水平地完成预定绩效目标。理想化影响或魅力、智力激励、个性化关怀和感召力是变革型领导者影响力的来源。理想型领导不是空有乌托邦般的美好社会想象，而是深深根植于社会现实的远见和真相的洞察力，不会离开社会现实，也不会偏离原则和基本道义，不会因自己个体的成功而损害社会公益和公共利益，而是在远见卓识下实现共赢。

第三节　青年领导力修炼的方向和策略

（一）发展和建立不确定时代成熟政治智慧

当前青年人血气方刚，思维活跃，富于激情，在政治理性养成方面具有优势，对于公平正义等社会理想的接收性强，但由于知识不足、理性有限、阅历不够，书生气较浓，对社会的多元性、复杂性和不确定性认识不深，考虑问题层次性、全局性和长远性欠缺，从而在理解当前社会主义体制和政治觉悟方面有待提高，难以理解平衡推动中国社会前进的各种力量。在中国光有法律思维不要说领导伟大事业，就是成事也会非常困难，如台湾的马英九先生在处理台湾公共事务中虽然个人廉洁，非常注重遵纪守法，但八年任期不仅建树不多，还被称为"软脚马"，意为软弱、无能。因此在相当长的社会转型过渡期，现代化的过程，在中国光有法律的单纯思维远远不够，必须拥有相应的政治智慧，把握不同阶段的政治方向、政治纪律，拥有全局和大局意识，必须因时而化，必须学会审时度势。时刻保持清醒的政治头脑，增强政治敏感性和政治鉴别力，大是大非面前敢于"亮剑"，谣言诱惑面前立场坚定，各种思潮面前有信念和定力。始终把政治纪律和政治规矩摆在首要位置，确保中央政令畅通和立足实际创造性开展工作。

青年领导力政治智慧修炼是一个漫长的政治社会过程,在这过程中政治思维的养成和政治实践的观摩是两个重要的途径,通过对著名政治家、政治思想家经典的阅读来开启思维、启发灵魂,让经典塑造原则政治;同时,时刻关注时事政治,向现实政治中人物学习取经,分析他们在不同情境中所言所行、原因结果,向他们的成功和失败学习,也反向思考自己的政治思维、政治分析方法,不断改进政治学习、政治分析的途径和方法,从而养成成熟的政治智慧。

(二) 发展和建立洞察人际内心的共情力

当代年青人都十分注重理性思维和能力的培养,无论是高中还是大学的学习理性分析能力的提高都是首要的目标,但团队学习、合作学习十分缺乏,自私、狭隘不能在青年时代得到很好的突破,在与他人打交道时不知道对方需要什么,也不关心对方脑子里在想什么,这样无疑不能取得被领导者的认同和跟随。清朝知名官员曾国藩就十分重视体察他人内心,努力站在别人角度去思考、理解问题。曾写道,说人好美名,人皆如此。但如果一个人一味地图美名,那不美之名就归于他人了。我不吃肉,别人吃完肉吧唧嘴的时候,心里也不落忍嘛,或者是很难堪嘛。如果让他人承担了这样的名声,"盖难为情"。要有这样的共情能力和思维,因为对被领导者实际内心把握直接决定了领导者会采取什么样的领导策略,实际效果如何。

青年领导力共情力修炼最重要的场合是实际生活中的各种关系,要学会在同学关系、家庭关系、工作关系、朋友关系中真正感受到别人的感受,只有当关系中另一半的感受,被彼此看见,那一刻,关系才真正开始，否则，只是在和自己想象中的人打交道，只是自己跟自己（头脑里对他人一成不变的看法）玩。从心理学角度看，没有走入对方，对方感受只是自己的感受，熟悉的陌生人等一方面是我们的自以为是，想当然，没有掌握好沟通的技巧，另一方面是我们习惯从自己的视角、利益看问题，而不是去感受他的感受，领悟和共情。因此，青年领导力的修炼方向之一是入静，形成真正的自我，建立认知他人感受的习惯、方法和途径。

（三）发展和建立自身强大的社会资本

青年领导者未来领导对象会有各种各样的不同人，要团结带领所有人，不仅要懂得正义秩序和法治逻辑，也要读懂差序社会的本质和人际交往的潜规则，发展人脉关系，建立正常的关系网。差序社会的传统力量和人际交往习惯也必须理解和了解，你可以不按这规则做，但你也必须弄清他人行动逻辑和动力，行动的出发点和思考点，这样才能恰当地改变或合理化，才能在保持中国优秀传统文化的基础上产生强大的变革力和行动力，团结一切可以团结的人。

青年交往的网络规模小、同质性强，限制了社会关系网络、社会资本拓展和整合，但是青年时期关系网络却最为纯洁、珍贵和正能量型，无数的案例都说明了青年时期的友谊和坚持是事业发展和成功的重要助力。青年领导力修炼的重点就在于"引导青年如何在拓展关系网络的过程中，捕捉到能够进行整合的网络结点，能够发现结构洞位置，占据关系网络中的最佳优势。"[1]在这个过程中要有意识地与异质性群体和组织多交往。青年个体随着社会接

---

① 史金龙：《论中国青年领导力发展的三大基石》，《西安交通大学学报（社会科学版）》，2016 年第 1 期，第 127 页。

触的不断扩大逐渐融入异质性较强的群体和组织中,他们自身网络的异质性也在增强,关系网络规模也在增大,关系网络的异质性决定了人脉关系的互补性和相互学习促进性。同时,要善于选择有利的交往场合和时机,场合和时机决定了关系网络的可靠性和效率性,青年人要更多利用各种学术论坛、会议等各种活动的场所和机会。

(四) 发展和建立具有企业家精神的理想型领导人格

青年领导力修炼过程中领悟"不确定性"、弄清"高语境"和把握"差序",更多的是适应社会实际,与更多的被领导者建立更多的理解和支持关系,赢得他们的追随,然而,适应的目的是改变,为了更加美好社会的到来,为了更崇高的事业,是理想。因此,变革型领导人格养成是青年领导力修炼的根本所在,如果只有适应,而失去了改革的灵魂,领导力的修炼将失去价值和归依。

因此,青年领导力修炼的一个重要的目标就是建立伟大的社会理想信念,通过青年时期的学习和实践养成理想型领导的人格类型,把个人理想、组织理想和社会理想统一起来,为实现共产主义的美好理想而努力奋斗。青年时期是人格养成的重要阶段,通过社会干预、社会训练和社会实践等手段和方法,建立青年远大的社会理想和情操,但同时也清楚知道自己需要什么,该做什么,该怎么做,该在什么时机做。首先是学习掌握相关的领导理论、知识、技巧和能力,领导是一门科学,更是一门艺术,精通它,修炼它,是一生的使命,越早越好,不仅仅是未来领导者的事。其次,要懂得利益交换和共享原则,凡事只是为自己利益考虑,而不能考虑集体、社会和他人利益,那么即使有惊世的才华也只能沦为无用的白纸。如果利润10%是合理的,本来你可以拿到11%,但还是拿9%

为上策,在一些特别场合中,主动将主角的位置让给别人,而自己心甘情愿当配角,这并不是失败,甚至可以说这是一种策略性的胜出,让出的只是虚名,而赢得的却是真正的实惠,社会也因此发展进步。最后,修炼领导力的最佳场所是工作、学习场所,工作学习本身就是一种修行,所谓工匠精神,就是尊重你手中的工作,并把它做到极致,领导力也会因此得到修炼,顺应时代潮流的变革型领导人格也会因此而养成。

第二章

大学生创造性思维能力的培育[①]

社会政治经济环境的日新月异,大学生就业形势的日益严峻,高等教育课堂教学模式改革的呼声日益高涨,其中创新能力的培养是大家共同的呼声之一。创造力的培养离不开创造性问题提出能力的养成,甚至可以说"不会问问题"是当代大学生的通病。之所以不会问问题,是因为无知;不能提出创造性问题,是因为缺乏深入的思考。因此,创造性问题提出能力培养是当代高等教育,尤其是管理类专业高等教育必须加以重视的一个重要问题。那么如何通过课堂教学培养学生"创造性问题提出能力"呢?

湖州师范学院精品课程《政治学原理》的建设,对此作出了一些有益的尝试和探索,早在三四年前课程组的老师们就对课堂教学模式的改革做出了详细的规划,经过这几年实践不断加以补充和完善,取得了较好的成效,笔者对此进行分析和归纳,以求教于同行。

---

① 本章以地方性高校的《政治学》专业课程为例,试图探索大学生创造性思维能力的培育。

第一节 当前政治学课堂教学模式改革基本理念

当前,国内政治学教学模式正由传统单一讲授型向互动、自主、开放、探究型教学模式转变,代表性的成果有:陈为红(2001)提出了基于现实的政治学案例教学法,张荆红(2007)岑树海(2008)提出了讨论(多元)互动式教学模式,付金柱(2008)政治学原理课程"读写议"教学模式,使政治学课堂教学由"传授"型、"灌输"型、"被动"型向"体验"型、"实践"型、"主动"型转变。这种教学模式,包括空间上的灵活性、学生对活动的选择性、学习材料的丰富性、课堂内容的综合性、更多的个别或小组教学。教师采取民主型的教学方式,平等地对待学生,构建以培养创新意识和创造能力为核心的"学生主体"教育观念;鼓励学生独立思考、大胆质疑,让学生敢于标新立异、敢于挑战权威;形成学生主动学习、积极参与的生动活泼的课堂教学氛围。

教学成败的关键并不仅仅取决于教师的专业知识和教学技巧,还取决于师生间的人际关系、情感态度。教师应对学生报以积极的态度,真诚对待学生,使其感到亲切可信;同时要尊重学生的人格,关心并尊重学生的情感和体验,爱护和培养学生的探索精神、创新精神,营造崇尚真知、追求真理的氛围,促进学生自主学习、独立思考,为学生禀赋和潜能的自由充分发展创造宽松的环境。在课堂上创设丰富的教学情境,激发学生学习动机,培养学生的学习兴趣,给学生实质性提问机会,倡导学生主动参与、乐于探究、勤于思考、善于动手,使课堂变成充满兴趣的师生交流场所。

第二节　以问题为导向的课堂教学目标设计

把培养的学生是否具有创新和质疑能力作为了人才培养成功与否的标准。因为没有质疑就没有创新,没有批判就没有发展,培养学生独立思考、批判思维,严密分析及从不同视角看问题的能力,这种教育对社会的贡献是最大的,应当引导学生进行批判性的思考!也因为学生自主探索是学生马克思政治价值观建立的最好方式和途径,也是最有可能把建立的价值观转化为内在行为的手段,做到学生政治认知和政治行为的内在统一。

学生创新和批判能力养成的基础和前提是创造性问题的提出,有了问题才能证明学生在学习、在思考,才可能让学生进行自主的探索,有了问题师生就能互动,教师才能决定采用什么样的教学方法。因此,我们课程组提出了学生创造性问题提出能力为核心的政治学课程教学模式。针对我校学生的实际,我们十分注重培养学生"必须知道应该问什么"和"能够参与讨论"这两大基本能力。"会问问题"是创新能力培养的重要部分,"会问问题"说明了学生肯学习及良好的适应性,另外,任何工作都要有团队配合,如果你不能和别人深入交流,你就不可能学到你需要学的东西,把创造性问题提出能力的培养作为本课程教学的核心目标,贯穿始终。具体包括以下两个方面:(1)知识与领会。知识是涉及回忆或再认的能力,领会是涉及把知识运用到实践的能力。(2)培养学生的技能。①当然,在知识经济时代,政治学教学目标毫无例外应着重培养学生独

---

① 谢桂娟:《政治学开放式教学体系的构建》,《高教研究》,2008年第2期。

立思考及提出问题、分析问题和解决问题的能力，所以，在教学中强调学习更重要的并非获取一点信息，而是学会一种思维方式，通过知识学习掌握政治分析方法和研究方法。

另外，政治学课程的教学对象为大学低年级本科生，他们大多对政治学理论一知半解，习惯于将政治等同于阶级斗争或权力争斗，将政治学理论理解为空洞的教条和实际权力争斗中的权术，不能很好地理解政治现实和政治理论，不能把政治理论很好地运用到政治现实中。故而，不少学生对该课程不感兴趣，缺乏学习的自觉性或主动性。针对这种情况，在政治学课的教学中，应该唤起学生的学习冲动，激发他们对政治学理论的浓厚兴趣。通过政治学课程的学习养成关心时政、分析时政的习惯，逐渐养成一定的政治敏感性。

第三节　以问题为导向的课程教学内容设计

政治学是有关政治的系统知识，在行政管理专业中进行政治学教学，除了要把政治的系统知识传授给学生外，还必须考虑专业的应用性、实践性和可操作性等学科特点，找准政治学教学的切入点，建立政治学的课程教学体系，形成政治知识的逻辑结构排列。政治学的切入点一般而言，可以有三个不同的逻辑起点，即从宏观层面的国家开始、中观层面的公共权力开始和微观层面的个人开始。无论从哪个层面入手切入政治学的教学，都要找到一个基本主线，围绕这根主线，形成一个完整的政治知识体系。①

　　根据行政管理专业人才培养目标,结合政治学知识体系框架,遵循循序渐进的规律在学生对政治本质和内涵科学理解的基础上,从学生最感兴趣、易于理解的政治现象入手,通过政治行为作为政治分析的逻辑起点,因此把课程内容分为:第一篇政治学入门导言(政治、政治学习和政治研究);第二篇政治行为政治分析的逻辑起点;第三篇政治结构(政治行为主体分析);第四篇政治文化(政治行为软约束分析);第五篇政治制度(政治行为硬约束分析);第六篇政治合法性(政治行为动机分析);第七篇政治发展(政治行为及其结构转型分析)。课程内容的安排融合了政治学应然与实然研究,把政治学的传统研究、行为研究和后现代研究都能很好地结合起来,同时也有利于把传统理论经典与现实政治生活结合起来,把学科最新的发展成果和教改教研成果穿插起来,而且能够浑然天成,自成一体。

　　通过一系列有趣的问题逼学生思考,让学生理论联系实际,自己探索知识、自己去发现问题、思考问题、找到自己解决问题的方法,而不是只知道别人是如何考虑,如何解决问题的,一味地学习他人。通过时事政治的案例的寻找、教学和分析让学生成为学习的主体,学生不是被动地学,而是积极地寻找知识。以第一讲政治学入门导言为例(与第一篇同名),在阐述政治的本质时通过如下的问题,引导学生自己去得出政治的含义。问题一,人类为什么必须过集体性的生活? 从人是社会性的动物入手,个人的生存、发展必须相互支持、相互配合,没有社会就没有人类的传承,让学生理

---

① 蒋永甫:《公共事业管理专业如何加强政治学教学》,《广西大学学报(哲学社会科学版)》,2008 年 9 月。

解公共领域、公共生活和公共事务的必然性。问题二,集体生活的目的是什么?通过集体生活我们得到什么?从人类集体生活必须的必要限度的统一性出发,阐明一定规则和秩序,一定集体决策是人类生存和发展所必需的,必须得到执行。问题三,这种秩序和规则内在逻辑是什么,是何种模式?从公共决策结果、个人的角色、责、权、利出发,说明公共领域的复杂性和界限把握的困难性。问题四,这种秩序和规则是如何制定的,它的组织形式是什么?从组织形式与影响主体的角度说明政治主体与决策方式。从而说明政治就是通过一定的组织形式寻找必要的必须的权威性统一。政治就是在不同主体的多样性中寻找理想与现实、理智与情感、保守与激情、传统与创新的平衡,确保人类的生存与发展。

第四节　创建以问题为导向的互动讨论式课堂

教学方法是制约学生创造性问题能力培养的主要因素,在崇尚真理的课堂中,教师和教材并非唯一真理的代表;灵活的教学方法可以培养学生以批判思考的方式进行课程的学习,习惯勇于表达自己的意见及想法,而对于教师及书籍的论点,他们亦勇于质疑及挑战。如果仅仅是单向传授,本质上蕴含了要对秩序及权威有一定程度的尊重与敬畏,学生在学习的过程中也会习惯于接受权威的教导与指正,形成教师即是权威及真理的代表,学生怯于在课堂中呈现自身的观点及看法。因此,一位优秀的、有使命感的教师都会注重教学方式模式的探索,以培养学生的创新和批判能力。我们的做法是:

首先,划分学习小组,以培养学生讨论能力和团队精神,大量的延伸阅读和课外作业,培养学生自主学习的能力和精神,通过精品课程网页的建设打造师生课外交流的平台和渠道。

其次,在课堂上,老师通常不讲解书的内容,而是在课堂上提问,或随堂发讲授提纲,组织同学提出讨论问题,在讨论中教师不断加以引导。每次上课都有一次或教师组织或学生自我组织的讨论,制定了详细的课堂讨论规则。一学期的课堂讨论分为三个阶段,第一阶段引导学生讨论分析感兴趣的时政为主,培养学生对政治的兴趣,同时营造良好的课堂讨论氛围,促使学生愿意提问;第二阶段引导学生对时政分析的同时运用所学的政治理论或研究方法,培养学生理论与实践结合,能用理论分析和解决现实问题,促使学生能够深入地提出问题;第三阶段引导学生分析时政热点或所学理论时关注分析的角度和结构,培养学生全面合理地分析问题的能力,促使学生能够提出创造性的问题。

课堂分组讨论细则和注意点如下:

1. 讨论的主题:自主选题,可以是近一个月有关政治的热点问题;可以是对上课过程中感兴趣的某一观点或理论;可以是某本著作或某篇文章为代表的学术热点问题;也可以是同学日常生活实践中发生的事情。

2. 讨论规格:确定一组为主讲小组,其余小组听讲和发问。时间限制在大约 30 分钟内,15 分钟主讲小组进行观点介绍,15 分钟主讲小组与同学、老师进行互动。注意遵守时间规则。

3. 主讲小组准备要求:第一,主讲小组演讲稿要求中心明确、层次分明,结构清晰,逻辑严密,说清楚问题或现象是什么,为什么、怎么做,最好能引入政治学理论;第二,准备过程中要求全组同学紧密配合,责任清晰,互动充分。注明每位组员的劳动成果,组长及组员都做了哪些工作;第三,在发言时要求简明扼要,能够引起同学的共鸣和兴趣,最好脱稿演讲;第四,至少在每次课前三天发给上课老师。

4. 其余小组听讲要求:记下主讲小组的观点,自己的感悟、体会和疑惑,能主动提出问题,能提出创造性问题的平时成绩加分。

5. 对上课教师的要求:在交流中尊重学生的创见,以事实和逻辑为依托不带主观成见,同时也在态度上做到尊重学生。

6. 激励考核:每个小组讨论打分以小组为主,对整个小组进行平时分的考核,而不针对个人进行考核,期末考试最后论述题的考题来自大家讨论的话题之中。

最后,考核分为平时考核和期末考试相结合的方式,具体设计为:每门课程考核总分值为 100 分,平时部分占 40%,读书笔记和课程论文各占 15%,课堂讨论占 15%,其他,如重大的学校社会政治实践,论文发表等占 15%;教学过程中采用灵活的考核方式检查学生的平时学习情况,例如在上课前进行 5—10 分钟的复习提问,或者是对读书笔记的突击检查。试卷部分为 50%,试卷考试范围为,教科书、课堂笔记、课堂讨论,政治学精品课程网上相关内容,人大复印资料"政治学"最近的六期杂志。不仅考书本和笔记的知识,还考平时课外延伸的知识和专业杂志的知识,逼迫学生注重平时的积累,注重与同学老师的交流讨论,以能够提出创造性问题,真正地培养创新能力。

第三章

大学生未知世界探索能力的培育[①]

在当代中国经济和社会急切转型的大背景下,高等教育与经济社会发展的相关性显著提高,中国经济和社会迫切需要高等教育提供可持续发展的人才支撑和智力支撑,为"大众创业、万众创新"提供创业点子和思想火花,为"小康社会、四个全面"提供精神食粮和健全人格,高校大学生创造力已然成为创新驱动战略和四个全面战略成败的一个关键因素,是一个重大的理论和现实问题。我们课题组多年以来一直关注大学生创造力培养的问题,并基于问题提出能力的重要性,经过实践提出了"基于学生创造性问题提出能力的课堂教学模式"[②],经过几年的试验与实践,现把实践状况与心得体会汇报给大家,以求教于同仁。

---

① 本章以《人力资源开发与管理》为例,试图探索未知世界探索能力的培育
② 吴坚:《基于学生创造性问题提出能力的课堂教学模式探索——以〈政治学〉课程为例》,《出国与就业(就业版)》,2010 年第 21 期

第一节　大学生未知世界探索能力教学模式的基本做法

　　当今许多大学生不懂得"问问题",不会"问问题",可以说是当代大学生的通病。之所以不会问问题,是因为缺乏必需的基础知识,习惯于被动学习,习惯于接受知识,而不是探索发现知识。与"不会问问题"一体两面的是"传授"型、"灌输"型、"被动"型的课堂教学模式困境,因此,我们构建了以自学精神培养的开放式教学为起点,合作交流的互动式教学为纽带,问题提出能力培养的探究性教学为根本的课堂教学模式,来形成"学生主体"意识,鼓励学生独立思考,形成学生主动学习、积极交流的生动活泼的课堂教学和学习氛围,提高学生问题提出意识与能力是课堂教学模式的主旨和灵魂。

　　第一,构建基于学生问题提出能力培养的课堂教学内容体系。以问题为主线设计课堂教学内容,把人力资源开发与管理教学内容设置成工作分析、招聘设计、面试决策等的一个个教学情境,教学情境以任务目标为引领,以完成任务目标为手段把教学内容设计成一系列相关的问题,强调问题的多元性和非线性,在教育知识的同时能够让学生体验探索发展知识的乐趣。

　　第二,创建基于学生问题提出能力培养的互动讨论式课堂。让学生成为教学的主体,成为知识的主动建构者,培育自主学习的精神和能力,养成自主学习的习惯,善于借助各种资源,如学校图书馆、网络资源进行主动学习,相互讨论,主动探索知识;在具体上课过程中探索使用即时馈合式意境教学、论辩式教学、对话式教学、沙龙式研讨教学等教学方式。充分利用 QQ 群、微信圈和网络课程等平台促进生生、师生及与行业精英（从业者）的交流沟通，并努力提高沟通的频次和层次。如案例分析导入法，把人力资源管理各模块、环节和流程，以真实发生的案例为背景，设置成一个个具体的任务情境，以任务目标的完成为教学目标，启发和诱导学生层层分析，完成任务需要解决什么问题，而解决这个问题又需弄清什么，逼迫提问和思考，也让学生带着问题进入相关知识。例如"工作分析课程的案例导入"，首先，用企业具体案例构造一种"部分员工工作负荷过大，工作效率不高，而部分员工人浮于事，工作效率低下"的情境。其次，给出教学任务目标如何达到适岗适位，工作效率的最大化。学生在自学预习的基础上可以天马行空提出自己的观点和主张，而这样的主张又如何实现，在这过程中诱导学生进入知识内在规定的一个个问题，而这些问题最好能够通过学生之口说出来。角色扮演法，把全班同学分成生产部、市场部、研发部、行政人事部、财务部和总经理办公室，全真模拟企业人力资源管理运作，重点模拟人力资源管理的各环节流程，注重管理工具表格设计的科学性和适用性，程序节点考虑的周到性和全面性。具体过程是由学生准备模拟预案，在工具和流程都较为合理的情况下，经我审核同意后选择一二组实施。如模拟招聘面试等。

第三，创新基于学生提问次数与提问质量的考核体系。（1）评价要素和权重。要素包括上课提问发言情况、网络提问发言情况、课内外的交流情况（以 QQ 群等作为交流和上传自学补充资料的平台）、课堂内外的笔记、平时的个人作业（包括每周提三个问题的个人作业）和团队作业（不定时）、平时小测试成绩和期末考试成绩（期末试卷出题方式以考察提出问题能力为主）组成，平时成绩和期末考试成绩各占 50％。（2）评价周期和过程。笔记临近期末时刻当堂检查,主要看笔记系统性和持续性,自我思考和问题提出的记载情况;每周提三个问题的个人作业当周批改;团队作业每次结束时给每组集体评价;课内外交流情况每月评价;平时小测试每月一次;期末考试每学期一次。注重形成性过程评价和团队评价。(3)评价主体。主要以授课老师评价为主,但学生具有质疑的权力。(4)操作规则。开学初注重教学模式、考核方式的介绍和告知,让学生知道和执行。同时,做好平时作业等的及时批改和积累,平时成绩最好定时公布,让学生知道自己好在哪里,不足在何处。

第二节　大学生未知世界探索能力教学效果及其影响因素评估

我们对连续两年参加课程学习的所有 162 名学生,通过问卷调研的方式对教学效果及其影响因素做了评估。

(一) 教学效果

1. 教学模式的认知程度

问题	知道(%)	不知道(%)
以提高学生问题提出意识与能力为课堂教学模式目标	75	25
"好问题""不好问题"的标准与区别	62	38
以问题为主线的课堂教学设计	88	12

问题	知道(%)	不知道(%)
通过工作任务,实践案例,情景逼迫提问的授课方式	94	6
分组模拟企业各个部门实际运作方式的情景设置方式	91	9
基础知识以自学为主的学习方式	89	11
以 QQ 群作为交流与上传自学补充资料的平台	100	0
每周提三个问题的个人作业和不定时的团队作业	99	1
以提出问题能力为主的期末试卷出题方式	56	44
以笔记、作业、课堂表现和平时小测试为平时成绩	96	4
平时成绩和期末考试成绩各占50%	88	12

总体来说,学生的认知程度较高,对于教师所采用的教学模式的具体做法学生大多心中有数,最低的是期末试卷的出题方式,通过访谈得知,很多学生之所以选不知道,是因为对此比较害怕,不知是一种什么样的出题方式,而在惯性思维中期末考试成绩的好坏直接影响他们评优评奖,而不是真的不知道这种考评方式。

2. 教学模式的情感反应

(1)调查问卷的结果

问题	满意(%)	不满意(%)
以问题为主线课堂教学设计	83	17
通过工作任务,实践案例,情景逼迫提问的授课方式	88	12

续 表

问题	满意(%)	不满意(%)
分组模拟企业各个部门实际运作方式的实训练习	95	5
基础知识以自学为主的学习方式	63	37
以 QQ 群作为交流与上传自学补充资料的平台	70	30
每周提三个问题的个人作业和不定时的团队作业	62	38
以提出问题能力为主的期末试卷出题方式	48	52
以笔记、作业、课堂表现和平时小测试为平时成绩	98	2
平时成绩和期末考试成绩各占 50%	95	5
老师的上课态度、方式与技能	93	7

学生满意度情况与学校组织的评教结果一致度较高,可以看出学生内心对于教改是喜欢和支持的,对于老师的付出也持肯定的态度。满意度最低的还是期末考试的出题方式,也说明了学生的分数取向的传统思维和功利做法。

3. 教学模式的学习行为反应

问题	会(%)	不会(%)
会课前预习、课后作业吗?	46	54
会配合老师积极提问进行问题思维训练吗?	79	21
会积极支持团队学习行为(通过团队沟通、讨论来提问、解惑、再提问)	89	11

问题	会(%)	不会(%)
会按老师要求以自己逻辑为主线、以问题为导向记录自己的笔记(并不仅仅是课堂笔记)吗?	46	54
会上图书馆、论坛、QQ阅读人力相关理论与实践吗?	37	53
会把提出的好问题作为调研(科研)课题深入下去吗?	20	80

从上表可以得出学生会配合老师和同伴的学习任务,不愿拖同学、老师的后腿,但从自习、自主笔记到科研课题探索需要学生自动自发的支持行为发生较少。

4. 教学模式下的知识层次评估:

(1)与传统教学方法相比,经过一学期学习自认为知识掌握得更好的占54%,一样占35%,更差12%,说明多数学生认为有利于知识的掌握,但也有部分学生认为不利于知识的掌握。

(2)经过一学期学习,自认为问题提出能力有提高占42%,无影响占26%,不知道占32%。说明学生对于是否达到教学目标分歧较为明显。但通过期末考试结果和每周一次作业间的对比,说明学生的思维活跃度肯定有所提升,分析问题,提出问题的能力也有所提高。

5. 教学模式下的效益分析:

(1)经过一学期学习,自认为变得更勤奋、好思的占22%,没变化的占56%,没感觉22%,说明一学期的课堂教学模式下的相应人格并没有养成,绝大多数的同学没有发生人格特质的变化。

（2）经过一学期学习，你认为本课程教学模式能提升整个班级学习氛围、班级文化吗？实际效果呢？回答能，有的占 41％，能，没有的占 43％，不能，没有的占 16％，说明绝大多数的同学认为课堂教学模式能够提升集体学习氛围，但在实际效果方面存在评估差异，内心接受教改，但体现出的实际效果不如预期。

6. 教学模式下的结果层次评估：

（1）你会把学到人力相关知识应用到学习、生活实践（如学生会管理）中吗？回答会的占 51％，不会的占 5％，不知道的占 45％。说明学生愿意把所学应用到实际生活中，但同时无意识的同学也有不小的比例。

（2）你会把人力资源课程养成为一套学习方法应用到其他课程或领域的学习吗？从学生角度回答会的占 38％，不知道占 47％，直接回答不会的占 15％，说明课改学生的主动性还不是很强，还只是授课老师或学校主导下的被动适应，大比例的学生还是处于与己无关的状况。从老师角度看，通过系内小规模询问，支持的意见占绝对主导地位。

（二）相关性与影响因素分析

1. 教学模式状况的相关性分析：

通过分析还得知学生参加课程学习目的对教学效果总体满意度影响显著，以期末成绩为导向的同学满意度普遍低于其他同学，不明目的的同学满意度较高，最高的是以素质提升为导向的同学，其次是以技能提升为导向的同学。学生过去班级排名与学生总体满意度影响不大，但学生人格特质对教学效果总体满意度影响显著，思维开发且努力的满意度较高，安静听话的同学满意度也较好，思维开放但不主动思考者满意度较低。所以教学模式针对不同类型的学生应有所区别,条件允许尽可能小班化教学,采取不同的教学策略。

2. 教学模式状况的成因分析:

(1)你总体上赞成这种模式吗?回答赞成的占96%,不赞同占4%。赞同而不能采取主动支持行为的主要原因是:①学校的教育评价与保障制度影响的占26%,②老师的知识结构、教育方式影响的占11%,③学生自己人格特质影响的占33%,④同伴支持、理解程度的影响的占17%。没有取得相应教学效果学生认为是自己人格特质因素的比例最高,说明学生也对自己的行为不满,没有怨天尤人去责怪老师和学校,而从内在找原因。其次是认为学校在教育评价与保障制度方面可以做得更好。

(三)研究结论及总结

因此,本教学模式在几年实践过程中不断探索和优化升级,学生的满意率较高,同行老师也普遍认同并愿共同使用,以形成整体团队的力量,但进一步的推广需对学生支持行为的影响因素和模式推广的影响因素作进一步的研究,以免浪费教学资源,却达不到教学改革的目的。具体来说在科研方面,学生高度认同该模式,并保持了较高的满意度和兴趣,但如何促使学生能够保持较高的执行行动力;在大量增加老师和学生工作量的基础上,除了强调老师的责任心外,教学管理机制可以作哪些方面的改善。在教学方面,单课程点的突破,如何带动专业课程群的协同和一致?课堂教学模式如何在实践教学中体现,支撑课堂教改?需要作深入的思考和实践。

第三节　人力资源开发与管理课程课堂
教学模式评估问卷

一、受训者特征

1. 你参加本课程学习的目的或期望是（　　）

① 以期末成绩为导向　② 以素质提升（如人格养成、创新能力培养）为导向　③ 以技能提升（如实践能力、职业技能培养）为导向　④ 不明目的

2. 学习本课程前你接触过人力资源管理的相关知识或实践吗（　　）

① 有　　② 没有

3. 您大一——学年的班级学习成绩排名是（　　）

大二上学期的班级学习成绩排名是（　　）

4. 您认为下面哪项描述比较符合您（　　）

① 较为勤奋刻苦且思维开放活跃

② 较为勤奋刻苦但比较安静听话

③ 较为随波逐流但思维开放活跃

④ 较为随波逐流也比较安静听话

二、教学模式的认知程度

下列问题"知道"或"不知道"的请在相应位置打"√"

问题	知道	不知道
以提高学生问题提出意识与能力为课堂教学模式目标		
"好问题""不好问题"的标准与区别		
以问题为主线的课堂教学设计		
通过工作任务,实践案例,情景逼迫提问的授课方式		
分组模拟企业各个部门实际运作方式的情景设置方式		
基础知识以自学为主的学习方式		
以QQ群作为交流与上传自学补充资料的平台		
每周提三个问题的个人作业和不定时的团队作业		
以提出问题能力为主的期末试卷出题方式		
以笔记、作业、课堂表现和平时小测试为平时成绩		
平时成绩和期末考试成绩各占50%		

三、教学模式的情感反应

1. 以下问题"满意""不满意"的请在相应位置打"√"

问题	满意	不满意
以问题为主线课堂教学设计		
通过工作任务,实践案例,情景逼迫提问的授课方式		

问题	满意	不满意
分组模拟企业各个部门实际运作方式的实训练习		
基础知识以自学为主的学习方式		
以 QQ 群作为交流与上传自学补充资料的平台		
每周提三个问题的个人作业和不定时的团队作业		
以提出问题能力为主的期末试卷出题方式		
以笔记、作业、课堂表现和平时小测试为平时成绩		
平时成绩和期末考试成绩各占 50%		
老师的上课态度、方式与技能		

2. 与传统教学方式相比,你在上课过程中感觉(　　)

① 较紧张　　② 一样　　③ 较轻松

3. 与传统教学方式相比,你在课前、课后的感觉(　　)

① 更累　　② 一样　　③ 较轻松

4. 刚接触该教学模式时感觉(　　)

① 新鲜、兴奋、喜欢　　② 没感觉　　③ 不兴奋、不喜欢

5. 一学期下来的感觉是(　　)

① 与原先一致　兴奋喜欢　　② 与原先一致(不兴奋、不喜欢)

③ 与原先不一致　兴奋喜欢　　④ 与原先不一致(不兴奋、不喜欢)

四、教学模式的学习行为反应

据实回答下列问题,请在"会""不会"相应位置打"√"

问题	会	不会
会课前预习、课后作业吗?		
会配合老师积极提问进行问题思维训练吗?		
会积极支持团队学习行为(通过团队沟通、讨论来提问、解惑、再提问)吗?		
会按老师要求以自己逻辑为主线、以问题为导向记录自己的笔记(并不仅仅是课堂笔记)吗?		
会上图书馆、论坛、QQ阅读人力相关理论与实践吗?		
会把提出的好问题作为调研(科研)课题深入下去吗?		

五、教学模式下的知识层次评估:

1. 与传统教学方法相比,经过一学期学习你自认为知识掌握的(　　)

① 更好　　　　② 一样　　　　③ 更差

2. 经过一学期学习,你自认问题提出能力(　　　)

① 有提高　　　② 无影响　　　③ 不知道

六、教学模式下的结果层次评估:

1. 你会把学到人力相关知识应用到学习、生活实践(如学生会管理)中吗?

① 会　　　　② 不会　　　　③ 不知道

2. 你会把人力资源课程养成为一套学习方法应用到其他课程或领域的学习吗？

① 会　　　　② 不会　　　　③ 不知道

七、教学模式下的效益分析：

1. 经过一学期学习,你自认为(　　　)

① 更勤奋、好思　　② 一样　　　　③ 没感觉

2. 经过一学期的学习,你认为本课程教学模式能提升整个班级学习氛围、班级文化吗？实际效果呢？(　　　)

① 能、有　　　　② 能、没有　　　　③ 不能、没有

八、教学模式状况的成因分析：

1. 你总体上赞成这种模式吗？(　　　)

① 赞成　　　　　② 不赞同

2. 不赞同的原因(可多选)：

① 对教学模式或目标或手段不认同　　② 老师在新模式下授课习惯、能力、策略与技巧还不成熟　　③ 学生学习习惯、态度与新模式有较大落差　　④ 没有深入思考

3. 赞同而不能采取主动支持行为的原因是(可多选)：

① 学校的教育评价与保障制度影响　　② 老师的知识结构、教育方式影响　　③ 学生自己人格特质影响　　④ 同伴支持、理解程度的影响。

第四章

大学生职业规划能力培育与提升初探

大学生职业生涯规划辅导与教育是当今中国高等教育改革的一项重要举措,大学生职业生涯规划执行情况及其效果是判断这项改革成效的主要标志,因为无论多么完美的规划设计,如果离开执行,一切都成为空谈。因此大学生职业生涯规划执行问题的研究有着较大的现实意义,对推动大学生职业生涯规划辅导更好地开展,完善职业规划辅导课程体系,提升大学生素质和能力等方面都有助益。

第一节　当代大学生职业生涯规划执行的基本情况

大学生职业生涯规划执行,顾名思义就是大学生执行自我职业生涯规划目标、行动方案的行为过程及其取得的结果。大学生职业生涯规划执行包括三层含义:一是指大学生职业生涯规划目标的全面、明确及主次分明,目标体系制定得科学合理必然有助于大学生职业规划的执行,是执行的前提;二是指大学生职业生涯规划执行过程的行为表现,在执行规划的过程中能否做到持之以恒、全盘兼顾和一定创新性,在执行规划过程中遇到不协调或困难时表现出一定的创新能力,以解决不协调或困难,这些都是执行行为的具体表现;三是指大学生职业生涯规划执行结果,结果是过程的检验和说明,没有结果,即使是最好的执行过程也只是空忙,至少是没有完成预定的目标,执行结果内含于执行。

根据已有的大学生职业规划执行力的研究成果和对国内某一高校的个案调查结果,当代大学生职业规划执行存在困难,效果不明显。

第一,从规划目标层次上看,当代大学生职业规划目标科学性与明确性有待提高。大学生职业规划目标存在模糊性、不全面性以及时间限制性不强的问题,调研结果中学生"职业理想明确"的同学占 30％左右,"阶段目标明确"的学生占 60％左右,说明了学生原有学习模式与大学现有学习模式的冲突,职业理想的不好树立,为了减轻内心压力或路径依赖或从众或"摸着石头过河";"目标全面"的同学占了很大部分,接近 90％同学都有在人际、社会实践、管理经验和学习成绩上的全方位目标,都知道大学阶段需要学习多方面的素质和能力,都有在多方面发展的朴素愿望。但计划与备用方案之间缺乏内在联系,很多大学生认为备选方案应多多益善,又是准备考公务员,又是准备考研,又参加不同职业的岗位招聘,看起来似乎很保险,实际上是浪费时间。"目标需有时间限制"意识的学生不多,只占 25％左右,它们是学习主动性和积极性最强的学生,一般都能完成自己的学习和工作目标。

第二,从规划执行过程看,当代大学生规划执行参差不齐,有好有坏。在现实的学习生活中,没有依据自我拟定的规划进行实施,也没有外部环境对其跟踪指导与监控,生涯规划往往成为一纸空文,一部分大学生根本就没有反馈修正这个步骤,每天晚上没有评估自己的计划执行情况,布置第二天的任务。甚至没有在一段时期阶段性地回顾自己的行为,检验自己的目标。[①] 然而部分学生,尤其是部分女同学学习勤奋刻苦,意志力强大,365天如一日,天天如此。能保证每天一小时的学习或工作时间用在阶段(学期)重点目标上,一学期完整阅读两本及以上课外书籍,每周有三天及以上七点之前起床,每周有三个半天及以上待在图书馆或教室自习的同学占了40%左右。而能够在一天内合理分配学习、体育活动、社会实践时间、安排活动的同学占30%左右,但大多数学生没能做到全面发展,甚至有不少同学回到了高中的学习模式中,这一方面说明促进学生全面发展的发展环境在认知不协调的冲突中,理想和现实巨大差距的困境下,选择询问及仔细权衡的同学占了38%左右,在权衡后进行规划创新的占25%。说明有部分学生能够持之以恒、合理、全面地执行职业规划,在执行中做出调适,创新规划及其行动方案。但这部分同学并不占多数,确是校园文化的主要创造和传播者,也影响其他同学的选择。

第三,从规划执行结果看,当代大学生职业规划执行绩效不显著,职业成熟度不高。大学生群体中职业投入、职业自信和职业独立性得分相对较高,表明学生们较充分意识到求职的困难,且职业信息获取渠道的多元化,使得学生有了较多的职业投入。当代大学生对自己有一定的职业自信,且能较独立做出自身的职业选择和安排。但是,职业确定性、职业抗挫性以及职业自我认知维度得分相对较低。说明大学生未能正确地认知自我,对工作世界的了解较缺乏,且对于未来要做什么比较模糊不清,尤其是面对挫折的

---

① 丁聪:《大学生职业生涯规划的实践研究》,山东大学硕士学位论文,2009。

抵御能力较差。而职业妥协性的得分居于前两者之间,反映出大学生已开始逐渐意识到社会现实与理想之间存在差距,但由于学生群体特有的思维方式和缺乏职业领域的经验,往往未能及时进行适当的调整以应对二者差距。[①] 笔者的调查也说明了自我认知和职业认知的渐进性和困难性,学生普遍自我认识不清,缺乏对职业目标的必要了解,占到了 65% 左右,学生能有重大成绩或经历的不多,只占 12%,但不能毕业的学生基本没有,说明学校教育激励机制有待改进,教育效果的评估需要改进。

第二节　当代大学生职业生涯规划执行不佳的原因分析

当代大学生职业生涯规划执行不佳有主观也有客观原因,是大学生所处环境和心理特性两方面共同作用的结果。大学生主体自身和外部支持系统是影响当代大学生职业生涯规划执行的两大主要因素。

(一) 大学生主体自身的原因

大学生职业生涯规划执行不良力根本原因还在于学生自身,是内在原因。进入大学,由于接触到了部分社会现实,尤其是其中的黑暗和无奈,对学生产生较大影响。一方面学生的社会认知产生偏差,归因错误,认为社会关系错综复杂,读书无用,好本事还不如好爹妈,因此而放纵自己,反正努力也不一定能改变自己命运,

---

① 谢雅萍:《大学生职业成熟度研究》,《福州大学学报(哲学社会科学版)》,2008 年第
　　6 期。

努力与否不是最重要的；另一方面导致学生自信心不足，对社会做出贡献，实现自我价值的理想很难树立，总感觉理想离自己很远，自己不可能改变社会现实，随波逐流，得过且过，混在大学。这种对外部世界的认知极大地打击了大学生制定和执行职业生涯规划的热情和信心，这也是学生线性思维的表现，不去辩证与发展地看待外部世界，去理解社会条件总会有历史的局限性，社会进步的点滴性，不去科学全面地看待社会现实，认识到社会中有黑就会有白，每个人的共同努力才是社会进步最强大的力量。所以当代大学生社会认知是导致部分大学生职业生涯规划执行不力的重要原因。

当然，大多数同学都对自己和社会抱有信心，也对自己有所期待，对于如何度过四年的大学生涯有着自己的打算与要求，但是由于社会阅历和经验的不足，不能很好地进行生涯决策，没有相应的确定目标的方式和方法，确定的目标不够具体和明确，导致自己很难执行，常常迷失方向、犹豫、徘徊，表现为三天打鱼两天晒网，一会儿东一会西，没有持续性。还有的同学没有理解规划的真实含义，不注重职业规划的调适。不断变化中的环境与自我，不断深入中的社会与自我认识，都要求掌握需要不断对职业规划作出一定的修正，而有的同学缺乏规划的调适能力，不能适时地调整规划以利于自己的执行。

最后，显而易见良好的执行来自坚韧、来自强大的意志力，大学生的意志力、心理耐挫力、执行的习惯也是影响规划执行的重要原因。现代大学生都是家中骄子，在苦难教育、磨难经历上比较缺乏，怕苦怕累，意志力不强，直接影响了执行的能力。

（二）外部支撑系统的原因

大学生职业生涯规划执行不力，也可能是学校内外支撑体系不完善、服务不到位的原因,校内支撑系统包括职业生涯规划服务体系和校园学生管理机制,职业生涯辅导教会学生懂得规划,学会规划,职业生涯服务体系帮助学生解决在职业生涯规划过程中遇到各种现实和心理问题,提供各种服务。由于种种原因,国内高校职业生涯规划辅导体系还未能发挥相应的作用,学生能真正享受到规划服务还是很有限,导致规划的科学性与合理性很成问题,直接影响了规划的执行。目前大学管理体系是属于防范型的,满足于学生不出现严重的心理问题和身体伤害事件,大学生的总体情况就是都是被管的,缺乏自己的创造性,不利于大学执行文化氛围的塑造。另一方面学生与学校的沟通渠道不畅,学生的考评制度、奖惩制度、监督机制缺乏,尤其是考核机制。由于进入大学后,学生的各种考核,期末考试、毕业论文的写作都很容易通过,在一定程度上鼓励了学生懒惰习惯的养成,也导致大学生规划不力。另外,校外见习、实践基地、实习机制、就业体制等校外支撑系统不完善,也阻碍了大学生对社会的正确认知,也缺乏学生职业探索的实践场地,职业规划执行也无从谈起。

第三节　大学生提升职业生涯规划执行力的对策

　　大学生自我管理水平的高低是影响大学生职业规划执行的重要因素。一般而言,大学生自我管理能力越强其职业生涯规划执行力也就越强,增强大学生自我管理能力是提升大学生职业规划执行力的根本途径。

　　第一,大学生要有正确、良好的心态及必胜的信心。外面的世界很精彩也很无奈,要做到愉悦地接纳社会、接纳自己,在不断走向成熟的过程中认识社会、认识自我，提高自己的分析判断能力、应变能力。计划不可能是一成不变的，有时候经常会因为一些其他的客观因素让计划赶不上变化，所以要善于调适自己的职业规划，适时地为计划做一些改变和调整，让计划更加适合执行者本身及当时的环境。同时，在接纳社会、接纳自我的过程中树立必胜的信念。如果没有信心、没有成功的欲望，那计划执行的动力将会不足以推动执行者。

第二，大学生要学会科学合理定位自己的职业理想与职业目标。目标是执行力的前提，大学生只有树立起了具体的目标，知道什么事情该做，近期要干什么，中长期需要哪些，行动才会有方向，才谈得上规划的执行力。大学生职业生涯正处于探索期，在确定目标时需要注意以下问题：一是注意长远目标与中、短期目标制定的不同方法，因为长远目标是对自己的长期未来进行规划，大学生的素质、能力、价值观、行为模式各方面都处于形成发展之中，未来的不确定性很大，很难做好远景规划，所以美国谚语说：最重要的就是不要去看远方模糊的，而要做手边清楚的事。当然不是说不去设计长远未来，而是说模糊的"远方"需要用抽象概括的描述，以抽象的价值观来规划，需要的是战略规划，而不适用中短期目标所要求的"SMART"原则。二是注意区分大学阶段目标多元性与目标专一性的问题。大学生目标多元是指大学生要德智体美劳全面发展，听说写办多种能力共同培育，使自己成为全面发展的大学生。因此，鼓励大学生多元探索。大学生目标专一是指在大学任何阶段都需要明确自己的主要目标、重点目标，保证重点投入，优先实现重点目标。大学四年最重要的目标还是学习目标。三是注意把握目标理想性与现实性的合理尺度。今天的大学非常强调教育为市场和社会服务，要求教育适应社会经济发展水平，在社会的需求下把"我想做的事情"与"我能做的事情"有机结合起来,在这个大方向下学生的职业目标基本上都非常现实,适应社会现实的成分多了一些,而改造与引领社会的成分少了一些。大学生不妨自信一些、激情一些、热情一些,能为职业理想而努力拼搏,而不是为找工作而努力拼搏,这样人生的成就也可能更大些。

第三,大学生要学会磨炼自我意志。意志力是执行力的基础,大学生只有强大的自我控制能力、意志力才会有良好的执行力。如果做一件事就是开始那阵子热,过了第三天就开始松懈了,再过段时间就撒手不管了,放弃了,一旦这种习惯已经形成,那么以后的任何具体目标都无法彻底执行下去。意志力和知识一样,不是想有就会有的,不会无缘无故地产生,意志力需要训练才会获得和加强。因此大学生需要找到适合自己的意志力训练方法。例如,坚持每天做一次不喜欢的有益运动,或学习。如果你讨厌长跑,那你就每天慢跑五分钟;如果你不喜欢背单词,那你就每天背五分钟单词。要注意,训练时间不宜超过十分钟,时间长了可能会起相反作用,三到五分钟已足够。每天坚持做是最最关键的,除非有不可抗拒的原因,不得给自己寻找任何停止训练的理由和借口。

第四,大学生要养成良好的自我管理方式。良好的自我管理方式是执行力的重要保证和催化剂,是良好执行力的重要表现。在学生访谈中,有两条经验很值得推荐:一是在每天睡前用五分钟左右的时间总结一天目标完成情况,寻找差距的原因及解决的办法。有这五分钟总结调整的同学比没有这五分钟的同学,学习效果及其职业规划执行情况都要表现得好得多。二是把确定了的目标及其原因准确、清晰地写在纸上,把它列为一种永久性记录,有助于自己今后回顾比较,有利于提高自我认知的准确性,同时也有利于自己或别人督促、激励自己。因为头脑中对自己或环境的印象往往是不精确甚至失实的,书面的记录更准确,更有利探求事务的因果关系。

　　第五,大学生要合理利用学校、家庭、同学等多种资源来改善自我的执行力。可以在同学、老师中寻找强有力的督导。"老虎也有打盹的时候",每一位执行者总有松懈的时候,不可能永远保持一种向上的、积极的激情。所以需要寻求强有力的督导机制或是个体,为执行者提供参考或是监督。还应该多与朋友或是督导交流。让自己有一个畅通的内心环境,而不会因为一些暂时的困难让自己心烦或是担忧。积极利用学校的有利条件,主动争取相应良好的服务和支撑。

第五章

地方性高校大学生职业规划能力
培育与开发的实证探寻

　　随着我国普通高等学校的扩招,高校毕业生数量迅速增加,就业形势日益严峻,大学生职业生涯规划问题因此也越来越受到各高等院校和学生的重视。因此,加深对大学生职业生涯规划的理解有着重要的理论和现实意义。

第一节　对大学生职业生涯规划的基本认识

　　职业生涯是指一个人一生连续担负的工作职业或工作职务的发展道路。职业生涯规划起源于 20 世纪六七十年代的欧美等发达国家,是指个人发展与组织发展相结合,对决定一个人职业生涯的主客观因素进行分析、总结和测定,确定一个人的事业奋斗目标,并选择实现这一事业目标的职业,编制相应的工作、培训计划,对每一步骤的时间、顺序和方向做出合理安排。大学生职业生涯规划是指大学生通过自我评估和环境因素的分析,结合职业理想与职业生涯的预期,在学校相关部门和人员的帮助下,规划大学学习、生活、工作,提高综合素质与就业竞争力,为未来的就业奠定良好的基础,实现大学教育与市场需求的无缝对接,实现个体全面的人职和谐。大学生职业生涯规划的内容和流程分别见表5-1、图5-1。

表5-1　大学生职业生涯规划表

项目	项目分解
个人基本信息	姓名、性别、学号、籍贯、政治面貌、联系方式、专业
环境分析	社会政治经济环境分析、行业环境、企业环境
职业分析	职业前景、职业能力要求、职业性质、任职资格
自我剖析	个性、气质、能力、兴趣、价值观以及专业情况
职业目标	未来理想的工作
学期目标	成绩目标、任职目标、能力提高目标、实践计划等
现实表现	学习、生活、工作状况的描述
学期总结	学期目标实现状况的检验
改进措施	对存在问题的反思与总结

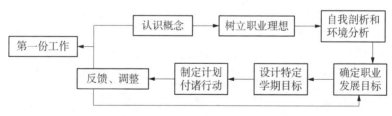

图5-1　大学生职业生涯规划流程图

(一) 大学生职业生涯规划的目的

大学生正处在生涯探索期和生涯建立期的转换阶段,主要的任务是通过生涯探索,明确发展方向,完成具体的职业计划和知识储备,促进自身的全面发展。

具体表现在:

(1)认识自我,认识环境。通过生涯规划对自己的能力与弱点有更切合实际的判断,不排斥对自己不良的评价,不对别人的评价产生抵触、防卫的心理也不因他人的评价而否定自己,产生焦虑与不安的情绪,形成不良的自我概念;对自己的个性特质和社会经济地位、环境因素能泰然处之,接纳自己。

(2)规划自我。确定职业生涯的发展目标和成功标准,从而科学合理地安排大学生活。

(3)实现自我。通过社会的善意接纳,获得爱与成就,建立稳定的自我概念;尽最大努力培养积极适应的良好心态,增强自我的主观幸福感和受挫能力;发展自己的特长,有目的地构建自己的知识、能力、素质结构,达到自我潜能的充分开发和自我实现,并养成良好的行为习惯和行为模式。

(二) 我国高等院校引入职业生涯规划的时代意义

我国高等院校引入职业生涯规划有其客观必然性,是社会需要、学生成才和高等教育改革的共同要求,是培养社会所需的高素质合格人才的客观要求。

具体地说:

(1)是以社会需求和就业为导向的人才培养模式的必然要求。知识经济的来临,导致产业结构调整、技术更新速度加快,企业的竞争空前激烈,企业兼并、裁员、破产加剧,致使一些职业岗位减少甚至消亡。同时新的职业不断地产生,新的岗位不断地增加,以致过去学一种技术用一辈子的情况大大减少。因此,社会需求和就业导向要求建立一种宽口径、复合型的人才培养模式,要求学生具有更强的应变能力,注重学生素质和能力的培养。而大学生职业生涯规划通过学生自我社会需求和就业要求的分析,确定学习目标和学习内容,能够把社会需求、学校教育和自我发展三者和谐地统一起来。

（2）是学生成才、培养学生自主能力的合理途径。双向选择和自主择业已成为大学生就业的主要形式,面对求职就业的巨大压力。学生在理想与现实、专业与爱好、职业与地域、经济待遇与发挥专业特长等方面无所适从,容易导致一些大学生迷失学习方向,失去学习动力。因此,大学生迫切需要开展职业生涯规划,明确今后职业生涯的目标和发展方向。通过职业生涯目标和发展方向的确立,进而确立学习目标,有目的地构建知识、能力、素质结构;同时,也培养起自主的精神和能力,能够在不同的选项中作出自我的合理选择。

（3）是学生成功就业、科学就业的可靠保证。在完全自主择业的今天,由于大学生的就业观和高校的就业指导未能与时俱进,许多学生的职业意识和竞争意识薄弱,就业技巧缺乏。因此,迫切需要推进大学生就业指导方式,运用科学的方法,指导学生进行职业生涯规划。这不仅能提高学校的就业率,也为学生未来生涯更好的发展打下了良好的基础。

第二节　地方高校大学生职业生涯规划的个案研究

为了实证研究大学生职业生涯规划问题,湖州师范学院在2006年4—5月对在校大学生进行了一次较为广泛的实证调查,对全校各分院各年级学生发放了 300 份问卷调查,回收有效问卷 265 份,并且组织相关同学对 200 名左右的师生进行了深度面谈。

(一)调查结果和分析

首先,在职业生涯规划的理念方面。

学生充分认识到了职业生涯规划对于毕业就业、生涯发展的重要性,迫切想通过科学的方法、专业的手段了解自己,但同时对它了解得并不多,缺乏必要的规划方法和手段;学校无专门的职业生涯规划咨询机构及系统的职业生涯规划辅导课程。在设计的"您认为求职过程中,明确清晰的职业规划是否重要"这一问题中,有 35.17% 的同学回答非常重要,48.28% 的同学回答重要,仅 16.55% 的同学回答一般或不是太重要。但是,在回答"您有没有接触过职业生涯规划的课程或相关的讲座"时,回答有的占 33.1%,回答无的竟有 66.9%。在回答"您对职业生涯规划这一概念的熟悉程度"时,认为很熟悉的仅占 18.27%,较熟悉的 26.92%,听说过的 30.77%,还有 24.04% 的同学对这一概念感到陌生。这说明了学生职业生涯规划理念的缺欠程度。在问及"您对学校提供的职业生涯规划、就业指导服务满意程度"时,有 3.45% 的同学回答"非常满意",11.03% 的同学回答"满意",还有 66.9% 的同学回答"什么都一般",有 18.62% 的同学回答"不满意"。在问及"职业生涯规划方面的知识主要从什么地方获得"时,回答主要从网络包括网站和 BBS 上获得的占 51.3%,通过讲座获得的占有 34.26%,从课堂上获得的仅为 9.26%,还有 15.74% 的同学认为是凭自己的经验认识进行职业生涯规划的。在问及"学校就业网站中有否足够的职业生涯规划方面的知识"时,只有 14.29% 的同学认为已经足够,有 48.57% 的同学认为自己学校的就业网站中几乎没有职业生涯规划方面的知识,还有 37.14％的同学认为学校就业网站中有一些职业生涯规划方面的知识,但无法满足需要。同时通过深度面谈得知,学校就业指导中心办有《就业导航》杂志一份,也是同学满意度的主要来源。学校就业网站拥有一套学生个性综合测评软件,可以提供给每位学生一次测评的机会,但大多数学生希望能有更多、更好的专业测评软件和专业咨询指导教师。

其次,在职业生涯规划的心态方面,有相当一部分同学在职业规划上具有逃避倾向,导致学习的盲目性,有的人甚至还处于高中时期的集体被动学习状态;同时在生涯探索和规划的过程中有的同学缺乏自信心和耐心,自我主观幸福感不强。从面谈情况来看,许多同学拒绝面谈,他们认为"车到山前必有路",谈这个问题会带来很大的压力,甚至痛苦,他们不愿意深入地去想,更不用说对自己的生涯进行科学细致的规划了。调查问卷上"您有无对自己的职业进行过规划"的问题也说明了这一点。回答有比较清楚的占48.57％,另有超过半数的同学,回答有,只有一点,或干脆回答从没有想过。在问及"您对您所希望的就业行业进行过了解并依此进行调整自己的发展和规划吗"时,41.38％的同学回答经常关注,并依此适当调整具体策划。55.17％的同学回答没有了解,但希望能有适当的渠道进行了解,还有 3.45％的同学回答没有对此进行过考虑。深入交谈会发觉他们的学习目标基本上也是不明确的,老师教一点,他们学一点,别的同学学什么他们也跟着学什么,学习的主动性不强。

面谈中,学生面对巨大的就业压力以及生涯探索和规划中的具体困难,一定程度上表现出信心和耐心不足,并且不能合适地定位自己的主观幸福感。在问及"你觉得自己的大学生活快乐吗"

"你的满足系数和幸福系数如何"时,大多表示无奈、无聊,也没有深究原因。最后,在职业生涯规划的实践方面,学生行动方案实施缺乏必要的持久性,社会实践的方向不够清晰,导致行动效果不佳。从调查来看,学生的学习和社会实践也赶时髦,这个行业前景看好,那个考证热,学生就会轻易地放弃自我原先的努力方向和已经投下去的时间和精力。在问及"职业目标的稳定性和社会需要、职业环境的动态性之间你是如何保持平衡的"时,有 38.38% 的同学回答会全面考虑自我、环境要求以及路径依赖,55.17% 的同学回答询问师长,看周围的同学,依当时自己的情况、情绪决策,还有6.45% 的同学回答没有对此进行过考虑。在社会实践方面,为了增加"工作经验",不少大学生选择了兼职、做家教、促销员和业务员等,但许多社会实践缺乏职业方向性,遍地开花,只注重量的积累而忽视了质的要求,不仅使大学生疲于奔命,而且盲目性和风险性都增大。另一方面,由于当今在校大学生大多都曾是家中的"小皇帝",他们大多数在探索生涯规划和实践自我规划中怕苦、怕累、怕失败、受挫能力差,在学习和生活中表现出实用主义和快餐文化,不愿走弯路,缺乏对专业理论的了解和兴趣。

(二) 对策和建议

大学生职业生涯规划的主体是学生自己必须发挥主观能动性,培养自主精神,正确认识自己,分析环境的优劣,学会自主判断和选择,形成职业目标和方向,达到生涯规划的目的。但由于大学生正处于生涯发展的探索阶段,身心皆处于成长和发展中,学校的生涯辅导和各种条件的支持便成为了学生学习及生涯发展成功的关键因素。

为此:

（1）学校必须在政策、资金、设备和人员上加以保证和扶持，把大学生职业生涯辅导提高到学校成败的战略高度，形成学校各部门全员参与的立体辅导网络，而不仅仅是就业指导中心、学生处和思想政治教育辅导员的职责。

（2）建立专业的生涯辅导队伍和生涯辅导课程体系，购买必要的适合大学生的专业测评软件，对大学生进行充分合理的职业生涯辅导和必要的咨询，促进学生职业生涯规划理念、手段和方法的发展，促使学生构建合理的知识、能力、素质结构。

（3）继续深化教学体制和人才培养模式的改革，实行更加弹性或者完全的"学分制"，切实重视实践教学改革，完善校外实践基地的建设和使用，使学生有条件进行科学合理的职业生涯规划。

第六章

大学生职业规划能力支撑体系建设

规范的职业生涯规划已引入我国大学生日常学习与生活中，大学生们开始懂得规划，学会规划。然而，由于种种原因大学生规划执行并不理想，大学生职业生涯规划执行不佳导致了很多负面的影响。因此以大学生职业规划执行为研究主线，推进高校教育管理体制和教学支撑体系的改善，是一条切合社会实际的，有效、可行的途径。

第一节　大学生职业生涯规划执行的界定

大学生职业生涯规划的核心任务是形成正确的自我认知、职业认知和社会认知。大学生的职业生涯规划可分为学业规划和职业规划两个方面。① 大学生职业生涯规划是一个连续系统的动态

---

① 许新宇:《大学生职业生涯规划的核心任务与特征》,《职业时空》,2009 年第 4 期,第 68—69 页。

过程,包括理想职业目标的确定、自我评估和环境分析、选择职业生涯路线、制定行动计划以及反馈调整等五个步骤,大学生年龄一般在 20 岁左右,正处于萨帕的"职业生涯阶段论"的探索阶段,自我认知、社会认知、职业目标等正处于不断探索而逐渐发展的过程。因此,大学生职业生涯规划执行不仅仅是努力完成既定目标,执行规划行动方案的过程,更是大学生深化自我认识、进一步分析环境和反馈调整规划方案的过程。

大学生职业生涯规划执行包括了三层含义:第一,指大学生职业生涯规划执行目标是否具有明确性、阶段性和全面性。明确性指目标是否简单可行,阶段性指目标在不同阶段是否有不同的侧重点,有一定的时间限制,全面性指目标是否涵盖了规划的整体战略;第二,指大学生职业生涯规划执行过程能否具有连续性、整体性和创新性。连续性是指大学生在执行规划过程中是否有持之以恒的行为表现,整体性是指大学生在执行规划过程中是否有全盘兼顾的行为表现,既有对专业知识的学习和实践,也有对现实社会的学习和认知,创新性是指大学生在执行规划过程中遇到不协调或困难时能否表现出一定的创新能力,以解决不协调或困难;第三,指大学生职业生涯规划执行结果如何,大学生职业成熟度有无进步、学业成绩是否合格、是否取得了标杆性的重大成绩或经历,这些是判断大学生职业生涯规划执行成败的最重要标准。

执行力就是一种把想法变成行动,把行动变成结果,从而保质保量完成任务的能力,执行力包括个人执行力,团队执行力和组织(系统)执行力。大学生职业生涯规划执行力,是个人执行力,是大学生把生涯规划行动方案转变成大学生的实际行动,在实际行动中塑造正确自我认知、职业认知和社会认知的能力,是大学生职业生涯规划执行三个层次的综合体现。

第二节 大学生职业生涯规划执行力评估

依据大学生职业生涯规划执行三个层次的理解,通过专家函调法,确立大学生职业规划执行情况评估指标体系。一级指标为:规划目标(权重 15%)、执行过程(权重 30%)和执行结果(权重 55%)三个指标,二级指标为:目标的明确性、全面性和阶段性,过程的连续性、整体性和创新性,结果方面的职业成熟度、学业成绩和重大成果或经历九个指标(如图 6-1)。

	一级指标及其权重	二级指标
指标一	规划目标(15%)	明确性
		全面性
		阶段性
指标二	执行过程(30%)	连续性
		整体性
		创新性
指标三	执行结果(55%)	职业成熟度
		学业成绩
		重大成果或经历

6-1 大学生职业规划执行力评估指标体系图

目标的明确性依据大学生职业理想、阶段目标的清晰度分为明确、较明确、一般和不明确四个等级;目标的全面性依据大学生专业学习、职业资格、技能证书、课外活动、社会实践活动、毕业论文写作等方面目标的齐全度分为全面、较全面、一般和不全面四个等级；目标的阶段性依据大学生阶段目标时间限制的清晰度分为有重点、较有重点、一般和无重点四个等级，通过等级量表的方法收集大学生职业规划目标制定方面的具体情况。

执行过程连续性通过阶段(学期)重点目标能否保证每天一小时的学习或工作时间，一学期完整阅读的课外书籍是否有两本及以上，每周是否有三天是七点前早起，每周是否有三个半天待在图书馆或教室自习四个行为特征进行判断；执行过程整体性通过让学生描述最典型一天的工作日志法进行判定；执行过程创新性以学生在认知不协调的冲突和困境下逃避(习惯、放弃目标等)、从众、询问及权衡三种行为方式的选择进行判断，学生规划执行过程的表现主要通过行为锚定法进行收集。

执行结果的职业成熟度主要通过职业成熟度量表来测定，这方面的研究成果较多也较成熟[1]，学习成绩主要通过有无不及格现象，能否按期毕业，学习奖学金的次数和其他方面的获奖加以衡量，重大成果或经历则是在规划期内获得校级以上的奖励次数、校内外重大活动或工作经历的次数来加以评价，主要通过定量的分析来加以评估。

第三节　影响当代大学生职业生涯规划执行力的因素分析

按照组织行为学的观点，个体的行为(B)是所处的环境(E)和

---

① 张智勇、荣煜：《管延军中国大学生职业成熟度量表的信度与效度》，《西南大学学报(人文社会科学版)》，2006 年第 5 期，第 1—6 页。

他的心理特性(P)的函数(F),即 B＝F(E·P),这个公式解释了每个人的行为都是不一样的,随着主体人与环境的不同而不同。同时,人的行为是基于一定的环境之下,受需要、动机目标的支配,人类的行为是基于特定的欲求,为了实现特定的目标并选择各种各样的手段去实现目标的活动。大学生职业生涯规划执行也是一种人的行为,也是大学生所处环境和大学生的心理特性的共同作用结果。因此,影响当代大学生职业生涯规划执行力的因素主要有大学生主体自身和外部支持系统两大因素。(见图 6-2)

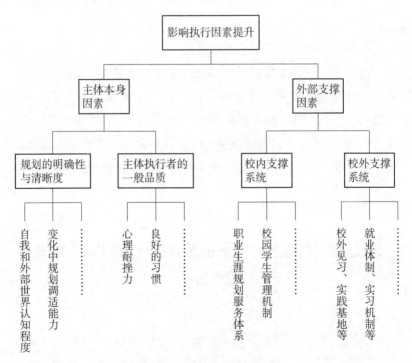

6-2　影响规划执行因素图

第四节 提升大学生职业规划执行力的模式和基本策略

依据当代大学生职业生涯规划执行情况,结合执行力提升的相关影响因素,我们认为,以学生自我管理能力提升为主体,校内支撑系统和校外支撑系统建设为两翼的"一体两翼"模式是提升大学生职业规划执行力的良好途径。该模式结合了校园内外因素,物质和精神动力,适合于中国高校实际,又具有一定的前瞻性。具体内容如下:

第一、以发展自我管理能力为根本,提升大学生职业生涯规划执行的内驱力。

大学生职业生涯规划执行力提升的根本原因还在于大学生的自我管理能力,只有良好自我管理能力的同学,才谈得上规划良好的执行。

以职业规划服务体系和管理机制建设为重点完善大学生职业生涯规划执行的校内支撑系统。

大学生职业规划执行的校内支持系统是指有利于学生规划执行的所有物质和文化环境,主要指大学的职业规划服务体系和学校管理机制。改革学校管理机制,发展大学职业规划服务体系是完善大学生职业规划执行的校内支持系统的重点。

首先,改革学校管理机制。学校的管理机制必须从根本上清楚界定学校管理机构与学生之间的关系与地位,清楚说明大学生在大学管理中的地位及其权利,学生各种活动场所及其经费如何保证。目前大学管理体系是属于防范型的,满足于学生不出现严重的心理问题和身体伤害事件,大学生的总体情况就是都是被管的,缺乏自己的创造性,不利于大学生执行文化氛围的塑造。另一方面需要科学建构学校与学生的沟通渠道,健全教师与学生的考评制度、奖惩制度、监督机制,从而形成一套健全、完善的激励和约束机制。

其次,构建大学生职业生涯规划与发展服务体系。努力构建专业化、职业化的师资队伍,大学生职业生涯规划指导教师,应该专兼结合,以专职为主。除专任教师外,还应有系专业负责人、班级辅导员、学校招生就业工作部门、学生工作部门、学生心理咨询部门的人员以及必要的企业界有关人士。大力开发大学生职业生涯规划教育各种工具,包括职业信息与服务系统。积极发展大学生职业生涯规划服务评价体系,对职业生涯规划指导的效益进行评价,并由此推动大学生职业生涯规划指导理论体系、实践体系、服务体系的不断变化和完善。

第三,以实习基地和实习机制建设为标志,完善大学生职业生涯规划执行的校外支撑系统。

校外支持系统一方面有利于大学生职业认知的完善和对社会环境的了解,有利于大学生制定切合实际的职业目标从而有利于大学生职业生涯规划的执行,另一方面完善的校外支持系统也有利于学生社会实践等学业目标的执行,否则离开社会的支持,四年大学生涯很多学生可能都没有真正融入过社会,还是过着象牙塔的生活。

首先,在职业生涯规划教学与实践过程中,应该有企业参与、协作与支持,有着工作背景的各行各业工作人员为大学生提供各种咨询指导,充当职业辅导教练,对大学生职业生涯规划及其执行都有很大的好处。

其次,要以创新的理念、创新的思路、创新的举措,探讨和建设多种模式的校内外实习教学基地,形成多专业协调发展的实习教学基地体系,建立产学研合作的机制,学校设立校外实习基地建设与管理专项基金,专项基金主要用于双方共建项目的资助和研究成果的奖励,实习基地建设工作的表彰和研讨活动等支出。完善学校和实习教学单位的各项规章制度,确保实习教学落到实处,不流于形式。

第七章
大学生职业规划能力激励机制建设

　　自 2007 年教育部明确要求各高校开设大学生职业发展与就业指导课程以来,大学生职业生涯规划指导已在我国大学蓬勃开展。然而,由于种种原因大学生职业规划辅导体系、教师人才队伍、管理机制建设等方面还存在诸多问题,如以辅导员为主体的指导教师队伍无法满足学生的需求,大学生职业生涯规划与执行皆不佳。因此有必要对大学生职业生涯规划做系统深入的再思考,推进高校大学生职业生涯规划工作。

第一节　高校推进大学生职业生涯规划目标的再认识

　　从高校的角度来看,引导和指导大学生进行职业生涯规划具有微观、中观和宏观三个层次的意义。微观层次是高校引进大学生职业生涯规划的直接目标和动力,吕广文、蒋学先认为高校推进大学生职业生涯规划有利于大学生"正确地分析并评价自己,提高大学生综合素质和就业竞争能力、树立科学的就业观,确立正确的职业定位。"①很多的论述都持这一观点,通过推进大学生职业生涯规划提升高校就业指导服务水平,提高广大毕业生的就业能力,提升高校的就业率,这也是大学生职业规划最浅显、最表层的作用,如果仅做这样的理解,大学生职业生涯规划不可能深入推进,只能做些表面功夫,进行一些培训,导致提高广大毕业生的就业能力,提升高校的就业率的作用也会大打折扣。

中观层次,耿小雷认为通过大学生涯规划教育"促进大学新生尽快完成角色转换,为促进学风好转创造了前提条件;激发学生主动成才意识,端正学习态度,为促进学风好转抓住了关键环节;制定贯穿大学四年的目标管理体系,为促进学风好转奠定了基础工作;实施全过程的跟踪管理,为促进学风好转提供了重要保证。"②大学生职业生涯规划也要求高校专业,尤其是应用型专业须以社会需求、社会发展为导向进行专业建设,使学生专业知识的学习能与社会需求相衔接,促使产学政研一体化。大学生认识自我、认识社会进行职业规划关键是把握现在,以大学生职业生涯规划的需要促进高校学风、专业建设,以卓越的学风和专业知识教育深化大学生职业生涯规划,是中观视角的理想结果。

宏观层次,徐子勇认为"关注人、培养人、发展人是大学生职业生涯规划的根本,职业生涯规划的最终目的是促进大学生的全面发展。"③吴坚认为大学生职业生涯规划"是以社会需求和就业为

① 吕广文、蒋学先:《论高校开展大学生职业生涯规划教育的意义和举措》,《高教论坛》,2010 年第 9 期,第 108 页。
② 耿小雷:《略论大学生涯规划教育是促进高校学风好转的重要载体》,《中国电力教育》,2010 年第 4 期,第 192 页。
③ 徐子勇:《大学生职业生涯规划目是人的全面发展》,《中国大学生就业》,2005 年第 16 期,第 53 页。

导向的人才培养模式建立的必然要求。"①大学生的全面发展与人才培养模式直接相关,能够在不同的选项中作出自我的合理选择,培养起自主精神和能力是大学阶段必修课,学校"应该从涉及专业、课程、学制等教育、教学体制的变革入手,为学生进行深层次的规划,给学生搭建一个充满了选择机会的、信息丰富的、真正的规划平台,使他们有一个施展自我的空间。"②因此,以大学生职业生涯规划为纽带推动高校教育体制改革,以高校良善治理体制保障大学生的全面发展,是高校推进大学生职业生涯规划更为深远的价值。

第二节 大学生职业生涯规划辅导体系: 角色、职责和作用

基于大学生职业生涯规划的宏观意义,必须对高校大学生职业生涯规划辅导体系进行全盘统筹研究,思考辅导体系的结构和功能。黄晓梅认为"大学生职业生涯规划是一个复杂的系统工程,必须充分发挥个人在大学生职业生涯规划中的主体作用,发挥高校在大学生职业生涯规划中的主导作用,发挥家庭在大学生职业生涯规划中的潜移默化作用,发挥社会在大学生职业生涯规划中的支持作用,由此完善大学生职业生涯规划综合实施机制。"③我

---

① 吴坚:《大学生职业生涯规划的探索》,《湖州师范学院学报》,2008 年第 6 期,第 134 页。

② 胡梅、魏津瑜、刘丽:《论大学生职业生涯规划中学校的主体作用》,《职业技术教育研究》,2004 年第 12 期,第 48 页。

③ 黄晓梅:《我国大学生职业生涯规划综合实施机制探析》,《中国成人教育》,2010 年第 2 期,第 62 页。

们认为高校大学生职业生涯规划辅导体系主要包括了：校职业生涯服务枢纽中心（专职就业工作人员和职业生涯规划辅导人员）、辅导员、班主任、专业教师（导师）、企业（家）和社会组织。

校职业生涯服务枢纽中心由校领导、学生工作处、招生就业处、教务处、团委等部门共同参与组成，是大学生职业生涯规划辅导体系的决策机构、领导机构和协调机构。负责决定学校人、财、物等各种资源投入学生生涯辅导的比例，制定有关大学生职业生涯辅导的各种政策，对各具体执行机构进行领导，对校内外各相关主体进行协调，对大学生职业规划与高校其他工作关系的协调。谭敏认为各部门分工为"学生工作部负责自我认知指导，涵盖学生兴趣爱好、性格、特长、能力、职业倾向等测试内容，团体、个人职业生涯规划辅导，就业心理调整，招生就业处负责就业技巧方法指导，帮助学生就业、择业、创业，协助学生搜寻就业机会，教务处负责开设相应课程和讲座，教授职业生涯规划相关理论知识，训练学生职业生涯规划相关技能。协助大一、大二学生专业选择，制定学习计划，有效规划大学四年的学习生涯，普及宣传职业生涯规划，团委负责组织相关社团，引导职业生涯规划学生活动的开展，为大学生的志愿服务活动提供政策支持。"[1]专业职业生涯规划辅导师，则是负责对学生开展授课，个性职业辅导等工作。

高校辅导员是大学生职业生涯辅导的参与者之一，也可以说是不可或缺的重要角色。辅导员是大学生职业发展教育平台的构建者，是各种学生社会实践活动的带队者，是大学生就业指导工作的实际承担者。"辅导员多视角、多方位、多角度、最直接、最直观、

---

① 谭敏：《大学生职业生涯规划及管理体系的研究》，《西南财经大学学报》，2007 年第 8 期，第 56 页。

最直觉的育人作用,是高校任何人所无法代替的。"①负责帮助大学生在职业规划中明确职业目标,树立远大职业理想;强化职业规划意识,树立正确成才观和就业观;为大学生提供个性化的职业规划指导,促进大学生的职业发展。

高校班主任是大学生职业生涯规划辅导的全程参与者,在其间承担了大学生职业生涯规划的引导者和个性辅导者的角色。负责"引导大学生确定适合自己的职业目标,班主任要帮助学生进行职业价值观排序;引导大学生构建合理的知识结构,不同职业方向对知识的要求是不一样的,班主任可帮助学生构建适合自己职业目标的核心知识;引导大学生训练综合职业能力,班主任要让学生认识到综合职业能力的形成是需要持续不断努力的,综合职业能力在其职业生涯中的作用是不可取代的,实现职业目标必须有高水平的综合职业能力。"②

专业课程教师在大学生职业生涯规划各个阶段都发挥着重要的作用,是大学生职业环境认识的启蒙者、职业理想的引领者和职业规划反馈评估的指导者。专业课程教师应"结合自身丰富的专业领域资源和职业知识为学生的职业发展提供辅导"③,学生可以在专业课程教师的指导和建议下更清楚地认识自己;帮助学生更好地认识今后可能从事职业的职业环境、需要的实用技能,包括一般技能和专业技能;帮助学生明确需要学习的专业知识和技能,制定明确的职业目标和行动方案;给予学习能力匹配评估

---

① 刘维利:《高校辅导员在大学生职业生涯规划中的作用》,《潍坊学院学报》,2008 年第 5 期。
② 吴凯、黄湘红、陈雁:《论班主任在大学生职业生涯规划中的作用》,《教育探索》,2009年第 7 期,第 150 页。
③ 谭建伟、孙丽璐:《专业课程教师与大学生职业生涯规划关系研究》,《重庆教育学院学报》,2010 年第 2 期,第 48 页。

和职业机会评估的中肯意见，帮助学生更好地进行能力匹配评估。

　　企业和社会中介组织是大学生参加社会实践，形成职业认知的场所或渠道，是大学生职业生涯规划不可或缺的支持者。"企业直接参与到高校的教学体系、学生生涯规划和就业指导体系中来，从高校角度来看，可以市场为依托，以满足社会发展需要为主线，促使专业的设置、课程的安排更加符合社会、企业的要求，教学目的更加明确。"①企业应具有社会责任意识，公布企业相关的信息，如企业人事管理规章制度、薪金福利、专业岗位设置和人才素质要求等方面的具体情况；建立面向高校的统一的企业信息发布平台，使学生了解企业的要求，从而明确学习目标，进行自主、定向学习，主动地、有目的地自我培养；企业及社会还应提供各种实践平台、专家讲座与专题会议的参与者、讲演者。

第三节　高校大学生职业生涯规划辅导激励
机制的建立

　　目前高校大学生职业生涯规划辅导体系虽已基本建立，但很难说各辅导主体已尽责、良善地开展工作，究其原因除了对大学生职业生涯规划工作战略意义认识不到位、责权利体系没有很好建立外，还因为规划辅导体系激励机制的不健全、不完善。结合高校和大学生职业生涯规划辅导实际情况，我们认为需建立、完善以下

---

① 潘红军：《浅析企业对高校大学生职业生涯规划的作用》，《教育与职业》，2008年第32期，第96页。

激励机制：

（一）精神激励机制

当今时代职业生涯的成就与个人的学习方式、学习能力、学习规划紧密相关，终身学习、终生教育的理念已经深入人心，学习和教育不再只是人生某个阶段的任务，而是贯穿人一生的事情。当代中国高等教育如何适应这种转变，满足社会的需要，是一个急需解决的重大时代课题，大学生职业生涯规划对此提供了一个非常有效、可行的途径，它的宏观目标促进大学生的全面发展、实现未来人生和职业的成功，与高等教育的使命完全一致。

大学生职业生涯规划强调学习的自主性，强调学习的持续性，强调教育的服务性，强调教育的社会性，学生通过职业探索及规划可以选择在什么时候接受什么教育，自主探索和合理引导是其关键；而学校则根据社会需求和学科特性，提供全方位的各种服务套餐，供学生甚至社会人士选择，服务质量和满足需求是其生命。大学生职业生涯规划指导推动教师去了解学生的现实、学生的需求，还推动教师关注社会的需求、社会的发展，从学生整个人生生涯的高度来理解和检测高等教育，从学生整个人生生涯的高度来理解高校教师的工作和使命。正是这样的高度和使命来明确广大高等教育工作者的工作意义，激发内在的成就感和责任感，认识到大学生职业生涯规划工作不是可有可无的事情，就是高等教育的事业，功在千秋，利在当代。

（二）目标激励机制

从社会使命和愿景出发，从高校的发展战略出发，以大学生职业生涯规划辅导为主线，确定高校大学生职业规划工作战略，然后对大学生职业生涯规划辅导体系进行层层任务分解,确定各相关部门的部门目标,各相关工作主体从校领导到辅导员、班主任和专业教师的个人目标,通过明确的工作目标和责任,来产生学生职业规划辅导工作的牵引力。通过层层分解的目标激励广大教育工作者,也激励学生,通过亲身观察学生的成功和成就来激发广大教育工作者的成就感,促使教学的良性循环,教与学的相辅相成。

所确定的目标必须是明确、具体和可衡量的,是管理者与非管理者、是学生工作线与专业教师队伍、是学生处、招就处、团委等不同部门协商的结果,是协同治理的结果,是在学校共同战略指引下所确定的,要避免上下不一致的纵向失衡和左右不协调的横向失衡。同时也必须与学生进行良好的沟通,了解学生的需求,学生的想法,使确立的目标是切合学生实际、学校实际的。

(三) 物质保障机制

学校应加强制度建设和管理创新,建立大学生职业生涯规划辅导体系的鼓励和保障机制,做任何事都必须公平、正义,让干事、做事的人得到应得之物。应得之物,包括能得到开展大学生职业生涯规划辅导必要的物资资源和资金资助,如大学生素质测评软件、学生社团活动经费、社会实践基地建设基金等;能充分保障大学生职业生涯规划辅导者必要的工资报酬和津贴,如设立职业生涯规划指导绩效基金、核算相应工作量、职业生涯专业课程教师导师津贴制等。

因此,高校必须在财政规划时做好大学生职业生涯规划辅导的预算资金,预算资金可以与思政工作、社会实践工作、学生工作通盘考虑,确定相应的比例,使大学生职业规划辅导工作告别资金短缺、辅导人员借用的时代。同时,也可以在原先在学生工作、思政工作等方面投入的基础上建立大学生职业规划服务基金,以服务基金来统筹支付思政、学生工作等方面的开支,这样学校的投入不会增加多少,但使用效果和作用会得到较大的改善。

(四) 考核激励机制

不管是把大学生职业生涯规划辅导任务落到学生辅导员为主体学生工作线上,还是将大学生职业生涯规划指导纳入专业课程教师教学科研工作内容范围,都要完善相应考核机制。将职业生涯规划指导工作的过程和结果纳入教师年度考核,甚至职称评聘、职务晋升等环节,强化职业生涯规划指导的意识,规范职业生涯规划指导的行为。不仅对辅导教师要加以考核,还要对各相关部门进行辅导情况及效果考核,对各相关部门相互协作、相互支持的情况和效果加以考核。

因此,要设计科学合理的大学生职业生涯规划辅导考核指标体系和标准,采取合理的方式进行考核,且科学合理地利用考核结果,以激励先进,鞭策后进。高校应设立专门的大学生职业生涯规划辅导奖励政策,用来奖励大学生职业生涯规划辅导的卓越者,引导辅导的良好氛围和风气,同时也应对不作为者、消极应对者给予惩罚,建立相应的惩罚制度。惩罚制度应明确具体的不良行为,使其成为可操作的刚性行为准则。

(五) 政府政策激励机制。

高校推行大学生职业生涯规划的关键不仅仅在于高校内部,其他的社会氛围、企业支持也非常重要,"当代大学生职业规划执行存在着目标不清,执行不力和结果不彰的问题,大学生自我管理力及校内外支撑系统的不足是问题存在的根本原因。"①因此，高校赢得政府政策支持非常重要，推动政府制定相应的鼓励制度或优惠政策，以政府政策杠杆撬动整个社会和企业的变革。

首先，应该促进企业信息的公开化，以信息公开程度、建立实习基地、提供实习机会、参与学校主题讲座、帮助大学生职业探索等作为评价的指标体系，作为考核企业社会责任承担的标准和依据，考核结果成为企业享受政府优惠政策、政府奖励的依据，促进企业承担大学生职业规划探索支撑体系的责任感和积极性；其次，要加强人才市场规范化、信息化和法治化建设，对各种信息、数据的发布做到及时全面，对人才服务做到规范和专业，加大职业规划师队伍的建设，对人才市场各种不端行为能够及时快速依法打击，执法严格。这些本身也是政府应当承担的政府职能，校外支撑体系的健全和完善，无疑有利于大学生职业生涯规划辅导体系更好地开展工作，愉悦地工作。

---

① 吴坚：《大学生职业生涯规划执行及其支撑体系的思考》，《中国电力教育》，2011年第7期。

第八章

湖州市失地农民职业能力培育与提升

    土地是农民赖以生存的生产资料，是最基本的生活保障。对于绝大多数农民来说，失去土地，不仅意味着失去生活来源，而且也意味着失去职业。随着城市化进程的不断推进，失地农民越来越多。如何实现失地农民的可持续发展，解决失地农民就业问题，帮助他们摆脱就业困境是转型期的一项重要工作。就业培训是失地农民实现可持续发展，转变社会角色与身份的一条必经之路，但目前失地农民就业培训工作存在一定的问题，急需得到解决，本文以浙江省湖州市为例，进行理性探讨。

第一节　当前失地农民就业培训工作
存在问题分析

    党的十六大、十七大都提出了专门针对农民的培训计划，农民的就业培训受到了越来越多的关注与重视。政府在失地农民劳动力转移培训中，也取得了一定的成绩。但是，以湖州为例，据调查，依然存在一些问题：

（一）失地农民接受就业培训的比例小，接受培训的愿望一般

农民失地后接受培训的现象还没有得到相当程度的普及，仅有19％的人接受过就业培训，相当一部分人没有接受就业培训。对于培训愿望的调查中有69％的农民表示愿意参加有效的培训，培训动机以"增加寻找工作筹码"的比例最大，达到了64.3％，其次是"为满足现在工作所需"在职培训，达23.4％，其他如提升自我修养，拓展素质的比例很低，说明失地农民培训功利色彩浓厚，较为"短视"，参加培训主要是为了谋生需要。

（二）就业培训与就业安置衔接程度低，培训目标与市场需求有差距

在调查中发现，接受过就业培训的有19％（见表8－1），而接受就业安置的仅5.1％（见表8－2），比率很低。培训与就业在现有的培训机制中基本是两张皮，由于种种原因企业在失地农民的培训中普遍缺位，尤其是那些直接造成农民失地失业的所在地企业，没有尽到应有的企业社会责任，帮助失地农民完成社会身份和角色的转型。所以在对失地农民的技能培训中不管是实战派讲师，还是学院派讲师，总是一定程度上缺乏对农民真实需求的及时性了解，培训的技能与失地农民就业所需只是大致的对应关系，培训的技能并不能保证在今后工作中用到，培训项目没有具体的针对性与实用性。

表 8－1　失地后就业培训情况

	人数	百分比
有	150	19
没有	620	78.5
其他	20	2.5
总数	790	100

表 8－2　就业安置率

	人数	百分比
有	40	5.1
没有	730	92.4
无应答	20	2.5
合计	790	100

(三) 培训的专业化程度不高,培训效果不彰

近年来,失地农民就业培训工作关注度越来越高。但由于培训机制不健全,培训机构经营管理水平不足,培训工作成效不大,效果不明显。整理当地农民的介绍,可以归纳为以下几方面:第一,在培训观念上,注重就业培训的形式,没有真正重视培训工作;第二,在培训方式上,缺乏真正实用性的操作与实践。虽然农民能直观地学习到专业知识和技能,可是由于设施差,条件不够,没有条件让他们亲自动手实践。第三,在培训的师资上,师资力量不足,一般乡镇教师专业知识比较单一,缺少专业性的进修,教学设施陈旧,教学手段落后,只能承担一些引导性、初级技能类的培训。第四,培训计划不科学,不严密。缺乏明确的培训目标,也没有明

确的培训标准,培训过程简单,培训效果不甚理想。同时,培训中缺少有效的监督机制和评估激励机制,培训针对性不强,实际效果不大。失地农民接受培训的认知和技能成果良好,但呈现情感成果、绩效成果和投资回报率三低的特征。

第二节　当前失地农民就业培训工作存在问题的原因分析

(一) 投资主体缺乏,收益主体模糊,导致培训经费投入不足

经费投入是培训不可或缺的前提条件。目前,一些用工单位不愿投入培训经费,害怕培训投入是"竹篮打水一场空",进行培训活动的力度很有限。政府的经费补贴也很少,加上很多农民无法接受自费培训方式,因此,导致培训的费用不足,培训活动无法施展,培训的步伐受阻。甚至一些培训机构完成培训后拿不到应得收入,影响了培训市场的正常运行,培训机构的发展与壮大,从而也影响到了培训规模的扩大与质量的提高。同时,政府对失地农民就业培训的投入不足,对农民土地转让费的留存、使用缺乏合理的规划,没有很好地思考失地农民角色转变和可持续发展的问题。

(二) 失地农民培训工作法制化滞后,影响培训工作的进一步开展

当前,失地农民培训是一项准公共品,政府是其服务的主要投资者、规划者和组织者,必须清楚界定政府在失地农民培训工作中

的责任和义务,企业尤其是所在地企业在失地农民就业培训中的社会责任,农民在就业培训中的基本权利和责任。目前政府缺乏对失地农民培训的配套政策,也缺乏培训工作的管理机制。各培训服务和监管主体工作目标不明确,监管机制不健全,没有有效的失地农民培训质量评估控制体系,同时,失地农民对培训工作的知情权和监督权很少有真正的落实。

(三) 失地农民培训市场化进展不大,导致培训机构服务水准欠佳

由于投资回报率低,农民花钱接受培训的动力不强,企业培训投入也严重不足,培训机构盈利模式很难建立,培训市场无法真正形成,导致失地农民培训的公益性质成分居多。当前,也由于农村劳动力市场体系尚未健全、公共就业服务城乡统筹力度不够、民间中介服务职能不发达等造成失地农民培训服务体系不健全,公共服务机构、培训机构、用工单位之间缺乏沟通与联系,信息公布、培训实施、技能鉴定、劳务输出等各个环节衔接不是很好。很多农民不能及时有效地得到培训信息,失地农民很容易与就业培训失之交臂,得不到应有的培训机会,无法提高自身的非农职业技能。现有培训资源缺乏有效的整合,各培训机构的职业教育和培训体系以学校为本,忽视劳动力市场需求,培训不具有较强针对性和实用性。各类培训机构在培训内容的设计上,不能满足农民和企业实际需求。

(四) 失地农民对培训意义认识模糊,接受教育的观念不强

相当一部分农民文化低,思想保守,观念落后,缺乏投资意识和创业精神,缺乏适应市场竞争的胆识与谋略。受原有的价

值标准和观念的影响,对新的思想、文化、风尚承受力、接受度有限,参加培训愿望不强烈。他们对培训以后的工作预期不明确,觉得培训与否都不重要,认为培训没什么用,担心培训以后还是找不到工作,对先掏钱接受教育再上岗的培训模式还不能接受,或者不愿意花时间学习,宁愿直接外出打工。农民在接受教育时,缺乏自觉性和主动性,对培训费用望而却步,顾虑重重。失地农民受到自给自足的自然经济思想的束缚,视野较窄,目光缺乏长远性。

第三节　失地农民就业培训的对策建议

在失地农民就业培训中出现了一些不容忽视的问题,而正是在发现这些问题并逐渐改善的过程中,实现培训工作的日渐完善,保证培训的实效性,帮助失地农民尽快掌握职业技能。具体建议如下:

(一)完善失地农民就业培训体制,夯实培训基础

完善失地农民就业培训体制就是要明确政府、培训机构、市场、企事业单位以及失地农民本身在就业培训中的权利、责任和义务。政府要转变职能,深化服务型政府建设,做好政策供给,监督和服务工作,制定有利于培训展开的政策规章,更好更有效地整合其他社会力量来参与培训工作,促成培训主体多元化发展的局面;培训机构要转变观念,市场化运作,差别化服务,真正对失地农民负责,满足农民的需求,同时做大规模,在服务农民的同时发展壮大自己;企事业单位要有社会责任意识,通过合理的机制与农民达

成双赢的结果;失地农民应逐渐学会学习、学会自我管理,适应社会和形势的发展变化,适应自己新的社会角色和职责。

就政府而言,现阶段政府提供失地农民培训政策和服务时应注意:第一,应加大培训的投入,做好资金管理工作。培训的费用都由政府拨款解决,这是经费的大头,其他部门在培训有关事项中减少收费,如劳动部门对劳动力转移培训后的考证,可以适当减少收费。在费用管理上,各级财政部门应建立失地农民培训资金专项账户,单独核算,专款专用,任何单位和个人不得挪用、截留、侵占培训资金,以确保及时发放和结算。同时,财政、审计、监察等部门加强专项资金的收支、管理情况的监督,每年至少开展一次专项审计以发现问题,及时纠正和处理。第二,政府应把农民职业技能培训纳入社会发展规划,列入各级政府重要议事日程,进一步加强组织领导,完善政策措施,对农民职业技能培训的目标任务、规划大纲、资源利用、组织实施等做出统筹安排。加强各级政府的组织协调,成立专门的职业培训工作协调领导小组,做好政府各职能部门的具体职责安排,负责培训工作在资金、政策、运行、制度等方面,要适当提供保障。使各级各部门各就其位,各负其责,发挥优势,形成合力,共同推动农民职业技能培训工作的开展。第三,建立合理的培训评估和激励机制。要求评估主体的多元化,政府、失地农民(接受培训者)、用人单位和培训机构自身都参与培训评估,在评估内容上,要对培训条件、培训过程和培训效果三方面作出科学合理的评估,在评估方法上采用定性与定量评估的多种方法,以听、查、看、访、谈、测等多种手段,收集评价信息。通过评估促进改善培训教学、优化培训管理。政府通过评估明确培训机构的优劣,加强宏观管理,对优秀的培训机构给予奖励,对不合格的培训机构进行淘汰,推动一个良性循环。

就市场、企事业和培训机构而言,以市场为导向,创新培训模式。失地农民就业培训工作,必须坚持以市场为导向,收集准确的市场信息,一是开展"订单式培训",由培训机构直接与用人单位签订培训及用工合同,实行定向、定性培训,定向输出;或由政府有关部门与用人单位签订培训及用工合同,由政府委托培训机构进行培训。二是开展"校企联合培训",由企业提供设备,派专业技术人员担任教师,培训机构出场地、组织生源,与企业进行联合培训。三是开展委托培训,由用人单位先挑选并录用人员,委托培训机构进行培训,培训费用由用人单位承担,培训结束后直接到用人单位工作。[①] 通过良好的服务,卓越的培训效果,做大农民培训市场,促使更多的失地农民愿意参加培训,主动要求培训,形成"人人都可成才"的良好人力资源开发与管理氛围。企业要能主动加入培训,一方面尽到企业的社会责任,另一方面也有利于企业找到更合适的人才,更有利于留住人才,在后金融危机劳动力极端紧缺的背景下为企业的长远发展打下良好的人员管理基础。这是有头脑、有远见的企业家在未来取得成功的基础和保证。

就失地农民而言,要善于通过会议、报刊、版报、电视、广播、培训等各种学习机会与形式,破除自己的小农意识,变农民为市民,从"洗脚上田"到"洗脑上岗",尽快地实现角色的转换。同时,认清就业形势,树立正确的择业观、就业观,确立市场竞争意识,自主地学习一些职业技能,形成开动脑筋创业,自主学习技能致富的良好风气。把传统农民勤劳、吃苦耐劳、善学的优良品质发挥在新的领域和新的行业,实现新时代农民的新突破,成为中国社会改革与进

---

① 杨晨东:《农村劳动力转移培训初探》,《乌鲁木齐职业大学学报》,2005 年,第 95—97 页。

步的推动力,而不是阻碍力,新时代农民不能也不应成为改革的阻力,因为广大农民和改革的利益是一致的,这一切都需要以农民转变观念,接受教育,提升能力为基础。

(二) 科学合理地组织实施失地农民培训工作,提升培训的专业化水平

在建立良好的失地农民培训体制,建立合理的培训管理结构后,还必须强化失地农民就业培训的执行。在失地农民培训中要注意:

第一,科学合理地进行培训规划。规划是执行的基础,良好的规划是执行的一半,必须制定合理的培训规划。首先,要明确培训目标,加强就业培训与就业安置的衔接度。一般的就业培训和就业安置工作衔接度不够,培训归培训,安置归安置,无法保证接受培训的人员能找到一份稳定的工作。如果将两者紧密地衔接起来,接受培训的人员可以在培训后接受一定的就业安置,那么就保障了培训最终目标的实现,同时也使得就业安置的意义更加突出,真正帮助失地农民实现再就业。其次,注重培训需求的调查,增强失地农民培训的针对性,注重实效。培训机构要非常注重市场需求调查,与企业紧密结合了解市场对于失地农民的要求。同时,根据失地农民多样、多变的培训需求,要重视对失地农民培训需求的表达和整合。可通过向失地农民发放调查问卷,进行访谈等方式,了解失地农民的培训需求。通过市场与失地农民双方面了解的基础上确定需求的类型、层次和各种具体要求。最后,要制定合理的培训策略,明确培训的内容、活动以及使用何种方式来进行培训活动。在了解和掌握失地农民的文化、年龄结构和就业意向的基础上,由培训机构根据失地农民的择业意向和企业用工需求提出专

业培训计划。实事求是、因地制宜、因人施教,坚持社会化、市场化,根据市场需求和培训对象特点,不断改进和调整专业设置、课程结构、培训内容和方法等。根据本地特色,创新开发新的就业条件,比如开发本地旅游业或者根据本地人们的特长专门展开培训。

第二,细致规范地组织和实施失地农民培训。培训的组织和实施能力是培训机构专业化水平的重要体现,是培训成功的关键。在组织和实施中,要重点抓好:一是培训师的培训,失地农民的培训以技能培训为主,技能发展日新月异,企业对同种技能的要求各不相同,对培训师的要求较高,既要有一定的理论水平,又要有一定的实战能力,既有丰富的授课技巧,又有充足的农民授课经验。培训师的优劣直接决定了培训质量的好坏,培训师的培训显得十分重要。要对培训师进行全方位的指导和培训,让他们熟悉农民的心理,了解农民求知规律和特点,明白农民的真正需求,在授课时把农民的实际情况与理论结合起来,做到授课的针对性。同时,对培训师的授课技巧、教学工具的使用进行开发。在对培训机构的培训效果评估的基础上做好教师的教学效果评估。培训师培训效果的评估必不可少,是选择高质量培训讲师的一个很好手段。二是注重培训效果信息的收集和分析。培训效果的信息包括,培训的及时性信息、目的设定合理与否的信息、培训内容设置方面的信息、教材选用与编辑方面的信息、教师选定的信息、培训时间选定方面的信息、培训场地选定的信息、受训群体选择的信息、培训形式选择的信息和培训组织、管理方面的信息。通过失地农民、管理部分、培训师和用工企业多渠道收集上述的培训效果信息。为培训效果的评估与监管打下坚实的基础,也有利于培训组织和实施的改善。

第九章

引导与培育村民公共事务管理能力提升研究

美丽乡村是美丽中国的重要基础,农村人居环境改善关乎到广大人民群众的切身利益,是乡村振兴战略的重要内容之一,也是"绿水青山就是金山银山"理念的具体体现。党和政府出台了一系列乡村环境保护和整治政策,如中央顶层连续每年发布"中央一号"文件持续高位推进农村环境治理。中央压力和群众需求双向推动下,乡村环境治理力度不断加大,治理模式也从"一元治理"向"多元治理"转型,由政府主导治理转向政府、市场、社会等多元主体协同共治,逐步建立和完善了"党委领导、政府主导、社区负责、社会组织协同、社区居民参与"的多元共治格局,多元共治已成为乡村环境治理的共识,乡村环境治理中公众参与已上升为国家意志。

村民参与有利于明确社区公共物品的需求偏好,有利于解决农村公共物品的供给效率问题,有利于公共财政转移支付、农民的需求表达机制和政府对需求表达的识别机制进行瞄准和对接。然而,由于环境治理是一个典型的公地问题,具有整体的难以排他性和环境容量的可分割性,可以视为监督较难、惩罚不易的公共池塘资源,容易出现集体行动困局。乡村环境治理实践中,村民主体性缺失,缺乏改善乡村公共环境的内在动力,多数处于"事不关己高高挂起"的状态,全国各地在积极推进美丽宜居村庄建设中,以政府推动为主,民众参与有限,普遍存在着"政策动而民不动"的公众参与失灵现象。因此,激发村民环境治理参与积极性,构建、优化乡村环境治理村民参与动力是一个重要而亟待解决的问题。

第一节　乡村环境治理村民参与的理论解释和分析框架

(一) 乡村环境治理村民参与的理论解释

第一,生态价值理论。社区居民自身的环保素养是村民生态参与基本影响因素,环境保护团体成员的行动动力主要来自一种价值上的认同而不是一种利益上的计算,他们具有高度相似性价值,对所信仰的价值高度认同而实施的行为,他们明知道自己所追求的公共物品为所有人共享,却仍然愿意为价值的实现而承担时间和货币成本。环境治理积极分子所得到的物质与机会方面的利益也是微不足道的,他们积极参与活动更主要的是出于价值的和心理的因素,因责任感而自愿采取行动。同时,社区居民的参与意识是社区规范与文化传统长期影响的结果,参与意识的改变是一个长期的过程。

第二,社区动员理论。首先,党员干部、社区骨干、妇女代表借助自身的号召力、影响力与引领示范作用,带动村民参与;其次,利用乡贤为代表的"中间人"、传统文化、伦理道德、人情面子等社区民间传统资源、基于寻求联系和互动的需要推动村民参与,利用村民现代治理意识,推动村民自组织,建立社区社会组织组织村民参与;再次,村民社区情感、归属感、荣誉感是参与社区公共事务意愿的重要影响因素,爱乡、奉献、共荣等地方价值内嵌为集体行动规则,形成共同的行为规范和互惠的处事模式,形成社会资本、实现集体行动。社区对公众环境利益诉求有效回应、环境公共物品的良好供给可以推动社区居民培育出广泛密切的关系和强烈的社区认同,形成良好的正反馈循环。

第三,公共选择理论。基于理性人假设,村民对参与成本-收益的计算是村民生态参与的重要决定因素,个人利益的得失是行动的依据,是制约参与意愿的基本因素,获益不多、时间精力有限是现如今居民参与普遍不足的主要原因。经济激励是垃圾分类行为产生的重要激励因素,单位定价可以是一种有效的激励工具,可以促进居民的环境行为,通过财政的转移支付降低村民参与的成本收益比率,是促进村民生态参与最有效的方式。对于村民来说,生态利益实现与利益受损都可能激发参与,涉及实现或受损的利益越大参与动力越强,两者中间是生态利益无感区间,无感区间的大小与村民个人的年龄、学历等个性因素相关。

第四,国家动员理论。国家动员下的群众参与是我国国家治理的一种基本形式,是我国基层社会参与激励的有效和特色治理工具,动员过程运用了丰富的动员技术,动员通过利益刺激、资源垄断、仪式、强制等机制获得成功,有参与式动员、运动式动员、组织化动员等丰富多样的动员模式,政策动员成为促进居民参与的一种基本方式。利用基于民间社会的本土性资源对正式权力进行非正式行使,环境政策执行总体上呈现"调适性社会动员"的特征,政策执行中党的权威、层级控制与社会动员相互嵌入日趋紧密。

第五,制度分析主义。在制度主义者看来,不是美国人在抛弃政治参与,而是美国人被政治参与抛弃,参与具有双向性,一方面,公民具有主动参与公共事务的兴趣与能力;另一方面,制度背景影响什么人参与以及如何参与。制度供给不足已经成为制约居民社区参与的主要因素,这种制度供给不足表现在居委会的行政化、业主委员会的职能单一和社区自治组织缺乏等几个方面,就环境治理参与来说,公众参与过程模糊以及公众参与机制缺失等治理困境是参与不足的重要原因,法律法规对于环境治理公众参与权的规定过于抽象,对于公众参与的环境治理具体事项的规定过于含糊,不具有现实操作性,形式化色彩浓厚,环境治理的公众参与渠道狭窄、方式不灵活。

(二)乡村环境治理村民参与动力构建的分析框架

动机是研究决定思想和行为的因素,对行为的发动、维持、制止以及选择做出解释。乡村环境治理村民参与的多学科理论解释,可以从动机类型、激励方式、激励物和动力构建路径角度综合归纳为乡村环境治理村民参与动力类型及构建路径表,见表1。

表9-1　乡村环境治理村民参与动力类型及构建路径表

动机类型	激励方式	激励物	动力构建基本路径
生态价值型	价值动员	生态价值、生态责任等	生态文明理念内化
情感认同型	社会动员	社区情感、社会关系等	乡村社会建设
物质利益型	利益激励	利益成就、成本收益等	乡村生态市场建设
权威指导型	国家动员	命令控制、机会资源等	生态治理能力建设
制度保障型	法治保障	渠道方式、安全便捷等	生态制度法律建设

具体来说,生态价值型动力是文化-价值逻辑进路,参与是因为价值观、良心道德、责任感使然;情感认同型动力是情感-关系逻辑进路,参与是因为社区之情、面子荣誉、关系网络使然;物质利益型动力是理性-利益逻辑进路,参与是因为减少付出、降低成本、有利可图;四是权威指导型动力是权威-号召逻辑进路,参与是因为政党使命、权威号召、政策导向和资源分配的影响;制度保障型动力是渠道-保障逻辑进路,参与是因为法律制度的要求和保障。村民个体的生态参与行为不会无缘无故,从政治冷漠的完全不参与到群体性事件的爆炸性参与有个生态自发到生态自觉的发展过程,是五种动力共同作用的结果,激励物、激励方式的不同组合动力强度不同,与动力相对应的五条基本构建路径分别是生态文明理念内化、乡村社会建设、乡村生态市场建设、生态治理能力建设和生态制度法律完善。

本文以此五种动力及其基本构建路径为乡村环境治理村民参与动力构建的分析框架,从整体上探讨参与动力及其关系构建问题,既关注动力如何构建,更关注动力间激励相容性如何达成,试图回答如何在超级复杂、极大差异的中国乡村构建这些动力和这种相容性。

第二节　当前我国乡村环境治理村民参与
动力构建的困境

乡村环境治理村民参与动力构建与乡村环境治理"多元共治"模式相耦合,是一个标准的由政府、社会、市场等多元主体构成的网络治理体系。中国乡村环境治理是一个政府、社会、市场、法律和个人的生态意识、生态能力从无到有,从不重视到重视,从不成熟到成熟,从各自运行到协同运作的构建过程。当前阶段,我国乡村环境治理村民参与动力构建存在以下困境。

(一) 乡村环境治理村民参与的内生动力成长困境

从乡村环境治理村民参与实践看,基于乡村社会的充分理解和了解,对乡村本土资源进行了创新性发掘和利用,构建符合情景的村民参与动力机制,将各方力量整合动员到政策过程中,将村民纳入到政策执行的链条中是成功的主因,乡村社会机制与生态人格机制、乡村生态市场机制一起构成村民参与的内生动力。但当前村民生态利益实现不畅,"绿水青山就是金山银山"转化机制亟需强化。个体生态投入不能或不易转化为相应的生态利益、生态效益,或者效果效益不大,且随乡村生态不断改进,优良生态的稀缺性正在不断下降,而绿色发展、生态经济不可缺失性的制度未能普及,自然、环境和气候资源产权制度改革还在进行中,环境信息稀缺和不对称,影响生态的市场价值,影响村民的生态行为;再者乡村可资利用的传统文化资源不断流失,中国乡村社会正在解体,社会失序,文化失调,乡村社会组织力量缺位,乡村社会组织不多,氛围不浓,信息缺失,机制缺失。

(二) 乡村环境治理村民参与外生动力可持续难题

乡村环境自主治理的低效或无效以及民间生态政治运动导致国家推动"生态下乡",同时也直接推动了政府生态治理能力的提升。乡村环境治理机构不断升格,2018 年农村环境保护职能由农业部划归至生态环境部;乡村环境治理政策体系不断健全,包括国家级"元政策"、部委"基本政策"、地方"具体政策,各政策单元间相互协同、互促成长;生态治理责任横纵配置体系不断完善,环境目标责任制与干部考核直接挂钩、实行环保一票否决等制度,形成了有效动员、快速实践的政治基础。但当前政府动员的人力、物力花费较多,体制成本居高不下,在生态治理领域还存在体制摇摆、"多龙治水"、条块分割、单一决策等问题,使得政府部门之间的协调成本随着公共事务治理复杂性的不断提高而显著增长,如政府政策重点、政府注意力的转移,生态运动式执法的可能,民众应付性执行、选择性执行提高了政策执行成本。同时,作为政策执行组织者、资源链接整合者的村"两委"存在行政化倾向,治理能力不足,村委与村民之间、村民之间缺乏沟通联系,感情疏远、互不信任,甚至存在对立。

(三) 乡村环境治理村民参与动力激励相容困境

国家、市场与社会良性匹配是乡村环境善治的基础,通过三种治理模式的完美结合,产生某种程度的协同治理的手段,一起实现公共部门的绩效在负有责任的公共管理者看来是最好的结果,着力解决网络治理中涌现的激励相容问题成为迫切任务。然而当前乡村环境治理绩效存在显著差异,主要源自系统性差异,源自国家、市场和社会系统的匹配度差异。公共理性与个体理性的一致利益取向并不能保障两者的融合转换相互支持,很可能是村民个体行为并不契合公共利益、公共精神,国家动员导致的村民行为难以持续、难以自觉。国家权力强势介入与乡村社会建设间也有协调融合问题,政府支持型乡村环保组织自身造血能力、服务能力和链接能力在实践中表现差强人意;还有,传统文化的情感关系认同与市场机制的理性利益认同可能存在认同冲突,传统文化的伦理道德、熟人面子等动力并不必然导致生态参与,更不会导致现代性生态人格的形成,它可能推动村民的生态参与,也能阻碍村民的生态参与,只是一种可资利用的推动村民生态参与的现实力量。而且社区情感、社区文化养育需较长时间的逐渐积累和教化,需要相对的稳定性。然而,包括乡村在内的中国社会总体处于快速转型变迁之中,不确定性较强,政策关注问题变化快。

第三节　乡村环境治理村民参与培育能力提升的构建策略

(一) 以村民生态利益自觉为关键目标,推进村民参与内生动力成长

第一,拓宽"绿水青山就是金山银山"转化通道。让善行得到善报,让乡村环境治理行动者、绿水青山拥有者实现生态利益是推进村民生态参与的最基本、关键的动力。其中,企业是"绿水青山就是金山银山"转化的主力军,承担着转化创新、推广和普及的重要任务,要积极引进高层次、高质量外来资本、产业、技术和人才等市场要素,充分发挥"绿水青山"的生产力作用,推动经济结构优化和产业转型升级,推进生态经济化和经济生态化,形成乡村绿色农业、绿色服务业等为主的生态经济体系,结合乡村特色和优势,进行生态品牌化建设,促进"农文旅体养"融合,大力发展"互联网＋生态"新兴经济,开展生态产品会展、文艺演出、体育竞赛等活动和项目,并进行活动和项目的品牌化建设,多方促进转化。

第二,培育契合现代生态利益的村民人格。一方面,通过生态

环境和经济发展相互促进、相互影响的实践活动以及对实践的反思和总结,逐渐发展出村民自己的朴素生态利益意识,养成相应的生态情感和生态态度,改进生态行为,促进乡村治理中村民参与的主动性和自觉性;另一方面,有意识地开展乡村生态活动,如开展小手拉大手的活动,专业社工进村开展生态教育活动等营造乡村生态文化氛围,引导村民进行生态环境保护,建立绿色生产和绿色消费的意识、习惯,进而内化为人格。

第三、建设基于生态利益的美好乡村社会。"绿水青山就是金山银山"就是要谋求长远的、可持续的发展,达到人与自然的和谐。人与自然的和谐首先要人与人之间的和谐,人与人之间对生态具有共同感知、共同认识和共同情感,在这些共同中形成共鸣,通过相互依赖、趋于协作的个体和群体之间形成了共生关系,形成生态共同体、生态社会组织。生态共同体、生态社会组织有利于生态行动者个体目标的实现,减少个体的行动成本。而共同体的发展有赖于个体的推动,需要个体社会资本、知识和能力的融入,才能促进共同体发展。因此,生态共同体、生态社会组织建设也是美好乡村社会的建设,可以对接同气连枝、互帮互助的传统文化、韧性活力的社会资源。

(二) 以环境治理能力建设为关键手段,增强村民参与外生动力可持续性

第一,强化政府生态治理能力建设。政府改革是中国改革开放的核心内容,中国改革的基本逻辑即以政府改革撬动其他各领域的改革。继续打造横向的无缝隙政府,纵向的敏捷政府,构建"整体智治"型政府。对基层、对乡村环境治理需求敏感,从乡村生态政策执行转向乡村生态社会、生态市场建设,尽可能解决信息不

完全和不对称问题,完善信息披露机制;强化组合互补性制度进行,生态补偿制度与环境损害赔偿制度的耦合;制定出台生态经济技术创新的政策体系,以市场需求导向,鼓励循环经济技术研发;创新乡村环境治理投融资方式、渠道,如"两山银行""绿色金融"等。

第二、以村际一体化等为手段提高乡村治理能力。乡村治理能力是指将能促进乡村公共事务治理动员的一切资源合理嵌入乡村治理的体系、过程和制度,包括乡村能够链接到的各种政府、市场和社会资源及其整合进乡村治理组织、制度与机制的能力。一方面,坚持"能人治村"的成功模式,但"能人"的视野要从单纯的经济能人、市场能人向全面性、综合性、制度企业家式的政治能人拓展,以符合乡村"五位一体"全方位的建设行动,从体系、制度和能力的角度提升乡村环境治理能力。另一方面,发展村际组团化、一体化发展策略,开拓德治、自治、法治资源、红色资源、政治资源、党员资源和数字资源等各种资源对周边村落共享、使用开发,一体化发展有利于降低治理成本,防止"三不管"地段出现,也能提高资源使用效率。

第三,推进乡村数字化建设。利用人工智能、生物识别、物联网、云计算和区块链等技术统计度量乡村环境治理的村民行为,实现对村民参与行为的量化、记录、证明等,精细合理地度量乡村环境治理村民参与行为,优化乡村环境治理模式,激励村民的"良行善行"尤其乡村环境治理中的"小善"。在建设中需确保公共价值在闭环中流转、终端用户自愿授权参与、各参与方数据严格隔离进行隐私保护,提升村民对数字治理的信任感,提高生态治理的效率和执行力,通过多方合作并给予村民切实利益的正向激励方式进行引导,实现环境治理成效。

（三）以基层党组织元治理功能实现为关键途径，提升村民参与动力相容性

第一，积极探索乡村环境治理未来模式。未来治理将不再依赖市场治理，或科层治理，或网络治理，而是所有三者，促进三元协作治理，由政府或其他治理主体担任元治理者的角色，通过直接或间接干预影响机制，形成治理环境、框架和统一的目标，协调多元治理主体间的关系，促进协作配合，进而实现一致、有效、长期和稳定的治理。从府际协同、国家-社会协同以及国家、市场与社会协同等不同的路径着手确立元价值、元规则，关注关系契约、内在管理和冲突解决，鼓励各个参与方都付出一定的资源和能力、承担一定的义务和责任，同时也能获得了相应的收获和权利，从而发挥各方的治理职能、资源优势、技术优势，实现激励相容，推动乡村环境治理村民参与新旧动能有序转化，多方共赢可持续构建。

第二，发挥基层党组织的领导核心作用，汇集各方资源和力量。党不仅是乡村环境治理的领导者、政策制定者，也是村民参与的引导者、动员者和知识普及者，是中国革命和建设的传统法宝。党组织的领导地位决定了其居于基层治理体系中心，通过强化基层党建，建立党员志愿机制和榜样引领机制等方式，促使承担公共责任、进行政治与价值引领、构建治理平台与机制、统筹调度治理资源、动员与培育治理主体和对治理进行监督评价与激励等六个方面的元治理功能，让基层党组织承担元治理者角色，连接市场与乡村社会治理网络，保障多元治理主体达成利益共识，维持有序秩序。

第三，实行基于参与动力类型的乡村适应性治理，因地制宜建设动力机制。依据乡村动力类型、激励物及其激励方式的实际情

况,区分行政主导型、行政引导型、多元共建型以及多元共治型四种乡村类型,对不同类型乡村采取不同的模式进行环境治理:保底模式,注重乡村"两委"组织建设、环境政策执行;协商自治模式,注重发展环保类组织及专业人员;环境项目撬动型模式,注重行政力量与社会力量之间,社区、社会组织以及社会工作者之间的有效互动、联动;环境元治理模式,三元协作协同。将政府作为元治理者仅仅是基于当前市场与社会发育不成熟的背景,在后续治理过程中,应该根据形势需要适时切换治理模式,摆脱对某种"元治理者"的选择偏好,有效根除乡村环境治理中的选择性执行、应付性执行行为。

立足于中国国情,立足于日益开放、流动、多元化和复杂化的农村社会,基于乡村生态参与的解释理论和实践经验,以央地、国家、市场、社会较综合的视角,我们尝试建立了一个中国乡村环境治理村民参与动力构建的分析框架,为具有不同特点、不同治理资源的乡村环境治理参与动力构建提供了一个全方位、全景式地图,希望为乡村环境治理动力构建和村民参与互促成长提供些许启示。文章虽然也对乡村环境治理村民参与和动力构建实际情况作了大量调研,并且也详尽地参考了既有文献中环境治理村民参与案例,但由于中国乡村的多样性,案例相对有限,研究不足难以避免,抛砖引玉,以求教于方家。

下卷
人才发展的政府篇

第十章

全链条服务型政府建设与人才大规模引进

在回顾人才争夺战和人才公共服务文献基础上，说明了人才集聚效应的生成机制最终取决于人才发展环境，而政府政策和人才公共服务是其中重要的不可或缺的组成部分。在既有的研究中人才公共服务研究较为缺乏，因此，文章探索以案例研究的方式尝试回答"人才引进公共服务是如何进行"这一更为细化问题，以引起学界关注。认为当前地方政府人才引进公共服务是一种全链条的公共服务模式，即打造引才共同体、营造引才亲和力、塑造引才兑现力，其中活动品牌化、雇主品牌化建设是重要特色和经验。

第一节　全链条服务型政府的兴起

2017 年以来，全国各省市纷纷出台了吸引人才、留住人才、激励人才的人才发展政策，吹响了争相吸引人才的号角，打响了一场没有硝烟的"人才争夺战"，2021 年我国人口净增长仅为 48 万，人口形势日益严峻，意味着人口零和博弈的到来，开启了一个区域人口流入,即其他区域人口的流出的时代,人口、人力资源、人才的争夺更加激烈、紧迫。区域人才的效益与成本决定人才争夺的效果、人才集聚的效应,也就是说人才争夺、人才集聚效应的生成机制最终取决于人才发展环境,人才竞争归根结底是区域综合实力的竞争。习近平总书记指出:"环境好,则人才聚、事业兴;环境不好,则人才散、事业衰。"政策环境、发展空间、文化认同、人居环境等因素决定了人才流向和作用发挥。人才环境分为人才市场环境、经济环境、文化环境、社会环境、生活环境和自然环境等 6 个子系统。人才生态系统是以"人才"为中心,以人才的社会交往、社会协同为驱动力,以政府、市场和社会的资源共享互动为导向,形成的人才链、创新链、产业链、价值链的开放式集群的发展系统。因此,地方政府行为和作用都是人才发展环境中极其重要的一环,具有举足轻重的地位,如果就人才引进的短期效果来看,其重要性更为突出,"人才大战"的发起者、参与者也多以地方(城市)政府为主,地方(城市)政府的主要政策工具是人才引进优惠政策,如奖励型政策,包括一次性补贴、税收优惠、表彰奖励;引进人才发展型政策,包括职务聘用、融资支持;引进人才保障型政策,居留落户、社会保险、医疗保健、子女入学、配偶工作、住房保障。各地人才政策工具主要集中于人才创新创业和人才引进,放宽落户条件已是大势所趋,"人才争夺战"逐渐演变为人口劳动力之争,人才落户、购房补贴、生活补助、税收优惠等已成各地政府人才吸引主要手段。人才引进政策对城市劳动力市场规模具有正向作用,对城市人力资本积累也具有正向影响,降低生活成本和提升工资待遇是人才引进政策的主要中介作用机制。然而,在人才争夺的实践中,人才新政的优质高效落实、人才公共服务至关重要。目前,学术界对"人才新政是如何落地执行,人才引进公共服务是如何进行的"缺乏关注,研究成果也不多见。

人才公共服务是指在人事人才工作领域的公共服务,是人才工作和公共服务两者的交集,是以满足用人主体和一切人才在"引、用、育、留"各环节、各需要为目的的公共产品或劳动的总和。政府是理所当然的人才公共服务的提供者和生产者,同时非政府组织、第三方组织也可承担生产、供给责任。21世纪初,我国人才公共服务研究开始出现,认识到"一个专业的、由政府和非政府组织共同搭建、服务于各类人力资源的公共平台无论在理论界还是实践中都几乎处于空白",人才公共服务是人才工作的重要组成部分,政府承担有人才公共服务提供和管理的重大责任,亟需强化政府人才公共服务职能。人才公共服务存在能力弱化、盲目市场化、服务单一化、产品固化、制度缺失等内在缺陷,部分政策的政策目标、政策执行主客体、政策执行责任、政策执行程序不够明确;部分政策约束效力、权威性、稳定性和规范性先天不足,各部门间协作机制缺失政策执行混乱,公共就业和人才服务机构设置重叠、机构整合不到位、职能定位不清晰、服务范畴不统一,需要积极推进人才公共治理体系和治理能力的建设,促进服务主体的多元化、专业化,服务内容的丰富化与多样化,服务渠道的网络化、便捷化,从整合性和协同性视角出发,强化公益性职能,纵向整合公共就业和人才服务机构,利用信息化技术搭建公共就业和人才服务平台,转变人才公共服务理念,搭建人才公共服务基础平台,并加快体制改革,创新服务手段和方式,加大经费投入,规范服务行为,加大监督力度,加强人才公共服务能力建设,提升人才公共服务水平和服务质量。

人才公共服务研究总体上还停留在基本内涵、存在问题、对策建议、地方实践介绍的初始阶段,且以定性研究为主,研究内容和研究方法较为单一,具体深入的探索不多,如人才引进公共服务、公共服务质量监控、合作生产、绩效评估等方面的研究鲜见。人力资源管理包括"引、用、育、留"等各环节,各环节虽然彼此联系,但也各有特色、各具特点,人才公共服务研究内容也因此可以多样、多元和多环节,本文即关注人才引进公共服务研究。

H市是浙江省北部一个地级市,是长三角核心城市之一,经济总量居于浙江省中下游,近年来经济增长、人才集聚等各方面都取得了较满意的成绩,人才工作考核连续多年居于全省前列,也多次获得全国人才工作创新奖。2018—2020 H市引进人才成果如表10-1所示。

表10-1 2018—2020 H市引进人才成果

年份	招引人才总数/万人	大学生人才/万人	新增大学生创业主体/家
2018	6.4	缺	7 809
2019	11.3	9.2	6 915
2020	15.89	13.1	9 482

注:数据来源于H市年度政府工作报告、市人力资源社会保障局年度工作计划工作总结。

采用扎根理论,收集相关政策文件、领导讲话、工作总结等书面材料进行主题词提炼,然后结合过往既有相关工作经验和理论素养,进行推理归纳,形成有条理、有逻辑的基本认知后,再进行补偿访谈和验证访谈,总结提炼H市人才引进公共服务的具体做法,提出全链条式人才引进公共服务模式。全链条人才引进公共服务是指在人才需求搜集、信息公布、宣传推介、面试招聘、政策兑现等人才引进的所有环节、所有要素中进行无缝隙的公共服务活动和行为。全链条强调体系化、系统化，包括从书记、市长到工作人员、普通市民的引才主体多元化、关系结构化，引才过程环环相扣无缝隙的相洽性、处处用心点亮真情的亲和性。

第二节　人才大规模引进的政策创新

（一）四方联动打造引才共同体

（1）市、县区联动，部门整合，建立工作联席会议机制，加强信息互通、活动互联，形成齐抓共管的工作格局。将人才聚引工作作为县区、部门考核的重要内容，通过听取自查工作汇报，召开座谈会，查看相关工作场地、资料等形式对招引工作进行专项督查。

（2）人才供应地高校、人才协会、人才中介组织共同链接，形成引才战略合作联盟。通过签订合作协议，在外地建立人才工作站，推介城市，宣传人才政策，服务目标人才；在本地建立就业创业联络站，为人才在本地游学、社会实践提供支持和帮助。

（3）海外协会、海外引才工作站，海外院士专家顾问、海外引才大使对接联动，建立点面结合、以点带面的海外引才联盟。委托第三方专业团队设立运行境外孵化基地、产业基金，鼓励风投、猎头、众创空间等市场化主体参与引才工作。

（4）设立人力资源服务产业园、特色小镇人力资源服务中心和人力资源服务超市，进行专业化、市场化独立运营，引进人力资源服务企业、行业协会，加大中介引才奖励力度，促进引才渠道专业化、多元化。

（5）激活用人单位主体作用，进行企业雇主品牌打造，企业建立国家级创业创新平台、省级博士后工作站给予奖励，建立企业人才分类评价、技能人才自主评价机制，如推进了全省首个蓄电池行业高级工程师资格评审试点，拓宽人才来源。

（二）多措共举增加引才亲和力

（1）市领导带队组团到高校推介大学生就业创业新政，举办大学生就业创业新政宣讲会，举办综合性招聘会，组织举办新春综合招聘会、技能人才校企合作洽谈会、高校毕业生专场招聘会、实习招聘会等活动，积极开发大学生就业实习岗位。每年组团赴国（境）外开展招才引智，举办人才智力项目洽谈活动。

（2）推行"地籍人才归雁计划"，在恰当时机开展诸如《致在外学子的一封信》、大学生家乡行、访名企、专场招聘会等系列活动，宣传就业创业政策，增强本土认同感、归属感；邀请高校和人力资源机构来考察就业创业环境，邀请外地大学生来参加招聘会，提升活动知名度，打响城市品牌。

（3）服务区域发展战略，突出产业导向，围绕产业链，完善人才链，实施菜单式引才。针对重点产业，重点企业（含"金象金牛""双高""独角兽"企业）、重大项目，专门编制专家和技术攻关需求目录，在海内外广泛发布，提升合作洽谈成效。

（4）多元化引才，建立"海外工程师计划"，"星期日工程师"等柔性引才机制，大力引进工程、技术等领域的外国专家。主动融入长三角区域一体化，融入大湾区大花园大通道、G60科创走廊建设，赴上海、杭州、南京等周边重点城市开展人才招聘、项目交流和智力对接活动，以短期聘用、挂职兼职、技术咨询等形式柔性引进人才。

（三）优化机制提升引才兑现力

（1）深化放管服"最多跑一次"改革，明确各项补贴政策的申报程序、申报材料，改进兑现流程环节，精简办理流程、缩短办理时限，市本级 33 个补贴审核事项中，14 个原由市负责审核的补贴项目下放至区进行审核，6 个原由市负责审核的补贴项目由市、区分别审核，各项补贴的审核时限均控制在 8 个工作日内。

（2）统筹建立"服务大厅、服务网络、热线平台、多媒体平台"四位一体的"创业服务综合平台"，增设就业创业服务热线和专窗，提供"一站式"服务。将重点产业、小微企业等认定工作直接由工作人员做"代跑人"，充分发挥创业帮帮团、创业导师、人才服务专员作用，确保新政补贴"精准、便捷、有效"落实。

（3）构建"引才云"云平台，联通市、区县人才市场数据，精准分析招聘需求、应聘供给等情况，以供需适配度建立人才流动状态检测、岗位招聘缺口与饱和预警机制；升级"人才码"云服务，遵循"区县互认、服务共享"原则，创新建立"人才码"一体化核销结算机制，为人才提供医疗就诊、免费停车、观影健身、人才公寓等高效便捷的线下"扫码"服务，有力推动人才引进公共服务机制重塑再造。

因此，很多人才一开始被引才政策的良好条件打动，但来实地考察后更多的是被招才过程的"五星级服务"所感动。上到市委书记、市长，下到普通工作人员温情的服务作风和行为模式，已成为开放包容、具有世界眼光、世界格局社会主义新城的品格和积淀。正如一位引进的企业家所说，"超前服务、主动服务、真诚服务、细致服务让我感受到的只能是贴心、暖心"，她所指的是自己还不知情时，工作人员主动联系提醒、帮忙服务申请创业补贴；参观园区时全程陪伴讲解体现的专业和效率，带给她的感受。

第三节　整体智治优化服务型政府

公共服务理论研究的主要任务是梳理公共服务的内涵、特质、服务目标、服务内容、供给主体、供给工具等基本问题，在国家治理现代化情境中，实现公共服务从回应到前瞻的功能超越。人才引进公共服务在人才争夺激烈的情况下也不仅要做到从回应到前瞻的功能超越，从全链条、全要素的视角来思考、改善、优化人才引进公共服务，在人才政策趋同、政策工具同质化的背景下，使人才引进公共服务的链条化、品牌化，才能赢得主动，赢得竞争力，推动引才工作的可持续发展。

H市人才引进公共服务模式可以概括为"整体智治"模式，它可靠地方便了供需双方对接，提高了人才和用人单位的匹配效率，也大大降低了双方的成本，尤其是引进人才的成本。科学有效地构建了政府、市场、企业等多元协同合作的"服务主体"，主体间关系呈现了良好的相互促进、相互扶持状态，人力资源服务业取得长足进步；科学系统地建构了重点突出、主次有别的"服务内容"，有效地推进了政府职能的真正转变；科学精准地优化了快速落地高效率、自动化、集成化的"服务方式"，体现了公共服务精神。H市人才引进公共服务模式也扩展了引才公共服务的范畴，其前期的校地合作，扩展实习生岗位，接纳实习生就业，提前接触本地籍大学生进行文化情感的介入等，都是人才引进公共服务高质量发展的有效尝试。从城市经营、雇主品牌、活动品牌、政策品牌的视角进行人才公共服务创新的确大有可为，也是城市可持续发展之道。

做好服务型政府的角色，让城市变得温暖，是人才引进公共服务全链条设计的初衷和更高使命,面向未来的人才公共服务需要考虑生活和人文关怀方面的公共服务,超前部署和考虑共同富裕、城乡融合发展背景下非价格式的人才争夺,如城郊企业、乡镇企业,周边配套生活设施匮乏,出行时间成本较大。因此,提升人才公共服务,促进招引人才高品质生活是未来工作趋势和难点。

第十一章
政府行为优化与长三角人才开发一体化建设

改革开放 30 年来,我国经济体制改革硕果累累,逐步实现了由计划经济向市场经济的转轨,取得了举世瞩目的经济发展成就。相较而言,在计划经济体制下形成的管制型政府与当前社会经济发展要求不相适应,这一点在长三角地区人才开发一体化进程中表现得尤为明显。在长三角地区人才开发一体化进程中,地方政府的行为模式应以为人才提供优质高效的服务为目标,以为人才自由流动提供切实的制度保障为依托。因此,长三角地方政府的行为模式如何适应这一要求已成为当今亟待解决的重大课题。

第一节　政府行为模式相关理论

在市场化进程中,地方政府的角色行为模式之所以呈现出相当大的个性化差异,并给地方工业化、市场化的路径选择带来深刻影响,关键在于随着制度环境的深刻变迁,拥有相对独立利益结构的地方政府通过各种行政博弈,在中央下放的自主权基础上获得了一个具有扩张性的自主性空间。地方政府自主性的扩张,意味着地方政府实际权限、职责及行为边界的弹性化和模糊化,意味着地方政府角色行为潜在多元化的可能性,它使得地方政府在市场化进程中的角色呈现出深刻的内在矛盾,地方政府既可能基于其相对超前的市场经济认知信念或理性选择的行为逻辑,成为区域市场体系的培育者和引导者,也可能因为受制于对政治风险的顾虑或实现短期政绩最大化的追求,成为区域市场体系发育的阻碍力量。①

政府间关系有纵向和横向之分,如果说政府间关系的纵向体系接近于一种命令服从的等级结构,"那么横向政府间关系则可以被设想为一种受竞争和协商的动力支配的对等权力的分割体系"②。因此,研究横向的地方政府间关系必须首先分析两个关键维度,即地方政府间的"竞争"与"合作"。

作为全球范围内的一种普遍现象,地方政府竞争是蒂伯特模型的现实反映,也是当代中国府际关系中的重要内容。自 20 世纪 90 年代以来,中国开展了行政权力下放和财税体制改革。随着中央行政权力逐渐向地方政府下放,地方政府逐渐拥有制定地方经济发展规划和配置资源的权力;财政制度改革使地方政府成为相对独立的利益主体,具备了相对独立的行政决策权,这就为地方政府间竞争提供了制度条件。钱颖一把中国地方政府间竞争关系视为"诸侯经济"——"有中国特色的维护市场的(Market-preserving)

---

① 何显明:《市场化进程中的地方政府角色及其行为逻辑:基于地方政府自主性的视角》,《浙江大学学报(人文社会科学版)》,2007 年 11 月。

② [美]理查德·D·宾厄姆:《美国地方政府的管理:实践中的公共行政》,九州译,北京大学出版社,1997 年,第 162 页。

经济联邦制"。① 行政性分权使地方政府拥有竞争政策权,而财政体制改革使地方政府获得竞争收益权。地方政府间竞争的内容有:(1)投资环境竞争。各政区政府通过改善本行政区域内的投资环境,包括便捷的政府服务和优惠的投资政策等条件,吸引更多的资本、企业家和人才到本行政区域投资;(2)法律制度竞争。各政区政府完善本行政区域内的法律法规,制定保护投资者权益、保护产权和公民权利的法律,公正地执行法律。(3)政府效率竞争。各政区政府进行行政改革,使政府成为一个廉洁和高效的政府,为投资者提供优质的政府服务,政府严格按行政程序办事,政府工作程序便民、透明、公正等等。②

在区域经济发展过程,各地域单元都是一级行政组织在领导。也就是说,在区域一体之中,实际上存在着一个又一个的行政个体,而且这种个体都有各自的利益追求,这就难免带来内在的矛盾性。可能的作用发挥方式有两种:一是以强势政府自居,以行政力量发号施令;另一种是尊重市场的力量,以平等协商的方式与其他行政组织一起,研究一体化过程中出现的各种问题,相互补充,相互谦让,共同把大家的事情办好。

根据弗朗索瓦·佩鲁关于经济空间的"增长极"概念,研究发现:增长极通过点线面体发展规律,带动了整体经济的发展。具体说,就是首先在港湾、河口、支流交汇地、陆地交通枢纽等地形成城市。以城市为中心聚散物资、资金、人才、人力、信息等生产要素。随着时间的推移,城市与城市之间形成增长轴,继而通过轴的辐

---

① Motinola, G. , Q ian, Ying YI, and Weigast, B. R, Federalism, Chinese Style: The Political Basis For Econom ic Success in China , *World Politics*, 1995. 48(1):50 - 81.

② 李军鹏:《论新制度经济学的政区竞争理论》,《中国行政管理》,2001 年第 5 期。

射、影响,形成关系密切的经济辐射面。在这一过程中,人才在诸多要素中,发挥着十分重要的能动推动作用。有专家提出如下公式:

$L=Gf(z)$其中,L 是指人力资源密度,Z 指区域经济社会发展水平,G 为弹性系数。

改革开放以来,我国广州、珠海、佛山、顺德以及泉州、漳州的发展,以及珠三角经济区的出现,再次证明了这条规律。实际上它反映的是人才资源配置的非均衡规律:先有相对集中,再有相对均衡。企图一开始就全面均衡地发展,是不实际的,也是不可能的。在经济非均衡发展过程中,"沿边快发"是一种规律。"边",包括海边、江边、河边、路边。边的实质是信息、人才、资金流动较快的地方。亚当·斯密在《国富论》中指出:"根据最可靠的记载,最早开发的国家就是那些位于地中海沿岸的国家。"黑格尔则从哲学高度对此作出解释,他说:"大海邀请人类从事征服、从事掠夺,但同时也激励人类追求利润,从事商业。平凡的大地、平凡的平原地域,把人类束缚在土地上,把他卷入无穷的依赖性里面。"沿边要主动先发,但没有边,也可以创造边。"要致富先修路",就是主动使自己沿边。

要想成为创新型区域,需要大力培养、引进创新型人才,要倡导创新、创造、创业,形成有利于创新人才脱颖而出的机制、体制,造就有利于创新人才成长、成功、成事业的环境与社会氛围。遵循以上规律,所有区域都应该重视对人力资本的投资,一定要打好当地人才建设的牢固基础①。

---

① 王通讯:《区域经济与人才开发》,《中国人才》,2008 年第 9 期,第 29—32 页。

第二节　长三角人才开发一体化的现状及存在的问题

　　长三角(即"长江三角洲")作为一个被建构起来的区域空间,在近20年里,出现了不同范围的指称。1982年的"长三角区域空间"仅指上海、南京、宁波、苏州、杭州这5个城市。现在人们一般所说的"长三角",是指由江浙沪15个城市组成的"长江三角洲城市经济协调会"的城市行政区域面积总和,它包括上海、南京、苏州、无锡、常州、镇江、扬州、泰州、南通、杭州、宁波、嘉兴、湖州、绍兴、舟山,也就是当今的苏南和浙北。

　　长三角是我国综合实力最强的区域,在社会主义现代化建设全局中具有重要战略地位和带动作用。在新形势下,加快提升长三角经济整体素质和国际竞争力,促进这一地区科学发展、和谐发展、率先发展、一体化发展,对全国改革开放和经济社会发展具有重大意义[①]。随着"长三角"经济一体化进程的加快,人才开发的一体化也越来越成为经济一体化的内在要求。

　　自2003年首届长江三角洲人才开发一体化论坛在上海举行,20个城市共同发表《长江三角洲人才开发一体化宣言》以来,沪苏浙三省市人事部门负责人不定期会晤,就"长三角"区域人才开发面临的机遇和挑战进行深入研讨,共谋如何建设"长三角"人才一体化市场。

　　在该《宣言》的指导下,"长三角"地区在遵循市场主导、开放自

---

① 2008年8月6日国务院常务会议出台的《进一步推进长江三角洲地区改革开放和经济社会发展的指导意见》。

主、互惠共享、优势互补等原则的基础上,通过不断推进"长三角"人才开发的资源共享、政策协调、制度衔接和服务贯通,建立"长三角"区域人才开发新机制,逐步形成统一的人事制度框架、人才大市场和人才服务体系,力求实现区域内人才的自由流动①。

截至目前,长三角在启动人才开发一体化进程以来,已在三大方面取得实质性进展。

(1)深化合作制度完善并提升工作机制

目前,长三角两省一市已经在职称资格方面实施互认机制,也即,浙江评的职称,在上海也可以承认,反之亦然。这十分有利于人才的流动。职称互认,给长三角企业跨地区发展带来便利。比如,上海现在江苏、浙江的建筑企业很多,各地职称互认给企业运作带来很多方便。

(2)开展跨区域人才合作,拓展人才合作空间

长三角地区民间的人才流动本就较为频繁,近年来,在两省一市人事部门的共同努力下,这种流动越来越方便。最突出的表现是三地共建网上人才交流市场,三个地方的人才市场网站均进行互相链接,每年,还都会举办几次网上人才交流大会。同时,长三角现已着手进行包括职位标准等数据的资料统一,共享人才供求资料库。

(3)适时推动培训新项目的开发

为了解决长三角区域发展中急需的紧缺人才需求,长三角地区的上海、南京、杭州、宁波等 6 个城市还联合开展跨省市的紧缺人才培训。这几年,现代物流人才、中高级口译等人才在长三角地区十分紧缺,6 个城市纷纷就此展开了这样的紧缺人才培训。人

---

① 应建勇:《沪苏浙要实现区域内人才自由流动》,《浙江日报》,2003 年 4 月 20 日。

员在各地分别培训,统一教材和考试标准,最后由政府统一颁给《长三角紧缺人才培训证书》,这张证书可在长三角地区"畅通无阻"。截至目前,参加长三角紧缺人才培训的已达上万人,几千人已经拿到了这本"含金量"很高的证书。

尽管长三角在人才开发一体化进程中取得了丰硕成果,但推进长三角人才一体化依旧任重道远,尤其是社保、医疗、子女教育等问题仍是横在长三角人才一体化进程中的"拦路虎"。人才一体化,不仅是人事部门,还需要其他政府部门的参与,进一步拆除"篱笆",让长三角人才真正实现"无障碍流动"①。就目前情况而言,长三角地区人才开发一体化的障碍主要来自两个方面,一个是历史形成的与当地发展水平相适应的产业结构现存与一体化不协调,另一个是现实存在的人事人才制度、观念、做法与一体化发展不适应。因此,可以看到,在当前之中国,虽然人才开发一体化的呼声不断见诸报端并形成文件,但是实际上前进一步都不是那么容易。

比如,产业结构不协调,主要指产业结构雷同,造成的人才结构雷同;人才需求结构的雷同,必然带来人才争夺的激化。有研究表明,上海与江苏浙江的产业同构性达83％与76％;江苏与浙江的产业同构性达到97％。在长三角15个城市中,11个选择汽车制造为其主导产业,8个选择石化业,12个选择通信产业。因此,处于发展水平前端的地域单元,应该考虑产业结构升级,大力发展高科技和第三产业,从而起到区域内的龙头带动作用。当前企业界有一种新的提法:从"红海战略"走向"蓝海战略"。也就是如何做到超越竞争的问题。突破"红海",走向"蓝海",靠的是谋略制

---

① 《中国江苏网》,《长三角人才开发一体化框架雏形基本形成》,2007年11月6日。

胜。只有发现了别人尚未发现的"价值",并为消费者提供这种"价值",才可能在实现产业结构升级中获取他人看不到、争不得的利益。人才也才可能在这一跨越过程中得到锻炼与升华。

人事人才制度、观念、做法的不适应,则表现在多个方面。例如,现存的户口制度,还在阻碍着人们对区域内职业寻求的自由;现有的保险制度还很不健全,也不能实现区域内人才流动之后的有效衔接;地域单元的行政主体担心一体化的后果是否自身利益受损,有的发文规定,有哪些职业不准本地之外的外来人员从事;地域单元的经济部门总想自己如何做到"大而全"或"小而全",不想为其他地域单元当配角、供原料,身处利润链的下游等等。所有这些障碍,都是在历史发展中产生的,也必将在改革发展中被逐步消除。关键是我们要敢于正视这种障碍。

区域人才开发,主体还是各地域单元。对于参与区域经济发展来说,地域单元最紧要的是通过 SWOT 分析,找到自己的优势之所在。一般情况下,是拥有资源优势的地域单元凭借当地人才,把这种资源优势转变为生产、加工、集散这种资源产品的中心。也有本无资源优势,凭借人才力量,"无中生有"的[①]。

第三节 政府跨区域合作人才开发行为模式建构

针对长三角地区在推进人才一体化进程中的卓著成绩和凸显问题,为使长三角成为各种人才工作的乐土,长三角地区政府应该坚持以人为本,合理界定政府行为边界、改进政府行为方式、促进

---

① 新华网,"'长三角人才开发一体化'提速",2008 年 5 月 21 日。

政府行为公开化、强化政府行为责任;同时放眼全球,广泛学习借鉴西方发达国家在人才一体化进程中的经验教训,逐渐打造长三角地区政府跨区域合作人才开发的行为模式。

第一、跨区域合作人才开发行为模式,是长三角人才一体化的必然选择,定位清晰,目标明确,即:为人才自由流动提供切实的制度保障;为人才发展提供优质高效的服务。

第二、长三角人才一体化进程本身,即意味着区域间大跨度的合作。它的基础是通过契约型、有形的政府(或者组织)来达到在更大范围内应对其他一体化组织压制的目标,具有排他性。政府间合作,完全建立在公共利益最大化基础上。政府间合作有很多可以尝试的未知空间,前景十分广阔[①]。长三角各地方政府应以去异求同为思路,以泛区域的利益目标为指引,强化分区的变革创新,获得效率提升、体制融合、地区稳定和贸易转移等利益。

第三、政府参与的关键,是要建立法律的框架协议。具体而言,要积极建立科学的区域人力资源政策法规体系;建立人才发展规划宗旨,制定具体人才发展规划,建立和完善人才市场管理机制及配套机制;力争建立一个统一、开放、竞争、有序的人才市场体系。

目前,主要着力于以下三点:

(1) 立法与制订专项规划

各地市政府应联合起来加强协同和协作,协调各地区的区域发展规划,制定推动各地市经济技术合作的战略目标和专项规划,促进人才一体化的联动发展。与此同时应建立相应的法规,保证

---

① 朱微名:《苏州加快接轨上海,迎接长江三角洲全面一体化》,《脑库快参》,2003 年第 28 期,第 4—5 页。

各地市经济联动发展规划的权威性和约束力。各地市必须统一规划，统筹建设、扬长避短、各有侧重、努力发挥各地市的优势与特长，又尽量突出城市群的规模效益和集聚功能。各地市在产业结构上要趋异互补，在空间布局上要协调配合，在宏观格局上要实现跨越式发展。各地市同城化的核心，在于同城化的综合开发效益大于各地市各自开发的效益之和，并形成高水平的可持续发展的大都市区。可制订的专项规划包括：人才一体化区域发展规划、人才一体化共同市场规划、人才一体化高新技术产业发展规划等。

同时，我们应该注意到，区域人才开发合作只能实现有效目标。人们赋予区域人才开发合作的意义过于沉重，承载的东西太多，合作不能解决所有问题，比如在体制上存在的障碍，这不是仅仅靠合作就能解决的。政府可以通过区域人才开发一体化来开放共同市场，促进人才交流，建立协调的基础设施网络，统一开发利用自然资源，统一整治和保护环境，建立协调与管理制度。但在户籍制度、住房制度、就业制度、医疗制度、教育制度、社会保障制度改革等方面则需要更高层面上的行政制度、行政调控、行政协调，才能联手构建统一的制度架构和实施细则。

（2）构建与完善政府间协调机制

合作需要法律保障，逐步形成区域公约。目前，区域合作普遍缺乏一致性的规则，缺乏必要的法律保障，多是以一种地方政府倡导式的非制度性的合作协调机制来运行，地方政府之间在达成共识和协议书的签订上大多是靠领导的口头承诺或集体磋商来完成的，这样既缺少稳定性，又极易导致在涉及实质性利益的问题上产生分歧，从而使合作搁置，合作所能带来的人才竞争力和经济利益最大化便无从实现。因此，随着发展，在合作中要逐渐形成一个各地共同遵守的区域公约,以强化地方政府调控政策的规范化和法制化。

政府间的相互协调与磋商能够更好地打破行政性壁垒,促进一体化的多种市场的形成并最终有利于市场机制发挥其资源配置的作用。基于此我们应该创造条件更加有效的发挥政府间的协调机制①。

国家应该及时提供有效的宏观政策或制度保障。地方政府倡导的区域合作机制要得以真正建立和良好运转,离不开相关的中央宏观政策和制度保障。针对当前地方政府间自发合作机制迅速发展、中央政府相关改革明显滞后的状况,中央政府应该积极进行制度创新,打破区域合作的体制障碍,为区域政府间合作创造良好的制度环境。只有通过这种中央与地方互动的模式,才能真正建立起区域政府合作机制。

政府的公共服务必须在有效范围内。区域人才开发合作要逐步树立"公共服务"的理念。各地政府在合作的过程中要逐步意识到,政府所要做的是提供更多更完备的公共服务基础平台,而不是代替市场发号施令。合作初期,政府如果不介入,行政壁垒很难打破,"市场失灵"的部分也需要政府来弥补挽救。但这种政府的介入只能是公共管理的延伸服务,不能出自经济利益和部门利益的考虑,更不能把公共服务的范围任意扩大,否则容易造成政府垄断市场,而市场的完善是要靠其自身的发育来完成的。在区域合作中,政府所提供的公共服务只能是"动员者""清碍者"以及"服务者"的角色②。

---

① 王明友、姜林:《基于经济理论层面上的'同城化'建设对策研究》,《集团经济研究》, 2007 年 10 月下旬刊,第 304 页。

② 牛力:《区域人才开发合作的重点》,《中国人事部》,2008 年 1 月 2 日。

（3）建立具体的功能性组织机构

目前大多数区域间的合作，组织形式都相对松散，没有形成制度化的议事和决策机制，也没有建立功能性的组织机构。这种缺失大大增加了合作成本，降低了合作效率。例如，如果把原来的长江三角洲合作的各种会议制度与单项合作机制和组织，整合为整体规划性与具体工作性相结合的"长江三角洲区域政府合作发展组织"，它将会开拓长江三角洲地区的统一市场，协调和规划整个区域的发展。为此，长三角各地政府应该做到三个跨越：

首先，跨越信息槛：打造人才资源"完整版"。

长三角地方政府要共同构建网上人才大市场。通过设立统一的网络专用域名、制订统一的职位分类标准、职位搜索引擎，实现统一的信息配置功能。例如求职者在登录上海人才服务网站时，输入关键词，搜索到的只是上海的岗位需求，而无法查到苏浙一带的岗位信息。信息不对称，就很难鼓励人才的自由流动。

构建网上人才大市场，最终目的是要推倒两省一市阻碍信息沟通的"门槛"。地方政府要抱团发展，整合信息资源，使长三角人才的分布、使用形成最佳组合。

其次，跨越信用槛：建立统一人才评估体系。

一张证书通行苏浙沪，不再是遥不可及的"梦想"。上海、南京、苏州、杭州、宁波、湖州六城市在物流、中高级口译、国际贸易单证、汽车营销等考试项目方面已实现了项目、大纲、教材、培训、考试、发证的统一。不仅仅是资格证书，部分中高级职称在苏浙沪三地都能被认可，不再需要复审、复评。

在长三角人才开发一体化的进程中，随着人才的大量涌入，有必要探索建立统一的"人才信用评估体系"，为人才建立信用档案，使长三角地区的用人单位通过"信用档案"真实了解引进人才的实际水平,更好地做出选择。而人才也可以将评估体系评断的"信用等级"作为申报、申请相关激励、优惠政策的依据之一。

再次,跨越服务槛:提升人才归属感与幸福度。

要进一步加强三省市之间的沟通与交流,就必须破除行政壁垒和体制性障碍,共同推进区域内资源共享、政策协调、制度衔接和服务贯通。

随着长三角地区交通的日益便捷化,如今越来越多在长三角地区工作生活的人才习惯于"城际候鸟"式的流动,比如家安在昆山,工作在上海……长三角密如蛛网的城际铁路和高速公路,让每日往来其间的"长三角人"越来越有"异地同城"之感。

人才的工作生活半径在长三角地区一体化的进程中愈加扩展,这就需要苏浙沪三地为人才提供的配套服务也能实现全面贯通,而不是"单打独斗"。目前三地在为高级智力资源异地发展提供服务方面已经开始探索。

第十二章
浙江省人才开发政策优化升级研究

党的二十大指出：教育、科技、人才是全面建设社会主义现代化国家的基础性、战略性支撑。必须坚持科技是第一生产力、人才是第一资源、创新是第一动力，深入实施科教兴国战略、人才强国战略、创新驱动发展战略，开辟发展新领域新赛道，不断塑造发展新动能新优势。

自 2017 年以来，全国各省市纷纷出台了吸引人才、留住人才、激励人才的人才发展政策，吹响了争相吸引人才的号角，打响了一场没有硝烟的"人才争夺战"。区域人才的效益与成本决定人才争夺的效果、人才集聚的效应，即人才争夺、人才集聚效应的生成机制最终取决于人才发展环境，人才竞争归根结底是区域综合实力的竞争。习近平总书记指出"环境好，则人才聚、事业兴；环境不好，则人才散、事业衰。"政策环境、发展空间、文化认同、人居环境等因素决定人才流向和作用发挥。人才生态系统是以"人才"为中心，以人才的社会交往、社会协同为驱动力，以政府、市场和社会的资源共享互动为导向，形成的人才链、创新链、产业链、价值链开放式集群的发展系统。地方政府的行为和作用是人才发展环境中极其重要的一环,具有举足轻重的地位,就人才引进的短期效果看,其重要性更为突出。"人才大战"的发起者、参与者也多以地方(城市)政府为主。因此,研究区域政府人才引进政策优化升级问题有着较为重大的现实意义和实践价值。

第一节　浙江人才开发的有利与不利因素

首先,国内大多数区域都处于产业承接或转型升级期,处于新旧动能转换期,新的发展动能还不能成为主导力量,旧的发展动能还不能大规模淘汰。其次,三年疫病大流行加速了世界政治经济格局调整的速度,逆全球化潮流的泛起,世界处于大拆解、大重组的过程,中美双边关系复杂,科技战对地方产业链、科技链安全构成一定程度的威胁。再次,世界经济极可能处于收缩新常态,疫情不仅对经济造成直接冲击,而且经济结构调整、危机的处理,使一些社会矛盾和问题浮出水面。

人口红利逐渐消失,人口形势日益严峻,意味着人口零和博弈的到来,开启了一个区域人口流入即意味其他区域人口的流出的时代,人口流动进一步分化,乡城流动正在过渡到城乡流动、城际流动。都市圈、城市群兴起,中心城市形成,对一线城市产生分流效应,也对周围小城市产生虹吸效应,小城市人口危机愈演愈烈,空心镇、空心城开始出现。人才竞争也是人口争夺。同时,全球技能型劳动力将出现严重的供不应求现象,意味着不仅仅高层次人才面临激烈争夺,技能人才的跨国家争夺也会更为激烈。

自 2017 年至今,全国 31 省市诸多城市都已出台各类人才引进政策吸引优质人才落户本地。2017 年人才新政主要以二线城市为主,很难看到一线及三四线以下城市身影。进入 2018 年,北京、深圳、广州也开始针对高端人才局部调整引进条件,现在甚至县、乡和经济强大的乡村也出台人才招引政策。政策围绕推进人才本土化,落户、购房补贴、生活补贴、配套保障多给激励。大部分出台人才新政的城市均全面放开对学历型人才的落户限制,"零门槛落户"、"先就业后落户"、"在线落户"是三大关键词;安居方面,给予合理的购房资格、购房补贴、租赁补贴、生活补贴。人才引进政策在不断地迭代创新。

以"人才引进"为主题在 CNKI 数据库中可检索到 7 256 篇中文学术期刊(检索日期为 2020 年 11 月 17 日),自 1980 年开始出现,2008 年之后该领域研究成果迅速增多,并逐渐成熟(参见图 12-1)。文献年际分布图可以直观反映出该领域的既有文献在各个年份的分布状况,便于了解近些年国内学界在人才引进领域的重视和投入程度。从 2008 年至今,文献数量分别为 271、385、342、422、408、405、497、567、549、475、313、847、418,表明人才引进不断成为学界研究的重点领域,日渐成熟。

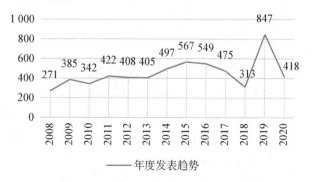

图 12-1　人才引进研究主要年份及其发文量

现有文献对人才引进政策的研究呈现出多角度、多样化的特点,从研究内容看,主要集中在:①人才引进的现状和问题对策研究,②人才引进的风险研究,③对人才引进效果的评价。在人才引进领域的整个研究历程中,对各地人才引进的现状、问题及对策建议的研究贯穿始终。其中,既有从宏观上分析国家层面海外人才引进做法的研究,也有在微观处着眼于地区人才引进状况的研究。人才引进的风险是指在人才引进活动中,对人才引进目标的实现造成的不确定性影响。引进人才效果评价体系从"引得进、留得住、用得好"、工作冲突、人才团队建设现状以及团队建设政策需求等多角度进行研究,形成了政策内容—政策工具—政策评价逻辑框架。

第二节　区域人才引进政策文本分析:基于长三角、珠三角的区域比较

政策工具,亦称治理工具、政府工具。按人才引进政策作用对象可以分为:供给型政策工具、需求型政策工具和环境型政策工具三种类型,具体分析框架见表 12-1。

表 12-1　政策工具分析框架

政策工具名称			政策工具含义
供给型政策工具	发展性政策工具	继续培养	政府支持引进的人才接受进一步培养,如提供留学资金等。
		授予荣誉	对社会发展和科技进步作出贡献的人才,给予恰当的非物质奖励,如授予荣誉称号等,也包括加大宣传力度等奖励。

政策工具名称			政策工具含义
环境型政策工具	福利性政策工具	职务职称	政府对特定学历、技能、背景和贡献的引进人才,给予特定的职务和职称优待,包括设立特定岗位、取消编制限制和降低职称评选要求等。
		资金用地	政府为引进人才或团队的项目提供创业补贴、资金、用地等方面的扶持;对做出重大成果的人才和项目,给予资金奖励。
		公共服务	政府为引进人才在医疗服务、签证办理、出境入境等方面提供便利服务。
		落户政策	政府为引进的特定人才放宽落户条件,并协助落户办理。
		配偶子女	政府协助安排已婚引进人才配偶的工作;对引进人才的子女在义务教育和高中教育阶段给予本地户籍同等待遇甚至优先照顾的特殊待遇。
		薪酬补贴	政府通过改进分配制度等方式,为引进人才提供较高的薪资待遇;通过一次性或多年的生活现金补贴来吸引人才。
		住房优待	政府通过提供住房补贴、租房补贴、购房补助和人才公寓等方式为引进人才在住房方面提供便利。
	经济环境	金融支持	政府通过为引进人才及其项目提供融资、贷款额度和投资扶持政策来吸引人才。
		税收优惠	政府通过赋税上的减免、补贴和税收奖励等优惠手段鼓励和引导人才的聚集。
	社会环境	社会力量	充分发挥人才中介组织、科研机构、高校、企业、事业单位和社会个人的力量来引进人才。
	文化环境	平台目录	政府通过建设各类平台、编制人才目录、建立人才库、设立引进基地等多种手段,方便人才的有序流动和工作开展。
		引进活动	政府通过举办各类人才大会或人才引进周活动,宣传本地政策,展现良好形象,积极引进所需人才。

政策工具名称			政策工具含义
需求型政策工具	制度环境	法规管制	政府通过健全人才管理体制机制,保证人才选拔和使用的依法管理;完善科研管理制度,促使人才工作制度化、法制化。
		目标规划	政府就人才引进要达成的目标规划、远景以及采取的战略方针所做的总体的、定性的描述和设想。
		准入条件	政府降低对特定、急需人才引进的学历、年龄等条件。
	刺激需求	经费补贴	政府用各种方式,对人才引进主体进行物质上的补贴,鼓励其进行人才引进。
		科研项目	政府支持引进主体申报各类重点项目,并放宽引进人才参与项目的条件。
		示范工程	政府依托科研院所、开发区、重点企业、创业园等示范工程吸引人才。
	明确需求	人才需求	政府发布对引进人才的分类分级和遴选标准,提出本地重点产业急需紧缺引进的人才类型。

选择长三角的江苏省、浙江省、上海市各城市和珠三角的东莞市、佛山市、广州市、惠州市、江门市、深圳市、肇庆市、中山市、珠海市的人才引进政策文本作为分析样本。依托"北大法宝"这一网站,搜索了全文中带有"人才引进"四字的政策,再将范围限定到长三角和珠三角包括的省、市中属于地方性法规、地方规章制度和地方规范性文件,出台时间限定在 2011 年 1 月 1 日后。得到最终政策文件 288 份,其中长三角地区 221 份,包括江苏省的 111 份、浙江省的 83 份和上海市的 27 份;珠三角地区 67 份。依托 NVivo12 质性分析软件,采用内容分析法对政策进行研究。

长三角和珠三角的人才引进政策的编码参考点统计可视化结

果请见图 12‑2。可以看出,两地的政策工具使用结构较为相似,但仍有一些差别。长三角使用的环境型政策工具和需求型政策工具各自占比约 1/4,而供给型政策工具占比约 1/2。相比之下,珠三角的供给型政策工具使用更多,达到了 60%,但环境型政策工具和需求型政策工具的使用都少于长三角,尤其是环境型政策工具,使用量不到 20%。

长三角人才引进政策中政策工具使用情况

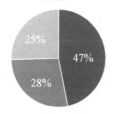

■ 供给型政策工具 ■ 环境型政策工具 ■ 需求型政策工具

珠三角人才引进政策中政策工具使用情况

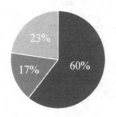

■ 供给型政策工具 ■ 环境型政策工具 ■ 需求型政策工具

图 12‑2 长三角和珠三角人才引进政策中政策工具使用情况总览

两地供给型政策工具使用的详细情况请见图 12‑3。从图表中可以发现,两地都是福利性政策工具的使用更多,但是相比之下,珠三角比长三角使用福利性政策工具的比例更高,超过了 3/4。在福利性政策工具中,两地的偏好大同小异,最常使用的都是

长三角人才引进政策中供给型政策工具使用情况

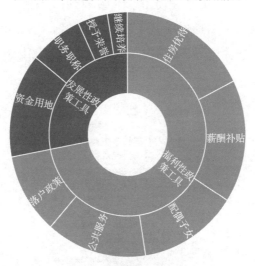

珠三角人才引进政策中供给型政策工具使用情况

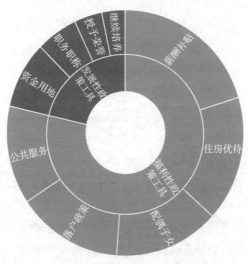

图 12-3　长三角和珠三角人才引进政策中供给型政策工具使用详情

"薪酬补贴"和"住房优待",其中长三角使用"薪酬补贴"最多,珠三角使用"住房优待"最多;使用较少的都是"公共服务"和"落户政策",其中长三角使用"落户政策"最少,而珠三角最少使用的是"公共服务"。在发展性政策工具中,两地使用比重的排序是一样的。

两地的环境型政策工具使用情况请见图12-4。分析图表可以得知,长三角使用最多的环境型政策工具是影响制度环境的政策工具,其中使用最多的是"目标规划"这一条;珠三角使用最多的环境型政策工具却是影响文化环境的政策工具,其中使用最多的是"平台目录"这一条,使用量占到了其全部环境型政策工具的1/4。两地使用影响经济环境的政策工具都是最少的,占比也相差无几,但除此之外,长三角剩下三部分的政策工具使用占比差别较小,珠三角则侧重于影响文化环境和社会环境的政策工具,使用影响制度环境的政策工具较少。

长三角人才引进政策中环境型政策工具使用情况

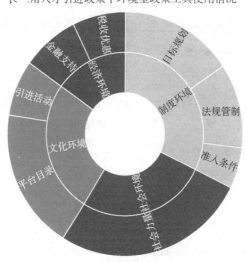

珠三角人才引进政策中环境型政策工具使用情况

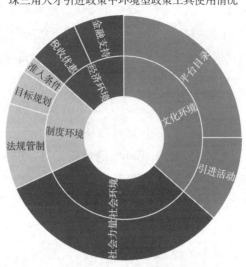

图 12 - 4　长三角和珠三角人才引进政策中环境型政策工具使用详情

　　两地的需求型政策工具使用情况请见图 12 - 5。从图中可以看出,两地都是明确需求的政策工具使用得更多,其中珠三角使用的比长三角更多,超过了其政策工具使用总量的 3/4。在刺激需求的政策工具上,长三角使用最多的是"示范工程"这一条,其次是"经费补贴","科研项目"的使用较少;珠三角使用最多的是"经费补贴",其次才是"示范工程",而"科研项目"相关的政策工具在这段时间内没有使用过。

　　通过上述描述性的介绍,可以发现长三角与珠三角在人才引进政策中使用的政策工具的结构有一定的相似性,但仍然存在不同之处。

　　供给型政策工具是两地使用比重最高的政策工具,但在使用过程中也存在一些问题。供给型政策工具为发展性政策工具和福

长三角人才引进政策中需求型政策工具使用情况

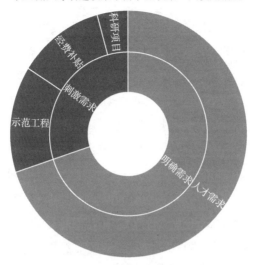

珠三角人才引进政策中需求型政策工具使用情况

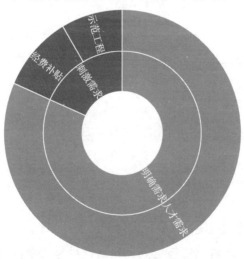

图 12-5 长三角和珠三角人才引进政策中需求型政策工具使用详情

利性政策工具,即前者有利于引进人才的继续发展培养,如提供项目用地和经费、提供海外留学资助等;后者是直接提供给引进人才的福利,如现金补贴、住房补贴和承诺帮助子女就学配偶就业等。

从统计结果来看,两地在供给型政策工具内部使用比重更高的都是福利性政策工具,且珠三角在这方面的比例更高,福利性政策工具的使用超过了供给型政策工具使用总量的 3/4。这说明在直接的薪酬、住房、公共服务等方面的补贴和优惠上,长三角和珠三角的城市都做得比较到位,珠三角的城市尤其注重提供良好的福利。有不少城市在政策中着重强调的就是直接的现金补贴、住房提供等,希望以此吸引人才。但相应地,福利性政策工具使用比重高,就意味着发展性政策工具的使用相对较少,且珠三角比长三角的比重更低。并且,两地的发展性政策工具多集中于"资金用地"和"职务职称"这两个条目上,对于引进人才的荣誉嘉奖和继续培养的支持还较为不足,这并不利于人才精神上的满足和专业技能的提升。

两地存在这样的差异,可能是经济发展水平不同所导致的。以 2019 年的 GDP 数据为例,深圳市作为珠三角的榜首,其 GDP 超过浙江省榜首杭州市的 GDP 一万多亿元。雄厚的经济实力让珠三角各市更容易倾向于"大把撒钱",以极高的直接经济福利快速吸引人才。而经济实力稍弱一些的长三角各市,更倾向于使用"迂回"一些的方法,比如提供更高比重的发展支持。

福利性政策工具使用较多,且政策力度较大,这对引进中等水平的人才是较为有利的,但是发展性政策工具的缺失并不利于一些高端的、有较高项目经费需求和精神满足需要的人才的引入。这样的政策工具使用方案,能够实现初步引进来的目标,引入较多的如高校应届毕业生等积蓄可能相对不足、对直接福利比较看重的人才,但后续如何让这些人才有创造价值的机会和进一步发展的空间,仍然是一个问题。

两地的供给型政策工具使用占比较高,两地政府还是较多选择作用于被引进人才的、相对直接的引进政策,对构建引进环境和明确、刺激引进主体的需求的相关政策关注较低,这并不利于政府和社会主体协作,共同引进人才。

在环境型政策工具的使用上,两地的差异更大。长三角使用占比最高的是影响制度环境的政策工具,其中使用最多的是"目标规划"这一条。在江苏省的政策中,这种偏好尤为明显,有不少政策都对数年内的人才引进做了详细的规划,明确了预计引进的人才种类和数量。相比之下,珠三角在影响制度环境的政策工具上使用较少,且其中"目标规划"的占比较低,"法规管制"的比重更高一些,这说明在大部分珠三角的政策中,缺乏对未来引进情况的详细规划,这可能不利于当地的人才引进活动在较长时间内有序、有规划地开展。

珠三角使用占比最高的是影响文化环境的政策工具,其中使用最多的是"平台目录"这一条,这说明珠三角为人才引进大力构建了各类引进平台,编制人才目录、人才库等辅助文化设施。长三角在影响文化环境的政策工具上使用比重较珠三角稍低,但在"文化环境"内部也是使用"平台目录"的比重高于"引进活动"。

两地在环境型政策工具的使用上存在较大的差别,可能与省级政府制定政策的偏好以及需求型政策工具的搭配使用需要有关。长三角的部分省级政策提出了人才引进的长远规划,市级政府为了本省能够达到规划中的目标,必须分解规划的总体目标到各个市级的政策中实现,反映在编码结果中,就是大量政策都有详细的目标规划。而珠三角九市对平台目录建设的偏好,也可能是因为当地政府做了大量明确人才需求的工作,建设平台目录无疑更有利于发现和引进符合相关条件的人才。

在环境型政策工具中,两地使用比重第二多和最低的都是影响社会环境的政策工具和影响经济环境的制度工具。影响社会环境的政策工具使用比重不低,说明政府在尝试借助相关机构、企业的力量来引进人才。影响经济环境的政策工具使用较少是两地共同存在的问题,说明两地对引进人才及其后续创业的税收优惠和金融支持较为缺乏,较少有政策提到为引进的人才提供税收的减免或是贷款、融资方面的额度优惠等。而对于一些有志于创业的人才来说,经济上的政策支持,尤其是金融方面的支持,是相当重要的。影响经济环境的政策工具使用较少,可能不利于这类创业人才的引入。

和供给型政策工具类似,环境型政策工具的使用占比也存在一定问题。长三角的使用占比为28%,稍有欠缺;珠三角的使用占比甚至不到20%,说明当地政府对构建一个适合人才引进的环境不是非常关注。社会力量的参与和社会引才氛围的塑造应该是十分重要的,政府应该对这方面有更多的关注和投入。

在需求型政策工具的使用占比上,两地较为相似,都约占总体的1/4。但从其内部结构来看,大部分的参考点都是明确需求的政策工具提供的参考点,刺激需求的政策工具使用较少,珠三角尤其,使用占比不到1/4。

两地在需求型政策工具的使用占比上存在差异,可能与两地供给型政策工具的使用差异有关。在直接福利条件极好的状态下,珠三角只要明确对人才的需求,就可以快速吸纳不少人才,而不一定要通过引进主体来实现这一过程。

当然,这样做也并非没有缺陷。明确引进人才的行业、专业水平等确实是人才引进工作中必不可少的一环,而两地的大部分政策都会明确对引进人才的要求,这是政府在工作中做得比较到位的部分。但是,刺激需求的政策工具使用较少,这不利于激发引进主体引进人才的积极性,仅靠对被引进者的优惠政策,在引进人才的力度上可能仍有欠缺。珠三角在"科研项目"这一条目上甚至是缺失的,这可能就不利于一部分关注科研、希望参与项目的人才的引进。

与前两种政策工具类似,需求型政策工具的使用占比为 1/4,也有提升的空间。两地应该更多关注引进的主体,激发其引进人才的积极性,为当地人才引进力度的提升提供更有力的支持。

第三节　浙江省人才引进政策作用发挥及其满意度的调查分析

为了掌握和了解人才引进政策的作用模式、政策效果及其人才满意度等情况,课题组以浙江湖州市引进人才为对象设计调查问卷,对 20 人进行了面谈式访问,300 多人填写了线上调查问卷。

(一)调查的基本情况

第一,影响工作地选择的主要因素最高的是工作可及性和岗位内在价值(工作单位的薪资水平、稳定性和职业发展空间等),占 50%以上,地域(城市)品牌(宜居、宽容、安全、公平和发展机遇等方面的知名度)占 30%;人才引进政策竞争力(经济物质补贴力、"一人一策"灵活性、公共服务优质性)不到 20%;很少有人选择就读地、出生地等地域情感。

第二，工作地选择影响因素按重要性进行排序，工作可及性和岗位内在价值、地域（城市）品牌、人才引进政策竞争力，然后是就读地、出生地选举在绝大多数，能够与第一题相互验证。

第三，在何种条件下人才政策会成为你工作地选择的决定因素？工作候选地经济、文化、社会和岗位等条件相差不大时，一般情况下都是，工作地无所谓了，真金白银拿到手才是最重要，一般情况下都不，工作地本身的经济、社会和文化底蕴才是最重要，补贴、优惠的条件足够大到我动心时四个选项选择人数差不多，岗位等条件差不多时与优惠足够大时选择稍多。其实设计的题目目的是验证第一题选择的可靠性，从结果来看，人才工作地的选择影响因素不是非常明确、坚定的。这也为人才引进工作赋予了较好的意义。

第四，如果两个工作候选地差距较大（类似上海与一个普通地级市间的差距），什么样的条件会让你选择地级市工作。假设不成立，不能在上海找到合适的工作或不喜欢上海大城市生活（主要是上海房地产物价太高）的选择最多，说明人才分层结构和城市分层结构是趋于一致的，要吸引城市平均线以上人才，就必须付出额外的资源。因此，主要看事业发展空间和通道（岗位内在价值）和地级市人才政策的补贴空间和优惠空间的选择居多，也是符合逻辑的。其次是主要看地级市的经济发展水平和发展潜力、主要看地级市的社会和文化内涵、主要看有无特殊的经历和情感。其中，需要说明的是在面谈中说到文化情感、地域情感的人才较多，有七八位，但在线上问卷中未能体现出来。

第五，在家人、朋友极力要求时地域情感会成为工作地选择的决定因素的选择占 50% 以上，为最多；其次是工作候选地工作发展空间、地域品牌、人才政策等其他条件相差不是很大时,一般情况下都是,我喜欢熟悉的人、物及习惯了的互动方式的人占6％,一般情况下都不,我是理性主义者,独立性适应力强占13％。说明人才个体的独立性日益体现但家人、朋友还有很大的情感牵连。

第六,在地方政府人才引进政策工具中,最吸引的是购房补贴、安家补贴、科研启动经费等经济技术型政策保障人才的经济收入,占40％以上,提升人才管理和服务灵活性、便利性、公正性、亲和力等管理技术型政策保障人才发展空间和通道,占30％以上,而且人才层次越高选择管理型政策的人才越多。利用实习、见习、旅行等经历,就读地、出生地情感、授予荣誉等社会技术型政策满足人才的精神需求,占20％不到。

第七,在地方政府人才引进政策工具中,最重要的是针对第三方人才服务组织以促进人才合理流动的"促第三方型"政策,如完善人才市场、人才工作站等,占40％以上,说明人才重视追求人才流动的及时、便捷和公正。针对人才载体、平台和用人单位以扩大人才需求的"扩需型"政策,如博士工作站建设等,占30％以上,说明对企业等用人主体积极性激活的政策也有较多的注意,其中在与企业人力资源管理的访谈中,反映更为普遍。针对人才以扩大人才供给的"扩供型"政策,如本籍大学生联谊会、大学生人才招聘会等,占20％以上,而且大家普遍认为这点,政府现在已做得较好。

第八,如果工作候选地经济、文化、社会和岗位等条件相差不大,两地人才政策支持力度相差多少(含一个地区有,一个地区无),会促使你果断选择支持力度大的地区。经济总补贴要相差一定数额以上,且区域和单位人力资源管理科学、灵活,保障能人发展空间和通道,选择最多,占50％以上;经济总补贴要相差一定数额以上，如 10 万以上，区域和单位人力资源管理科学、灵活，保障能人发展空间和通道；经济总补贴要相差一定数额以上，且区域和单位情感服务、荣誉治理机制完善；区域和单位情感服务、荣誉治理机制完善的四项选择差不多，都占 10% 左右，说明这些组合没引起人才的注意，要么选项设计不合理，要么人才的倾向性比较明确。

第九，对所在地人才引进政策满意度评价比较满意，占 80% 以上，非常满意占 10% 以上，非常不满意、比较不满意、没有感觉基本没有选择，说明人才对现有的人才引进政策普遍比较有好感，也可能是因为课题组调研对象基本是高层次人才、高等学校人才为主的情况所导致的。

第十，对所在地人才引进政策竞争力评价没有满意度评价来得一致，比较强和非常强的占比不到 70%，非常差、比较差和不知道的有超过 30%，或许因为人才看过太多的人才引进政策，对竞争力评价不是非常确定，采取了一定程度的回避心态。

第十一，人才政策补贴全部用在了所在地购房、大宗消费等支出，或准备使用的情况占 90% 以上，说明对于人才的投入除了吸引人才的作用外，还能起到拉动当地消费等其他良好效果，是一个综合性杠杆式的政策工具，能够起到良好的带动作用。

第十二，算上人才补贴等所有工作单位发放工资待遇，现在的生活：有压力，但基本能投入工作、发展事业选择占 40% 以上，有保障，能够获得尊严感，基本能投入工作、发展事业也有 30% 以上，较为有保障，能够获得较好的尊严感，全身心投入工作、发展事业的 10% 以上，选择压力较大，必须额外兼职等方式赚钱补贴家用的不到 3%，说明即使是新入职的员工，即使是携家带口，也基本能保障生活，全心投入工作，回想笔者刚参加工作时情形，有着巨大的进步。

（二）人才引进政策发挥的一般经验

第一，人才引进政策是区域人才集聚的必要条件。自 2018 年开启的新一轮地方人才争夺主要是基于人才引进政策的竞争，人才引进政策在区域人才吸引中发挥了举足轻重的作用。但对人才而言，人才引进政策是吸引人才、聚集人才不可或缺的必要条件，但不是人才集聚的决定性因素，大多数人才更看重的是工作可及性和岗位内在价值（单位人才引进治理的科学性和先进性，单位薪资水平、稳定性和职业发展空间等）、区域城市品牌（宜居、宽容、安全、公平和发展机遇等方面的知名度），不同背景、地域来源人才对引进政策的敏感性不同，就读地、出生地等地域情感或文化情感也有较为重要的作用。

第二，补助力度、受益规模和服务质量是地方人才引进政策竞争力的核心要素。人才补助力度是解决人才期望和需求痛点的程度，如落户放开程度、住房补贴水平、生活补贴水平等，力度越大竞争力越强。人才受益规模是政策对象的广度和引才规模大小，各层次人才且普通人才也大力引进则受益规模大，受益规模越大竞争力越强。人才公共服务质量是指为用人主体和人才提供公共产品和服务的及时性、便利性和标准化，明确的财政资金支持水平和组织保障力度是其中的关键。当前府际间人才引进政策竞争主要在这三点上展开，但也在不停地创新突破，一般而言政策竞争力强人才引进效果较好。

第三，人才引进政策工具结构是区域人才生态的直观反映。从政策作用对象可以把人才引进政策工具分为：针对人才载体、平台和用人单位以扩大人才需求的"扩需型"政策工具类型，如博士工作站建设等；针对人才以扩大人才供给的"扩供型"政策工具类型,如本籍大学生联谊会、大学生人才招聘会等;针对第三方人才服务组织以促进人才合理流动的"促第三方型"政策工具类型,如完善人才市场、人才工作站等。从政策作用方式可以分为:购房补贴、安家补贴、科研启动经费等"经济技术型"政策工具类型,以保障人才的经济收入;提升人才管理和服务灵活性、便利性、公正性、亲和力等"管理技术型"政策工具类型,以保障人才发展空间和通道;利用实习、见习、旅行等经历,就读地、出生地情感、授予荣誉等"社会技术型"政策工具类型,以满足人才的精神需求。政策工具类型齐全协调,政策工具结构完整均衡,总体有利于人才引进成本下降、效能增加。

(三)当前浙江人才引进政策存在的问题

浙江人才引进政策及时性、适应性和服务性上都存在着自身无可比拟的优势,也取得了较大的政策效果。但也必须在前进中做好:第一,随国内外形势、资源禀赋、内外条件变化而不断创新调整的问题。第二,通过政策文本分析发现的"扩需型"政策工具和"社会技术型"政策工具偏少、"管理技术型"政策工具实质性创新不够的问题。第三,人才引进政策设计机制和思维创新的问题。

第四节 浙江省人才引进政策优化升级对策建议

(一)构建"三度"人才引进战略,打造区域最优人才发展生态

1. 确保人才引进战略与区域经济社会发展相支撑的"紧密度"。

三年疫病大流行加速了世界政治经济格局和国际形势的深刻

调整,和平和发展受到严重冲击,经济收缩、战争威胁无疑使人才引进的宏观环境更具复杂性和多变性,人才引进战略的格局视野、内在精神和灵活弹性要求更高。因此,人才引进战略要更加审慎地分析区域经济社会发展水平、发展特色、自身资源禀赋,基于中央顶层设计和地方需要来确定引进人才的类型、层次和数量,确定投入资源的数量和质量,关注产业融合,系统科学有效地构建人才地图,确定人才引进战略类型,进一步改革完善适应社会经济发展的人才发展治理体制机制。

2. 确保人才引进战略与未来人才发展趋势相衔接的"前瞻度"。

未来人才将更注重岗位内在价值、区域城市品牌,招才引智竞争越来越激烈。新经济、数字产业的战略性青年人才的价值愈发重要,人才交流速度加快,人才流动规模扩大,人才流动虚拟化。要高度重视战略性顶尖人才的招引及其包含区域人才在内的人才团队建设;深化人才引进的市场化手段,在人才发现、评价、培养、效能提高等领域发挥市场和用人主体的作用;由人力资源公司、第三方人才服务机构、专业人才协会、社会组织或者企业来主导招才引智;通过信息的集成,数据的集成,办理流程的网络化,实现招才引智的全面信息化。

3. 确保人才引进战略与区域政策工具结构相协调的"匹配度"。

不论是领先型、稳健型还是跟随型战略类型,关键影响因素是治理成本。降低成本最有效的途径是把上述的人才治理体制机制,人才招引具体手段方式制度化、工具化,使市场化参与、社会化参与有保障、有渠道、有活力。首先在人才引进战略政策化、工具化过程中要注意工具类型的齐全,以充分使用各层次各主体力量;

其次是做到人才引进政策工具结构适度均衡,满足人才各方面需求,建立人才引进工作具有弹性和活力的良好秩序,形成人才招引工作的合力。

(二) 实施"三结合"人才引进策略,打造区域最佳政策竞争力

1. 注重人才引进战略思维和策略思维相结合的政策设计科学。

战略注重自身,策略关注他者;战略基于需求和长远,策略基于竞争和当下;战略是内在正当的应然行为,策略是外在条件的反射性行为。因此要保持战略定力、策略敏感,战略行动与策略行为相互支撑、相互配合。要科学合理选择标志性区域人才引进政策进行跟踪观察,确立学习赶超的标杆对象,同水平的竞争比较对象,典型案例的分析对象。积极扶持培育人才发展研究智库,借助高等学校、职业院校、研究机构和期刊杂志等第三方力量,提供跟踪观察信息、决策参考信息。

2. 注重人才吸引硬实力和软实力相结合的政策内容优化。

还是要加强以补助力度和收益规模为基础内容的人才吸引硬实力建设,做大"人才池",做好人才资源招引之外,可以恰当引进农村人口,利用库区移民、房地产购买定向优惠政策扩大人口规模。还要从城市经营、城市发展、岗位价值、个人事业发展相结合,思考和推动人才引进工作,做好人才服务工作。人才引进公共服务不仅要做到从回应到前瞻的功能超越,还要从全链条、全要素的视角去思考、改善、优化人才引进公共服务,使人才引进公共服务链条化、品牌化,发挥合作引才、亲和引才的作用。

3. 注重人才个体引进和智力引进相结合的政策执行灵活。

国际风云不断变化下，产业链、科技链、人才链正在进行大拆解、大重组，给高端人才跨国引进和合作制造了新的障碍和不确定性，因此也必须保留政策执行的弹性空间，扩大人才概念内涵和外延，做大人才工作，扩大人才工作视野和格局。建立教育、科技和人才工作一体化思维，进一步构建三者联系渠道和联系机制，使人才个体引进和智力引进落到实处。建立区域人才共享平台，区域人才柔性共享激励机制，搭建低龄老年人就业的信息服务平台，利用老龄人才智力，优化人才、人口梯度结构。

（三）推出"创新性"人才引进政策，打造区域最适工具结构

1. 丰富"扩需型"政策工具实现城市人才吸纳力跃升。

完善就业统计大数据，包含从总体到行业分布、技能类型、学历和受教育程度、居住地区等各方面数据，科学研判人才供应规模与人才需求规模、岗位待选活力与岗位匹配活力、就业均衡指数和平均薪酬增速等情况，及时充分地为用人主体提供信息发布、管理规范等公共服务，提升用人主体、用人平台的活力和积极性。完善企业等用人主体的补贴、奖励种类和力度，推进用人单位招聘品牌建设工程，帮助企业实现可持续招聘。

2. 发展"管理技术型"政策工具实现"不拘一格降人才"。

在建设共同富裕要求下，需更好把握"效率"和"公平"的辩证关系，"效率优先"在人才就是"能力优先"，能够真正在管理上突破学历、年龄和年限等构成的"人才箱体"限制，使领军人才、卓越人才迅速脱颖而出，当然更需完善政府和用人单位人才管理制度和流程，保障所有人才在政策和机会面前一律平等。另一方面，普通人才、一般人才也可以通过年限、资历和业绩长期积累获得发展空间，

实施双轮驱动,达到人才梯度结构的合理、社会的公平、共同富裕。

3. 重视"社会技术型"政策工具形塑人才成长氛围。

人才的需求越来越多样,据相关调查,工作与生活平衡、职业发展机会成为了人才最为重视的要素,其次才是薪酬和福利,再次是持续学习机会和组织稳定性。因此,"社会技术型"政策工具使用具有独特的效果,区域人才招引实践也普遍重视此类政策工具的运用,效果较好,但要进一步激发社会活力和自主性,充分利用行业协会、社会团体乃至社会自然人参与人才招引工作的决策、管理、服务和监督等各个环节,以政策工具构建促进人才发展软环境建设。

第五节 人才引进政策作用发挥情况调查问卷

问卷编号:

亲爱的朋友:

您好! 首先请原谅耽误您的宝贵时间。

为了全面、深入、动态地展现高层次人才对我市人才引进政策的认知和评价,我们特面向湖州新引进人才展开调查,旨在了解人才的政策认知和政策需求,为进一步完善和优化区域人才引进政策提供具有针对性的建议和对策。本调查采取无记名方式,不用填写单位和姓名,各种答案没有正确、错误之分。您提供的答案绝对保密,相关个人资料不会被利用于本次调查分析之外的其他任何目的。您的真实意见和建议对我们非常重要,感谢您的支持和协助。

湖州师范学院课题调研小组

一、个体基本情况

1. 请问您是哪一年被引入湖州工作？〔＿＿｜＿＿｜＿＿｜＿＿〕年

2. 您的教育程度是：（请注意：每种教育程度均包含肄业、在读等情形）

1）大学专科以下（不含大学专科）

2）成人教育的大学专科、本科

3）正规全日制的大学专科、本科

4）硕士研究生

5）博士研究生及以上

二、认知态度情况（除第4题外，都是单选）

3. 影响您工作地选择的主要因素有：

1）人才引进政策竞争力（经济物质补贴力、"一人一策"灵活性、公共服务优质性）

2）就读地、出生地等地域情感

3）地域（城市）品牌（宜居、宽容、安全、公平和发展机遇等方面的知名度）

4）工作可及性和岗位内在价值（工作单位的薪资水平、稳定性和职业发展空间等）

5）其他，请填写

4. 请您对上述工作地选择影响因素的重要性进行排序，重要的写前面：

1）人才引进政策竞争力　　2）就读地、出生地等地域情感

3）地域（城市）品牌　　　　4）工作可及性和岗位内在价值

5）您补充的其他因素

5. 在何种条件下人才政策会成为你工作地选择的决定因素？

1）工作候选地经济、文化、社会和岗位等条件相差不大时

2）一般情况下都是，工作地无所谓了，真金白银拿到手才是最重要

3）一般情况下都不，工作地本身的经济、社会和文化底蕴才是最重要

4）补贴、优惠的条件足够达到我动心时

5）说不清楚

6. 如果两个工作候选地差距较大（类似上海与一个普通地级市间的差距），什么样的条件会让你选择地级市工作。

1）主要看地级市人才政策的补贴空间和优惠空间

2）主要看地级市的社会和文化内涵

3）主要看地级市的经济发展水平和发展潜力

4）主要看事业发展空间和通道（岗位内在价值）

5）主要看有无特殊的经历和情感

6）假设不成立，不能在上海找到合适的工作或不喜欢上海大城市生活

7. 在何种条件下地域情感会成为你工作地选择的决定因素？

1）工作候选地工作发展空间、地域品牌、人才政策等其他条件相差不是很大

2）一般情况下都是，我喜欢熟悉的人、物及习惯了的互动方式

3）一般情况下都不，我是理性主义者，适应力强

4）家人、朋友极力要求时

8. 在地方政府人才引进政策工具中，最吸引您的是：

1）购房补贴、安家补贴、科研启动经费等经济技术型政策保

障人才的经济收入

2）提升人才管理和服务灵活性、便利性、公正性、亲和力等管理技术型政策保障人才发展空间和通道

3）利用实习、见习、旅行等经历,就读地、出生地情感、授予荣誉等社会技术型政策满足人才的精神需求

9．在地方政府人才引进政策工具中,您认为最重要的是：

1）针对人才载体、平台和用人单位以扩大人才需求的"扩需型"政策,如博士工作站建设等

2）针对人才以扩大人才供给的"扩供型"政策,如本籍大学生联谊会、大学生人才招聘会等

3）针对第三方人才服务组织以促进人才合理流动的"促第三方型"政策,如完善人才市场、人才工作站等

10．如果工作候选地经济、文化、社会和岗位等条件相差不大,两地人才政策支持力度相差多少（含一个地区有,一个地区无）,会促使你果断选择支持力度大的地区。

1）经济总补贴要相差一定数额以上,如 10 万以上

2）经济总补贴要相差一定数额以上,且区域和单位人力资源管理科学、灵活,保障能人发展空间和通道

3）区域和单位人力资源管理科学、灵活,保障能人发展空间和通道

4）经济总补贴要相差一定数额以上,且区域和单位情感服务、荣誉治理机制完善

5）区域和单位情感服务、荣誉治理机制完善

6）其他,请填写

11．您对您所在地人才引进政策满意度评价是：

1）非常不满意　2）比较不满意　3）没有感觉　4）比较满意

5）非常满意

12. 您对您所在地人才引进政策竞争力评价是：

1）非常差　　　2）比较差　　　3）不知道　　　4）比较强

5）非常强

13. 人才政策补贴使用情况：

1）全部用在了所在地购房、大宗消费等支出，还向银行、亲友融了部分资金

2）还没使用，但结果应该如1）

3）少部分没有使用且暂时不会使用

4）大部分没有使用且暂时不会使用

14. 算上人才补贴等所有工作单位发放工资待遇，您现在的生活：

1）较为有保障，能够获得较好的尊严感，全身心投入工作、发展事业

2）有保障，能够获得尊严感，基本能投入工作、发展事业

3）有压力，但基本能投入工作、发展事业

4）压力较大，必须额外兼职等方式赚钱补贴家用。

第十三章

地方政府人才培育与开发难题

坐拥百亿但却领取区区 3 100 元人民币的购房贴息,腾讯公司控股董事会主席马化腾、金蝶软件董事长徐少春等人才因此成为舆论的关注点,由于它的巨大反响,我们姑且称此为"马化腾"现象。大部分媒体、网民和专家学者关注的焦点是"马化腾"们该不该享受政府的住房补贴,人才住屋补贴政策有无不健全之处。笔者认为应从政策形成的决策机制及其背景寻找"马化腾"现象的深层次原因,"马化腾"现象的存在与当前地方政府人才工作存在的误区有着极大的关系。

第一节 人才政策决策机制不健全

在"马化腾"现象中,政府人才工作的公共资源(专项人才经费)如何最优分配,是公众议论最多的地方,是用于高层次人才的奖励上,还是用于人才发展环境建设或普通市民的人力资源人才化等其他项目上,应该说各种使用途径都有其合理性,高层次人才为地方经济发展做出了卓越贡献,奖励他们理所应当,同时广大市民是城市建设的主体,地方经济社会的发展最终还是依靠广大市民素质和能力的提升。

那么该如何制定政策呢? 公共政策是指政府依据特定时期的目标而在对社会公共利益进行选择、综合、分配和落实的过程中所制定的行为准则。公共政策的本质是要解决利益分配问题,是政府为了达到某一目标而采取的一系列活动,鼓励良性期望行为的刺激源。[①] 人才政策作为公共政策的一种,它的目的也是通过人才政策达到公共资源的最优配置和利用。因此政府人才工作的公共资源(专项人才经费)如何最优分配关键是要看政策能否刺激鼓励良性期望行为的产生,能否获得社会的认同,因为公共财政都是社会纳税人的钱,显然在这两方面"马化腾"现象中的人才政策有进一步细化的空间。因为,作为拥有 293 亿元资产的腾讯 CEO 马化腾及华为、TCL 等知名企业的高管,似乎并不"差钱",这点钱对他们又有多大的激励效果呢?

在现实人才工作决策过程中,在一些中长期的人才规划问题上、事关全局的一些重大人才政策问题上科学性矛盾表现得比较突出。如调研过程中多是依赖于相关部门的上报材料,不能深入到用人主体、各种人才和人才市场具体层面。在人才工作目标的决策过程中缺乏专家论证环节,缺乏必要的公示制度、听证制度。因此,应健全地方政府人才决策机制,一是畅通社会舆论处理机制。关注民生,通过建立社会舆论处理机制,第一时间收集群众反映的意见和要求,认真研究、及时反馈,增强人才工作与社会的紧

---

① 陈振明编:《公共政策学:政策分析理论、方法和技术》,中国人民大学出版社,2004年,第1页。

密性。二是建立健全人才工作决策信息支持体系。人才工作领导小组和人才工作部门要建立专题调研和跟踪调研相结合的调查研究制度,建立统一共享的人才信息资源平台。三是要建立健全征求意见制度。涉及中长期人才工作目标规划或年度重大人才工作事项的决策,人才工作领导小组应通过党委政府征求人大、政协以及有关群众团体的意见。充分征求各成员单位的意见。要充分征求企业或各级各类人才代表的意见;同时要建立健全专家咨询和评估制度,进行专家论证、技术咨询和决策评估。四是规范决策程序。为保障人才决策的民主化、科学化、法制化,一般应经过意向征集、调查研究、咨询听证、法律和政策审查、初步目标公示和评估、形成决策等程序。

第二节　"人人都可以成才"需落实

"马化腾"现象中,政府稀缺的公共资源用到了高层次的人才奖励上也是我国各地方政府通行的做法,因为高层次人才及其成果对地方经济发展具有直接甚至立杆见效的效果,高层次人才是人才工作的关键组成部分。政府把稀缺的公共资源配置给本不太需要的"马化腾"们,这种明显不合理的资源配置方式,其实还反映了地方政府人才工作中对科学人才观理解不全面的观念问题。地方政府在实践中往往重视对显性人才的使用和帮扶,不重视隐性人才的开发和培育,导致"人人都可以成才"理念和氛围在现实中无法充分实现。

科学人才观是党中央、国务院以马克思主义为指导,从当代世界和中国深刻变化着的实际出发,根据党和国家事业发展的迫切需要而提出的,包括"人才是第一资源""人人都可以成才"和"以人为本"三大理念。"人才是第一资源"是指,要认识到人才的重要性,人才是第一资源,是第一推动力,必须从全局、从战略高度来分析人才、对待人才;"人人都可以成才"是指人人都是潜在人才,无论是谁不论学历、职称、资历和身份,只要勤奋、努力都可以在不同的工作岗位上成才,品德、知识、能力和业绩作为衡量人才的主要标准;"以人为本"是指人才工作的方式,人才健康成长和人才作用充分发挥是人才工作的出发点和归宿点。

现实中,地方政府对于人才的服务可谓尽心尽责,为吸引人才、留住人才、激励人才采取了各种办法,做了大量的工作,颁布了各类政策法规。但对于服务对象的界定存在偏差:人才工作的服务对象大多是针对已经在社会中取得成果、获得专利等显性人才,而对于潜在人才的服务显得极为不足。就如"马化腾"现象所显示的,各种显性人才可以依据业绩能力、品德、知识等的综合评定,分为国家级领军人才、地方级领军人才和后备级人才 3 个层级,从而可享受住房补贴等各种优惠,而各隐形人才由于他们的学历、职称等各种原因,是无法进入认定对象的,而无法享受各种优惠。如果这种身份只是作为人才奖励的依据那也不会造成太多的负面效果,但如果也是各种项目、资源竞争的依据和手段,那将会事实上排除一大批有创新创业潜力和可能的人才,无法做到"人人都可以成才"。因此,落实科学人才观为人才服务,必须为所有人力资源服务,创造公平、公正和公开的人才发展环境,考虑加大对普通市民的投入,促使他们在实践中转化为人才,为地方经济社会发展做出应有的贡献。

第三节　人才工作绩效考核机制有待破题

"马化腾"现象中,政府稀缺的公共资源为什么不合理配置?基本可以排除政府工作人员腐败或其他道德方面的原因,因为政府人才工作者不可能从这项政策中获得额外的个人私利。关键的原因在于对人才工作的核心任务认识不清,对服务发展的理解过于肤浅,过于急功近利,导致政府人才工作绩效考核机制重人才队伍建设、人才投入的硬指标,而轻视人才发展环境包含的软指标,也由于软指标的不易考察、测评,更加加剧了这种趋势。所以出现了政府人才工作者会在人才引进上花费心思、会千方百计地为现有发挥作用的人才着想,甚至超出了人才所需的范畴,导致政府行为模式混乱。

在宏观人力资源治理结构中,政府宏观管理、市场有效配置、单位自主用人、人才自主择业和社会大众监督都是人才治理不可或缺的要素,任一要素不能缺位、越位,在现实地方人才治理中企业主体作用发挥不够,"行政化与市场化"体制并存,尚未建立真正与社会主义市场经济体制相适应的企业人才开发管理制度体系;人才中介市场培育不够,人才服务机构主要还是"官办"人才市场在发挥,缺乏民营中介机构的有效竞争,也没有相关的行业协会和服务标准、评价指标,市场机制在人才资源配置中的基础地位还不明显,导致政府有时只能越位直接介入人才招聘、管理和激励等微观事务中。因此,从战略上看必须完善宏观人力资源治理结构,发挥各治理要素的各自作用。

政府人才职责应更多地放在营造卓越的人才发展环境建设

上，从降低生活成本和交易成本、完善体制机制、构建服务型政府等方面着手。当前应做好：一是完善考核指标体系。人才工作考核指标分为基础性指标和重点考核指标两类。重点抓好对上级有关人才工作的要求执行情况、本部门自身目标责任的完成情况、本部门完成目标责任的努力程度、本部门执行目标责任的工作创新情况等四个方面。二是改进考核方式办法。考核工作要按照定性考核和定量考核相结合、不断突出量化考核原则和全面考核与分级考核相结合的原则，采取听取汇报、召开座谈会、审阅相关资料和文件、实地考察等方法进行。三是严格奖惩兑现和责任追究。

第四节　全国人才一体化还要大力推进

"马化腾"现象中，政府稀缺的公共资源不合理配置还与区域人才竞争方式手段错位有关，住房补贴近来是深圳、广东乃至全国各地，用于吸引人才的重要政策，本来是一项很好的吸引人才政策。但由于各地的政策优惠相互比较，恶性竞争，导致部分地区、部分人才的优惠措施脱离政策目标。区域人才竞争变相为人才优惠政策的竞争，使落后地区人才工作处于更加不利的地位，不利于区域经济的协调发展，而另一方面人才的整体效益和幸福感并没有得到提升。推进区域人才一体化，是消除区域人才政策无谓竞争最好方式，区域人才一体化是经济一体化的必然结果，人才作为经济生活中最活跃和最具潜力的要素，必须在自由流动中才能实现最优配置、发挥最大的效能。目前，区域人才一体化的障碍主要来自两个方面，一个是历史形成的与当地发展水平相适应的产业结构现存与一体化不协调，另一个是现实存在的人事人才制度、观念、做法与一体化发展不适应。

　　首先,跨越信息槛:打造人才资源"完整版"共同构建网上人才大市场。通过设立统一的网络专用域名、制订统一的职位分类标准、职位搜索引擎,实现统一的信息配置功能。其次,跨越信用槛:建立统一人才评估体系。有必要探索建立统一的"人才信用评估体系",为人才建立信用档案,使长三角地区的用人单位通过"信用档案"真实了解引进人才的实际水平,更好地做出选择。而人才也可以将评估体系评断的"信用等级"作为申报、申请相关激励、优惠政策的依据之一。还可以创新职称评审、高层次人才评选等制度,将能力和业绩作为评审评选的重要指标。将身份、地域管理转为能力、岗位管理。再次,跨越服务槛:提升人才归属感与幸福度。必须破除行政壁垒和体制性障碍,共同推进区域内资源共享、政策协调、制度衔接和服务贯通。①

---

① 吴坚:《长三角人才开发一体化进程中政府行为模式的选择》,《湖州师范学院学报》,2010 年第 2 期。

第十四章
湖州市人才培育与开发政策成长史

　　"人才政策"是政府为了发挥人才的作用,对人才的培养、开发、利用等活动作出的规定和采取的措施与行动。"致天下之治者在人才。"人才资源是稀缺资源,政府出台的政策是否科学适用对人才引、用、育、留至关重要,因此研究湖州人才政策演进阶段、特征、规律和未来展望,对于完善湖州市人才政策、构建区域人才高地具有重要的基础性作用,湖州人才政策现有研究多侧重于对政策效果的评估,人才政策文本研究较少。基于此,本课题通过实地调研、收集文献资源、电子资料的方法收集了 1999年至 2020 年湖州市出台的人才政策共 325 份,遵循分析框架构建、样本选择、政策文本关键词提取、频数统计的步骤,通过质性和量化研究,对湖州市人才政策进行测量和比较分析,并据此分析政策演进逻辑,希望可以为湖州市人才政策制定提供经验借鉴。

第一节　湖州市人才政策演变阶段及其主要特点

依据政策目标及其主要政策文件所规定的政策客体(对象)、运用的政策工具,浙江省人才政策演进划分为:"释放人才活力"的战略调整阶段(1978—1992 年)、"提升人才地位"的实验性调整阶段(1993—2002 年)、"确立人才战略"的统筹布局阶段(2003—2009 年)、"优化人才体系"的质量发展阶段(2010—2015 年)、"营造人才生态"的深化改革阶段(2016 年后)五个阶段[①]。一方面因为我国纵向政府间的稳定的控制关系,湖州市人才政策与中央、省政府人才政策具有很大相关性,是在中央、省人才政策指导下进行的地方人才政策创新,另一方面也因为在 98 年以前,湖州市关于人才资源开发方面的政策总量不多,范围不广,力度不大,如关于人才培养、人才投资、国外智力引进等方面几乎没有涉及,特色不明显。故此,参考省人才政策阶段的划分把湖州人才政策演变划分为如下三个阶段:

(一)"人才战略"确立布局阶段(1999—2009 年)

进入新世纪新阶段,党中央、国务院作出了实施人才强国战略的重大决策,人才强国战略已成为我国经济社会发展的一项基本战略,中央于 2003 年出台了《中共中央、国务院关于进一步加强人才工作的决定》,推动人才工作的战略性转型以保障支撑经济、社

[①] 陈丽君、王雪玲:《改革开放以来浙江省人才政策的演进与未来趋势——基于主题词的量化分析》,《治理研究》,2019 年第 4 期。

会的转型。浙江省出台了《中共浙江省委、浙江省人民政府关于大力实施人才强省战略的决定》,以"钱江人才计划"为抓手推动了人才工作的转型和发展。湖州于 2004 年召开全市人才工作会议,加快实施人才强市和科教兴市战略。

主要人才政策有:制定出台了《转发市人事局关于为加快发展新兴和高新技术产业提供人才服务意见的通知》《转发市人事局关于鼓励各类专业技术人员到非国有经济组织工作的若干规定的通知》等近 10 个政策文件,系统规范人才管理,强化人才激励和管理,职称评聘分开与社会化评价探索较为成功,在省内有一定的影响;制订出台《"十一五"人才发展规划》以及企业经营管理人才队伍、专业技术人才、技能型人才、新农村人才队伍建设等 4 个专项规划,形成了较为完善的人才规划体系,加强市校人才合作开发的新农村人才"振兴计划",形成了湖州市与浙江大学合作人才开发的"市校合作模式"。制定出台《湖州市"1112 人才工程"学术技术带头人培养人员队伍建设的实施办法》,实施学术技术带头人培育工程;制定出台《关于推进创新团队和领军人才队伍建设的若干意见》《"南太湖精英计划"实施意见》《湖州市"南太湖精英计划"领军人才及项目服务管理暂行办法》,加强领军人才和创新团队建设;制定出台《湖州市引进和培养高素质人才实施办法》《湖州市海外高层次人才引进工作小组和成员单位工作职责》等文件,加强海外高层次人才引进,初步构建了湖州市人才工作政策新框架。

(二)"人才要素"深化统筹阶段(2010—2015 年)

世界多极化、经济全球化深入发展,科技进步日新月异,知识经济方兴未艾,加快人才发展是在激烈的国际竞争中赢得主动的重大战略选择,2010 年 6 月中共中央、国务院颁布《国家中长期人才发展规划纲要（2010—2020 年）》，以中长期的前瞻思维确定人才主要任务、重大政策、重大工程来统筹人才全要素建立和优化。同年，浙江和湖州市中长期人才发展规划纲要相继颁布，成为后续人才工作和人才队伍建设的重要指导性文件。

主要人才政策有：继纲要规划后，2012 年制定出台了专业人才队伍、高技能人才队伍、企业经营管理人才队伍、农村实用人才队伍和社会工作专业人才队伍建设五个"十二五"专项规划，打造人才工作目标体系；制定出台《进一步加强党管人才工作的若干意见》（湖委办〔2013〕40 号）、《关于在湖州经济技术开发区建设人才管理改革试验区的若干意见（2015—2017 年）》（湖委办〔2015〕35 号）健全人才工作领导机构和工作机构，加强人才工作队伍自身建设，完善人才工作体系，推进人才发展体制机制改革创新；制定出台《关于开展"湖州市海外高层次人才创业创新基地"创建工作的方案》《湖州市高层次人才"服务绿卡"制度暂行办法》《湖州市优化企业人才服务十条举措（2013—2017 年）》，建立了市、县区全覆盖的高层次人才"一站式"服务平台和高层次人才服务联盟，高层次人才尤其海外高层次人才的服务、保障工作得到充分重视。

（三）"人才生态"深化改革阶段（2016 年后）

随着经济进入新常态，人才作为新发展动力的作用日益显现，为"最大限度激发人才创新创造创业活力，把各方面优秀人才集聚到党和国家事业中来"。2016 年 3 月国家印发了《关于深化人才发展体制机制改革的意见》，同年浙江省发布了《关于深化人才发展体制机制改革　支持人才创业创新的意见》，2016 年 11 月湖州市出台《关于深化人才发展体制机制改革支持人才创业创新的实施意见》，提出了 5 个方面、24 条举措，着力打造人才生态最优市，努力把湖州建设成为人才集聚的高地、创业创新的福地、共谋发展的胜地,被称为湖州人才新政。

主要人才政策有:制定出台《关于高水平打造人才生态最优市的若干意见》和十二大重点产业人才发展规划,打造了湖州"南太湖精英计划"3.0版,构建了湖州人才新政的全链条政策体系;更为重要的是制定出台《关于实施新时代人才强市战略服务湖州高质量赶超发展的意见》,不仅建立了科学高效、规范运行的人才治理体系和治理能力,更是有针对性地破除了人才政策执行落地的问题,是对原有政策的全方位整合提升,是湖州人才政策系统的完善,被称为湖州"人才新政4.0版";制定出台"湖州市优化企业人才服务十条"、《关于进一步加强高层次高技能人才服务保障的若干建议》《湖州市高层次人才购房奖励暂行办法》等,着力改善人才获得感,搭建精细化保障体系;制定出台《关于推进乡村人才振兴的实施意见》,推动科技进乡村、资金进乡村、青年回农村、乡贤回农村;制定出台《关于进一步扶持大学生就业创业新十条政策》和9项配套细则、《湖州市引才工作站和引才大使管理办法》《湖州市"人才之家"认定管理办法》等,合力推进大学生就业创业工作,构建分类化引育体系。

第二节 湖州市人才政策演进内容与趋势

因为政策文献具有行政效力差异、词汇数量较少等特性[1],政

---

[1] 李江、刘源浩、黄萃等:《用文献计量研究重塑政策文本数据分析——政策文献计量的起源、迁移与方法创新》,《公共管理学报》,2015年第2期。

策文本分析可以揭示政策演进过程与规律,主要表现为不同阶段政策主题、政策客体和政策工具的演进。政策主题(目标)而言,任何政策都有特定主题目标。按照人才管理实践与管理流程环节,人才政策可以界定为人才引进、人才培养、人才使用、人才服务、人才激励、人才管理和人才工作体系和能力建设七个方面的主题,"人才服务"是指对人才的政务服务、创业服务和生活服务等内容,"人才激励"是指授予人才荣誉、奖励和补贴等方面内容,"人才管理"是指对人才资格、业绩进行评价和考核等方面内容。政策主题、政策客体和政策工具,通过对湖州人才政策关键词的提取,做类别分析和频次分析,基于政策语言的变化性、编码的不确定性,本文没有采取软件分析。同时,政策工具类别一般分为:强制性工具、指导性工具、激励性工具和服务性工具四种,本文没有对具体的政策工具进行上一级的归类,欲更聚焦于政策演变逻辑的主线。

湖州人才政策主题演进分析

阶段 主题政策数	人才战略 确立阶段	人才要素 统筹阶段	人才生态 改革阶段
引进	9(10%)	14(10%)	23(13%)
培育	17(19%)	19(14%)	14(9%)
使用	7(7%)	6(4%)	9(6%)
服务	4(4%)	18(13%)	32(21%)
激励	21(22%)	30(21%)	36(23%)
管理	13(13%)	25(18%)	28(18%)
体系和能力建设	37(38%)	28(20%)	16(10%)

说明:由于一些人才政策内含多个政策目标,因此政策目标总数与人才政策数并不等同,多于政策数。

上表清晰表明:在人才战略确立阶段非常明显的是人才治理

体系和能力建设为目标的文件显著高于其他目标的文件,这与人才强市战略刚刚确立,人才工作几乎一片空白、需多方面探索直接相关,包括了人才工作多元主体的机构和人员建设、地方政府角色、职能定位、工作流程、"党管人才"格局和机制创新等方面,而最少涉及的是有关服务人才方面的政策,这与当时对服务的认知及其手段方法有限相关,人才使用和人才引进为目标的政策文件也相对较少,人才使用基本全部聚焦在了大学生就业和鼓励、引导到村(社区)任职方面,这与当时中央和社会高度关注大学生村官的形势有关,而人才引进政策 08 年以前就只有一个,到 08"南太湖精英人才计划"实施,人才引进才进入政策视野,且逐渐密集起来。按照一般经验,人才管理目标应是这阶段政策的主要关切,但湖州人才激励方面政策相对较多,可能与地级市人才管理的权限受限相关,很多管理只要执行即可,没有必要或没有权限制定相关人才管理政策,而注重了人才激励方面政策的开发。

人才要素统筹阶段在主题方面相对上一个阶段相对平衡,各政策主题除人才使用主题外政策数差距不大,比较均衡,而且单项政策综合性有较大幅度增加。人才工作体系和能力建设政策数仍然居高,是政策重点关注的问题,但人才激励方面政策跃升到了第一位,如何激发人才专业能力发挥成为政策主要问题,而如何激励必然涉及人才评价、业绩考核方面的问题,因此人才管理方面的政策也有较大增长。同时,人才服务方面政策数也大为提高,如何服务人才问题进入政策议程且得到了较大关注,人才引进方面政策比例保持不变,但相对地位有所下降,人才培育方面政策数的比例有所下降,地位下降。人才使用配置问题的关注依然最少,但不全聚焦毕业大学生,名师名校长、人才工作服务人员、研究人员的配置得到了政策关注。

人才生态改革阶段，人才激励问题受到显著重视，人才投入显著增加，人才服务政策数跨越式增加，人才服务显著增加，人才管理也得到明显关注，政策数量相对增加，而且人才激励、人才服务和人才管理联动性增加，相关联政策数大幅增加；人才引进方面政策是此阶段一个鲜明特色，在政策数方面虽不如前三者，但其他方面的政策显著以各类人才引进为中心、为导向，与此阶段区域人才争夺空前强烈相关，人才培育方面关注下降，人才使用仍以市场配置为主，政策干预不多，人才工作体系和能力建设方面政策数下降，但人才治理能力明显增强，或许是人才工作进入相对成熟期，不需更多新政策来指导和推动工作。

湖州人才政策客体演进分析

人才战略确立阶段	人才要素统筹阶段	人才生态改革阶段
高素质人才、高层次人才、名医生名护士名医技、名教师、高技能人才、高级工技师、学科技术带头人、领军人才、产业英才人才、党员人才、专业技术人员、技能人才、紧缺急需人才、创新团队 农村劳动力、农村小学教师、农民专家 非师范毕业生、湖州籍大学生、高校毕业生、在农村、社区工作大学生 人才市场中介组织、明星企业	紧缺急需人才、专业技术人才、高技能人才、企业经营管理人才、新生代企业家、农村实用人才、社会工作专业人才、文化人才 高层次人才、领军人才、产业英才、医疗优才、名师名校长 特色产业创新团队、"产学研"科技创新团队 大学生"村官"	高层次人才、顶尖人才、创新领军人才、人文社科领域领军人才、青年拔尖人才、教育领军人才、高技能领军人才、传统工艺领军人才、乡村振兴领军人才、人力资源管理领军人才、自然科学和工程技术领域青年拔尖人才、海外领军人才、"万人计划"人才、国家"百千万"人才工程专家、海外工程师、特殊津贴专家、招商领军人才、高级人才 领军型创业团队、领军型创新团队、大学生、技能人才、社会事业人才、企业经营人才、名师名校长、优秀医疗卫生人才、社会工作者、乡村振兴首席专家、科技特派员

从上表可以看出人才政策客体演进内容和趋势：湖州人才政策客体不断丰富，从高素质、高层次企业人才优先发展、新农村建设特色实用人才到包括青年人才、社科人才、乡村人才、传统工艺人才在内的全方位人才转变；从专家、领军等显性人才到包括大学生、社会工作者在内的显性、潜在人才的全面关注；从社会紧缺急需人才、实用人才向注重顶尖、领军、拔尖等引领人才、技术人才、毕业大学生、科技特派员等创新人才、实干人才相互支持配合转变，真正体现了科学发展的"大人才观"。

湖州人才政策工具演进分析

人才战略确立阶段	人才要素统筹阶段	人才生态改革阶段
战略、规划、基地建设、资格证书、结业证书、考核、结算、待遇、奖励、个人所得税奖、购房补助、贷款优惠、破格、晋升、目标、任务、责任感、鼓励、严格执行准入制度、开放市场、审核、年检、考核、抽查、评选、许可证、标准、程序、门槛范围、撤销追究、任务、权责、职责、保障、领导联系、氛围、预测、北洋 人才示范点、企业联络员、人才工作领导小组、工作要点、服务、特色通道、绿色通道	表彰、资金扶持、住房扶持、信贷扶持、专项资金、担保扶持、风险补偿、贴息扶持、创业辅导、优先权、表彰、荣誉、物质奖励 条件、程序、资格认定、项目审核、评审答辩、签订合同、考核管理 宏观指导、培养培训、宣传推介、中介合作、以才引才、实践锻炼、在职培训、挂职、学术交流、帮带 专业知识产权质押、继续教育基地、企业人才优先开发 领导体制机制、党管人才、责任分解、社会化职业技能鉴定、工作站（项目）绩效考	启动资金资助、绩效补助、研发投入补助、晋级奖励、租房补贴、购房补贴、安家补贴、见习补贴、就业补贴、实训补贴、应聘补贴、招聘补贴、企业奖励、创业补贴、创业租金补贴、培训补贴、基地建设支持、赛会平台资助、中介引才奖励、引才费用补贴、工作站资助、业务收入奖励、风险奖励、上市政策奖励、投资机构奖励 申报程序、权限下放、补贴、担保贷款、企业、中介协同、校地战略合作联盟、人才工作站、合作协议、服务综合平台、"代跑人""一站式"服务、大学生聚引活动、考核、监督检查、力度、走出去、政策宣讲、请进来、人才交流、项目洽谈、风投、猎头、海外留学人员协会、海外引才大使、实

人才战略确立阶段	人才要素统筹阶段	人才生态改革阶段
	核、工作要点、人才发展专项资金（专账管理）、人才改革试验区、创新券、人才券、人才工作室、创业创新基地、院士专家工作站、创业种子基金、企业人才资格评价	施菜单式引才院士专家工作站、人才举荐、人才直接认定、人才积分、"一事一议"实施细则、服务综合体、孵化器、集聚区、示范基地、创业园、产业园、院士之家、众创空间、服务综合体、人才券、配偶安置、疗休养

从上表可以看出人才政策工具演进内容和趋势：第一，湖州人才工作投入不断加大，人才资金使用越来越规范、透明，人才补贴、人才奖励、人才支持不断细化、深化和拓展，环节和视角不断创新；第二，人才管理手段不断多元，从检查执行、准入门槛、条件标准、评价考核到第三方评估、社会评估、参与化检查、职业化、标准化软硬结合。第三，人才服务产业化、体系化和市场化导向明确，人才管理、人才激励和人才服务相互协同性突出，政策效果较好。

总体而言，在收集到的 325 份湖州人才政策中，人才战略确立阶段十年共有 91 份，人才要素统筹阶段六年共有 76 份，人才生态改革阶段五年共有 158 份，人才政策数量增长，人才工作得到了越来越大的重视，取得了省人才工作考核连续七年优秀，人才治理能力、人才集聚力、人才吸引力、人才承载力和人才发展潜力获得卓越的提升，由浙江省人才后进地区发展成了人才高地。

第三节　湖州市人才政策演进规律探寻

湖州人才政策三阶段的演进分析表现人才政策演进是区域经济社会发展需要、平台载体等人才链深度打造和人才治理能力强力提高共同作用的结果。

（一）湖州经济社会发展所需是湖州人才政策演变的根本因素

人才集聚有一定的规律性，人才政策变迁也就有了规律。当国民经济以第二产业为主导，第三产业比重达到 35％左右，且有一批知识技术密集的高新产业出现时，对人才需求将呈大幅度增长，人才需求和人才供给间的矛盾推动了人才政策的变迁，"人才战略"确立阶段无论是围绕增强产业核心竞争力、企业核心竞争力而推出的高素质人才、高层次人才政策，还是为湖州新农村建设而推出的农村人才合作培养、实用人才队伍建设等政策，才有了今日湖州农村的先发优势，成了中国美丽乡村建设的发源地；"人才要素"深化统筹阶段紧缺急需人才、产业英才、创新团队等重要政策与湖州以产业现代化为核心的生态型滨湖大城市建设紧密相关，"人才生态"深化改革阶段打造系统均衡、最全面生态化的人才政策体系与"绿水青山就是金山银山"生态型城市品牌打造、品牌运行协同互构。

（二）湖州平台载体等人才链深度打造是湖州人才政策演变的关键因素

产业发展强、工作前景好、社会友爱互助、生态环境美、公共服务完善都是人才集聚的基础,因此,湖州三阶段人才政策中都把人才激励放在举足轻重的位置,通过服务型保障型人才政策推动平台载体等人才链深度打造。20多年来,产业培育与人才政策相互促进,共同发展。以战略性产业培育来推动人才向湖州集聚,通过培育产业链助推人才链,人才政策对产业发展、产业培育精准出击,以人才支撑促进产业发展;平台载体打造与人才政策相互促进,共同发展。构建产业园、创业园、众创空间、孵化器、加速器、产业基地、人才飞地等的人才平台,通过高能级平台的打造推动人才链的完善,而人才政策聚焦平台载体建设,大力支持平台载体建设;人才服务品牌建设与人才政策相互促进,共同发展。根据人才需求,优化政务服务、创业服务、生活服务,提供多样化、个性化、精准化的贴心服务,通过人才服务品牌建设再造人才流程推动人才链的完善,而人才流程再造、最全人才政策的供给,为实现服务品牌的打响提供重要保障。

(三) 湖州人才治理创新能力是湖州人才政策演变的直接原因

经济社会发展所需、平台与人才政策互构都离不开人才工作的创意,离不开人才治理能力发展壮大,湖州人才政策的演变从一开始就极其重视人才治理能力建设,是第一阶段人才政策首位关注对象,第二第三阶段也始终持之以恒地重视人才工作队伍自身建设、人才工作体制机制的改革,完善人才发展治理体系,第三阶段相关人才政策较少正是人才治理能力成熟适应的表现,在现实中也表现出了卓越的绩效,创意地发展了科学合理的政策体系,人才聚集、人才效益显著提升。通过人才体制机制改革来发展人才治理能力,通过战略谋划、"跳出人才抓人才,跳出湖州抓人才"整体推进、整体布局的"大人才观"来发展人才治理能力,通过组织部门牵头抓总,有关部门分工负责、协作配合,社会市场广泛参与的"党管人才"工作新格局来发展人才治理能力,而人才治理能力的提升也助推人才政策创新发展。

透过对湖州人才政策演进阶段、演进内容和规律的探索,根据相关经验,展望湖州未来的人才政策。

(四) 探索双循环、共同富裕背景下人才政策导向和动力

随国际国内形势的变化,需要在双循环、共同富裕背景下关注创新人才培养模式,如随着经济发展,如何解决"好多事没人干,好多人没事干"的现象,改变落后的就业观念,建立共享经济下相互服务理念。关注人才导向和人才动力激发问题,如进入新时代,如何激发青年人才的使命担当,如何激发高素质人才潜心基础研究,发挥潜能推动重大科技创新。湖州还需推动创新策源地建设,需要前瞻性地思考持续性的资金供给如何来,多样化的人才如何聚集,多领域的一流科研平台能否集群,企业、专业机构投资意愿如何。

(五) 创新人才生态与人才治理力打造的优良传统

人才生态系统不能依靠单一要素驱动,需政府、市场、社会等多主体分工协作,政府有为、有力、有效,市场(企业和中介组织)有活力、有动力、有创意,社会有参与、有担当、有奉献,激发体制、战略、政策、平台、服务的创新合力,构建更具"韧性"的人才治理能力,构建合作型组织形态,推动营商环境、政策环境、监管环境的融合,打造更优生态,与时俱进定位人才生态各主体的角色与功能、各子系统的集成要素、目标体系和运行管理。

（六）推动人才工作智慧化水平

在前期人才工作数字化基础上，全新打造基于云计算、区块链技术的人才工作全新格局，推动建设人才政务平台，政策、服务、平台等各种资讯集成一体，快速便捷的云平台，导入申报审核、融资贷款、服务保障、法律咨询等各种功能，定制相关人才码，方便人才出行休闲、事务办理；推出"云管家"可以通过线上申请人才公寓，方便人才安居，开发基于互联网新技术的人才"引用育留"新模式，如"云路演""云评审""云招聘"等，而这些新模式、新办法、新平台需要相应的实施办法和管理规定规避不确定，指导人才管理，发挥新模式的优势。

第十五章

湖州市人才培育与开发的政府治理维度

　　国以才立、政以才治、业以才兴,人才资源是未来三十年中国政治、经济和社会发展的第一资源,第一推动力,以《国家中长期人才规划纲要》编制为标志,宏观人才资源治理研究成为了国家和社会的迫切需要,但由于种种原因,目前国内人力资源治理研究基本上以政府、企事业等部门或单位微观人力资源管理研究为主,以追求整个社会合理人才秩序的宏观人力资源治理研究基本处于空白状态,在人才流动配置、人才市场及政府的人才战略规划等方面有一些零星研究,研究不系统、不全面,没有达到宏观人才治理、人才秩序的高度,更没有涉及人才秩序构造、演绎的深层次问题。故此,本文欲抛砖引玉,愿宏观人才资源治理研究走向深入。

　　文章首先简要地提出了宏观人才资源治理结构的三个基本观点,然后通过湖州实证对此进行验证,最后得出理论研究和实际工作的努力方向,不胜浅薄还望方家赐教。

第一节　宏观人才资源治理结构的三个基本观点

宏观人才资源治理结构是人才良善治理的关键环节,是整个社会人才秩序的前提和保证,宏观人才资源治理结构完整体系的具体内容笔者将另专文阐述,这里简要介绍其三个基本判断:

(一) 多中心治理是宏观人力资源治理结构的理论基础

在诸多社会秩序理论中,从亚当·斯密的市场理念秩序到霍布斯的主权国家秩序,再到哈耶克的自发秩序观,文森特·奥斯特罗姆的多中心秩序由于其严谨的理论关怀和实践关怀精神向世人展示了其独特魅力,成为关注焦点。多中心秩序在市场秩序与国家主权秩序之外发现了社会运转的多中心秩序,即在社会公共事务的管理过程中,并非只有政府一个主体,而是存在着包括中央政府单位、各种地方政府单位、各种非政府组织、各种私人机构及公民个人在内的许多决策中心。它们在一定的规则约束下,以多种形式共同行使主体性权力。[①]“多中心”并不意味着中心之间相互对立,多中心政治体制的绩效只有借助于可能存在于各种各样单位之间协作、竞争和冲突的模式才能得到理解和评估。在宏观人才资源治理结构中,政府宏观管理、市场有效配置、单位自主用人、人才自主择业都是多中心治理不可或缺的要

---

① 埃莉诺·奥斯特罗姆、帕克斯、惠特克:《公共服务的制度建构》,上海三联书店,2000,第12—13页。

素,任一要素不能缺位、越位,其中自主治理和社会资本点滴积累是基础,良好的沟通平台,低成本的协调监督机制是关键。

(二) 自主治理的三个层次是宏观人力资源治理结构的必要规则

"相互依赖的委托人如何才能把自己组织起来,进行自主治理,从而能够在所有人都面对搭便车、规避责任或其他机会主义行为诱惑的情况下,取得持久的共同收益"是自主治理理论研究的中心内容。自主治理理论一般从操作规则、集体选择规则和宪法选择规则三个层次对影响行为和结果的规则进行分析。占用、提供、监督和强制实施的过程发生在操作层次。政策决策的制定、管理和评判的过程发生在集体选择层次。宪法决策的规划设计、治理、评判和修改发生在宪法层次。对这三个层次的行动规则来说,"一个层次的行动规则的变更,是在较之更高层次上的一套固定'规则'中发生的。更高层次上的规则的变更通常更难以完成,成本也更高,因此提高了根据规则行事的个人之间相互预期的稳定性。"[1]宏观人力资源治理结构中政府、市场、用人主体、人才和社会的互动规律或习惯是宪法选择规则;具体的人才机制、人才政策则是集体选择规则;政府的内部管理制度、人才成长和流动规律或习惯等则是操作规则。

(三) 构建人才秩序,提升人才效益,服务经济社会发展是宏观人才资源治理的功能目标。

通过改革和完善人事制度、科技教育制度、劳动用工制度及产

---

[1] 埃莉诺·奥斯特罗姆:《公共事物的治理之道》,上海三联书店,2000,第51页。

权制度,开展再就业工程、支持社会培训、企业在职培训和继续教育项目,以及投资公共工程、调整产业产品结构,贯彻引导企业投资和教育科研发展方向等政策和措施,以提高就业率,充分开发和利用人力资源潜力,促进人力资源合理流动,不断提高人力资源的素质和人力资源的开发效益,是宏观人力资源治理的主要任务,而服务社会发展是宏观人力资源治理的根本出发点和落脚点。作为宏观人力资源治理输出的结果,不论是人才队伍建设的任务、人才政策和措施,还是人才工作成效都必须用社会整体发展的成果来检验。

第二节　湖州市宏观人才资源治理三个层次规则的现状分析

宏观人力资源治理结构可以从实践和过程规则两个角度分别加以考察,由于篇幅的原因,我们选择从规则的角度加以考察。

(一) 从宪法选择规则视角分析

近几年,湖州在人才强市战略的指引下,按照省委、省政府的统一部署,成立了以市委主要领导为组长的人才工作领导小组,建立了统分结合的工作机制,初步形成了党委统一领导,组织部门牵头抓总,有关部门各司其职,全社会广泛参与的人才工作格局,市委、市政府将人才工作纳入全市工作大局统筹考虑,人才工作从无形变为有形,从分散到统一,取得了很大进步。但是对照宪法选择规则的要求,不足之处有:

第一,市场主导机制不够健全。目前,湖州市的人才服务机构主要还是"官办"人才市场在发挥,缺乏民营中介机构的有效竞争,也没有相关的行业协会和服务标准、评价指标,市场机制在人才资源配置中的基础地位还不明显。第二,用人单位主体作用发挥不够。现在湖州市的企业绝大部分是民营企业,人才开发"转型"特征明显,但是"行政化与市场化"体制并存,尚未建立真正与社会主义市场经济体制相适应的企业人才开发管理制度体系,妨碍人才能力的有效发挥。最后,最重要的是社会认同机制有待改进。人才工作与经济社会还有一定程度上的脱节,做人才工作往往局限于人才本身,忽视人才与社会的关系,人才、社会、市场、用人单位和政府的互动平台、沟通渠道、相互制约机制缺失。

(二) 从集体选择规则视角分析

湖州在人才的选、用、育、留各个环节都建立了相应的人才运行机制,在政策方面制定出台了《中共湖州市委湖州市人民政府关于实施新世纪人才战略加快构筑湖州高素质人才优势的意见》,编制了《湖州市"十一五"人才规划》,将人才工作纳入全市经济社会发展整体规划之中。围绕湖州市"十一五"规划目标,市委先后制定出台了《湖州市"南太湖精英计划"实施意见》《湖州市引进和培养高素质人才实施办法》《湖州市人才柔性流动管理暂行办法》《关于推进创新团队和领军人才队伍建设的若干意见》等人才工作配套政策。

仔细分析上述政府在机制建立和政策供给方面的努力,不难发现单中心治理模式弊端明显,政策文件系统性不强。还是习惯于用行政命令和政策文件代替具体工作,传统的计划观念影响根深蒂固。碰到人才问题还是习惯于"头痛医头，脚痛医脚"，还没真正认识到人才工作对经济社会的引领作用。湖州市人才"十一五"规划出台以后，相关的配套意见制定不及时。

（三）从操作规则视角分析

1. 执行责任制度不尽完善，制约着执行责任体系的有效运转。一是人才工作核心责任主体分散，一定程度上还存在集体负责、实际上都不负责，人人都管、实际上人人都不管的现象；二是责任主体责权不对称，出现权力小，无力抓，抓不起的局面；三是虽然把人才工作纳入到领导班子及领导个人的目标责任制中，但是还没有纳入到政绩考核与选拔任用的标准中去。

2. 考核监督机制不健全。一是考核监督主体虽然明确，但力量不足。人才工作领导小组是考核监督的主体，但由于小组成员都在本单位担任领导职务，事务性工作较多，从而影响了监督考核的效能。二是由于责任部门在经济社会发展中所发挥的职能不同，以及在人才工作中主要在于营造环境、提供服务，客观上造成了人才工作考核指标体系难以细化、量化，可操作性较差；三是考核监督方式单一，社会力量参与程度不够深。四是考核与激励结合不够紧密。一方面，重奖弱罚，由于碍于情面，在考核过程中多强调正激励而忽略负激励，在一定程度上也影响了对先进激励的水平。另一方面，考用脱节，由于受干部选拔任用体制的影响，还不能把考核结果和领导干部的选拔使用充分地结合起来，往往导致人才工作的考核简单化、程式化。

第三节 湖州市人才资源与经济发展的相关性分析

2006—2008 年湖州市人才指标和经济增长指标比较

年度	城镇单位从业人员（万人）	人才总数（万人）	人才密度（人/万人）	大专以上学历人才数（万人）	中级以上职称人才数（万人）	国民生产总值（万元）	人均GDP（元/人）
2006	26.76	27.57	1 069	11.10	4.18	761.02	29 527
2007	26.75	30.72	1 192	12.18	5.39	892.02	34 596
2008	27.73	32.84	1 270	14.07	5.96	1 034.89	40 089

通过对湖州经济发展与人才资源的数量和密度关系的相关性分析，可以得出：一是从业人员已经不是促进湖州市经济快速增长的主要因素，相反，一些低素质的人力资源可能成为经济发展的负担。二是人才资源与经济发展正相关，人才资源是保证湖州市经济持续、快速增长的主导因素。三是专业技术职务层次与经济的发展相关性非常高，学历层次的提高是专业技术职务层次提高的基础。

同时，湖州市人才资源与经济社会发展还不相匹配，主要表现在四个方面：一是人才资源数量和质量不足，难以满足经济社会发展需要。湖州市人才队伍素质整体偏低，特别是高层次人才严重不足，难以满足经济社会发展需求。高层次、战略型人才仍然十分短缺，已成为制约湖州市经济和社会发展的智力瓶颈。二是人才结构与产业、区域经济结构匹配度不高，与经济社会发展脱节。产业结构演进过程中存在的一、二、三次产业不能有机转换、协调发展的态势,与人才资源在产业间分布的不均衡性有着内在的关联。三是人才资源开发投入与经济增长关联度不高,人才资源对经济社会发展支撑引领作用不够。从湖州市 2000—2008 年情况来看,湖州市 GDP 从 2000 年的 325.23 亿元上升到 2008 年的 984.67 亿元,按 2000 年可比价计算的年均增长率为 13.4%,人才资源数量从 8.8 万人到 22.7 万人,年均增长率为 8.55%。四是人才资源存量开发不足,利用效率低下,难以有效转化为人才资本。调查显示,只有 30.4%的企业拥有产品发明专利,民营企业人才资源并没有转化为至少没有充分转化为人才资本;教育普及不足,湖州市人均受教育年限为 7.05 年,在长三角十六城市中仅居中等水平,低于全国平均水平(7.60 年)。

湖州可以从发展自主治理能力和培育社会资本的角度构建多中心治理模式作为宏观人力资源治理的战略,这是湖州目前最为关键和重要的任务。通过宪法选择规则的构建,来彻底扭转各结构要素主体性发挥严重不足的状况,宏观治理结构的缺失,造成相互支持和监督的互动平台、机制缺失,社会资本无以积累是主因。否则社会无组织化或弱组织化能力最终会严重制约政府组织化能力,政府会永远很忙、很被动,也会很不理解各种下属组织和社会组织的思维和行动逻辑。另一方面,通过完善政府政策机制供给、健全内部运行管理机制等来提升政府监管和治理能力,内部执行力是治理结构的基础条件。

在理论层面来说,宏观人力资源治理结构与治理效果关系的证明还有赖于更多宏观人才资源治理案例的详细考察,犹如文森特·奥斯特罗姆夫妇所做的,尤其是在中国语境下的案例。湖州宏观人才资源治理结构的实证考察就是为了增加个案经验,希望笔者的观察对深化宏观人才资源治理结构认识有所裨益。

第十六章

湖州市旅游人才培育与开发研究

在社会经济的快速发展背景下,我市旅游业得到长足进步,在国民经济中的地位也不断提高,经过近 20 年的发展,旅游业已成为湖州市新的经济增长点和国民经济重要的产业之一。从 2004 年至 2008 年,湖州市旅游总收入逐年增长,五年间共增加了 80.62 亿元,增长 157.8%,年均增长率达到 20.8%。2008 年,湖州市旅游总收入达到 131.72 亿元,同比增长 29.1%,比浙江省平均增长幅度(11.1%)高 18 个百分点,相当于湖州市生产总值(1 034.89 亿元)的 12.7%,相当于本市服务业增加值(358.7 亿元)的 36.7%。可以看出,近些年湖州市旅游业已取得了长足进步,且随着旅游经济的进一步发展,它在区域发展中的作用将更加突出。与此同时,也会将发展中存在的痼疾,诸如管理体制机制的不合理、特色旅游产品的构建、人才的短缺等问题暴露出来。

如何在低碳经济背景下,紧扣旅游产业的国际化、集群化等趋势,积极谋求湖州市旅游业的高速发展,既为湖州未来旅游发展提出严峻挑战,同时也为湖州市旅游业向更高平台迈进提供了历史机遇。要抓住这一重大历史机遇,科技与人才的投入将是其中的关键因素,尤其是旅游人才的培养、引进。要实施"旅游兴市"之战略,唯有"人才兴旅"之通途。必须根据这一重大战略决策,全面掌握湖州市旅游人才的基本情况,并根据现在情况分析其中存在的问题,找到合乎湖州旅游业快速发展的人才措施,以推进湖州市旅游业的协调健康发展。

第一节　湖州市旅游人才的基本概况

近10年来,湖州市旅游业人力资源开发工作已取得一定成效,初步建立起一支与旅游业发展相适应的、结构较为合理的人力资源队伍,为旅游业发展提供了有力的智力支持和人才保障。根据调查显示,截至到2008年12月,湖州市各级旅游从业单位共有12 036名从业人员。在旅游行政以及直属单位中有126名从业人员,旅游企业及农家乐中共有11 910名从业人员,旅游教育机构中共有1 200名从业人员,如下表16-1、16-2所示:

旅游从业人员的自身素质是旅游人力资源的核心,而素质与其所受教育程度息息相关。分析旅游的人力资源的学历状况,可以大致了解从业人员的素质。湖州旅游行业从业人员整体学历结构偏低,具有本科以上学历的人员约占总从业人数的7.7%左右;具有大专学历的人员约占总从业人数的14.5%左右;具有中专学历含技校、职高、职专)的人员约占总从业人数的37.1左右;初中以下学历的人员约占总从业人数的40.8%左右。其中旅游局系统的旅游从业人员学历最高,酒店系统最低,大专以上学历的只有15.9。就整体来讲,旅游企业对高层管理人才的需求缺口仍然较大。旅游企业不仅需要操作型的服务人员,也需要大量决策型的

表 16－1　湖州市旅游人力资源业内分布

项目	类别	编号	湖州市 单位个数	湖州市 年末人数	吴兴区 单位个数	吴兴区 年末人数	南浔区 单位个数	南浔区 年末人数	安吉县 单位个数	安吉县 年末人数	长兴县 单位个数	长兴县 年末人数	德清县 单位个数	德清县 年末人数
总计		1	313	12 036	46	3 692	17	980	148	3 102	57	1 693	45	2 569
	01 旅游行政机关及其直属单位	2	15	126	7	55	3	14	2	24	2	20	1	13
旅游企业	小计	3	298	11 910	39	3 637	14	866	146	3 078	55	1 673	44	2 556
	02 旅行社	4	60	631	16	204	3	36	18	125	11	128	12	138
	03 住宿单位	5	56	7 384	13	2 079	6	476	14	2 061	7	1 111	16	1 657
	04 餐饮单位	6	40	650	2	330	0	0	0	0	30	210	8	110
	05 车船单位	7	1	61	1	61	0	0	0	0	0	0	0	0
	06 旅游景点	8	25	1 399	0	0	3	243	10	519	6	213	6	424
	10 文化娱乐单位	12	1	4	1	4	0	0	0	0	0	0	0	0
	11 旅游工艺品商场	13	2	96	1	36	0	0	1	60	0	0	0	0
	18 其他旅游企业	17	104	485	0	0	2	211	102	274	0	0	0	0
旅游教育及科研机构	小计	18	9	1 200	5	923	0	0	1	39	1	11	2	227
	15 旅游教育机构	19	9	1 200	5	923	0	0	1	39	1	11	2	227
	16 旅游科研机构	20	0	0	0	0	0	0	0	0	0	0	0	0
	17 旅游管理咨询企业	21	0	0	0	0	0	0	0	0	0	0	0	0

表 16-2 湖州市旅游人力资源业内分布比重

单位	人数(人)	比重(%)
餐饮单位	650	5.4
住宿单位	7 384	61.34
旅行社	631	5.24
旅游景区	1 399	11.62
旅游行政机关及其直属单位	126	1.04
车船单位	61	0.51
文化娱乐单位	4	0.03
旅游教育机构	1 200	10
旅游工艺品商场	96	0.8
其他	485	4.02
合计	12 036	100

管理人才和专业型的技术人才。而目前中专、职校生与本专科以及更高学历的硕士、博士生等旅游高级人才比例失调仍然严重。旅游企业的整体文化素质水平还很低。

表 16-3 湖州市旅游人力资源学历结构表

单位	大学及以上(%)	专科(%)	高中及职业学校毕业占(%)	其他(%)
酒店	4.3	11.6	40.9	43.2
旅行社	21	38.7	33	7.4
旅游景区	8	13.9	28.5	49.6
旅游教育机构	79.3	7.3	6.8	6.6
其他	11.5	13	28.9	46.5
合计	7.7	14.5	37.1	40.8

从年龄结构来看,旅游从业人员总体来说,年龄分布仍然趋于年轻化(见表16-4),35 岁以下的旅游从业者占到总体从业者人数的 65.6％。这说明旅游企业从业人员队伍是一支年轻化的团队,年龄结构具有活力和竞争优势,另一方面也说明经验可能稍为不足。此状况的形成,一是因为现阶段湖州市旅游产业仍是劳动密集型产业,需要大量精力相对旺盛的青壮年劳动力;二是与当前旅游业"吃青春饭""社会地位低下"等社会观念影响有关。

表 16-4　湖州市旅游人力资源年龄结构表

单位	55 岁及以上(％)	45—54 岁(％)	35—44 岁(％)	25—34 岁(％)	24 岁以下(％)
酒店	2.8	9.4	19.8	33.6	34.4
旅行社	2.2	7.9	18.4	41.9	29.6
旅游景区	7.6	14.9	21	30.2	26.3
旅游教育机构	6.8	16.9	31.3	37.2	7.9
其他	3.7	14.2	24.8	32.7	24.6
合计	3.5	10.5	20.4	33.9	31.7

从旅游行业的基层员工的来源看,基层人员主要来自农村劳动力的转移和院校培养,达到从业人员的 60.1％。

表 16-5　湖州市旅游人力资源基层员工来源表

单位	农村劳动力的转移(％)	城镇待业青年(％)	下岗再就业人员(％)	其他行业转移(％)	院校培养(％)	同行业转移(％)
酒店	56.8	13	5.7	5.1	5.2	14.3
旅行社	5.5	12.3	6.2	6.5	47.2	22.3
旅游景区	44.7	14.1	6.8	12.5	13.2	8.7

单位	农村劳动力的转移(%)	城镇待业青年(%)	下岗再就业人员(%)	其他行业转移(%)	院校培养(%)	同行业转移(%)
旅游教育机构	6.7	6.7	6.7	3.3	73.3	3.3
其他	65.4	4	4.4	7.8	10	8.4
合计	36.2	11.5	5.9	6.8	23.9	15.9

从职称结构来看,旅游企业从业人员队伍以一般员工占多数,人数比例达到78.4%,而具有职称的人员总数只占21.6%。其中初级管理人员占11.2%,高级职称仅占3.4%,能级结构呈现"金字塔"形状,结构不合理(表16-6)。此状况原因有二:一是旅游业就业门槛较低,从业服务技能易于学习掌握;二是受历史原因与社会观念影响,导致旅游行业人员学历整体偏低。这种状况与湖州旅游大产业、大发展的宏观局势相悖,成为制约旅游业快速健康发展的重要因素之一。

表16-6　湖州市旅游业从业人员职称情况表

单位	高级管理人员(%)	中级管理人员(%)	初级管理人员(%)	一般员工(%)
酒店	2.4	5.7	10.9	80.9
旅行社	8.5	13	11.5	67
旅游景区	4.4	8	12	75.5
旅游教育机构	8.5	14.4	18.4	58.7
其他	3.2	6.1	10.8	79.9
合计	3.4	6.9	11.2	78.4

湖州旅游业在长三角地区崛起,实现《湖州市旅游发展总体规

划》(2006—2020 年)中提出的"到 2020 年实现旅游收入 410 亿元,占 GDP 的 16%,成为湖州的支柱产业之一"的奋斗目标过程,也必然是对湖州旅游人力资源强化和开发的过程,其中有效的旅游人才需求分析是关键。

本预测的基础由三部分构成:一是《湖州市旅游发展总体规划》(2006)中制定的旅游总收入目标:2015 年,湖州市旅游总收入 240 亿元,到 2020 年,湖州市旅游总收入达 410 亿元;二是目前湖州市旅游人力资源总量(12 036 人);三是 2008 年旅游总收入 131.72 亿元。根据比例法监测,将 2008 年湖州旅游人力资源总量和 2008 年旅游总收入相除,乘以各目标年的旅游总收入(各目标年人力资源总量=(2008 年旅游人力资源总量/2008 年旅游总收入)*各目标年的旅游总收入),即可得出湖州 2015、2020 年旅游人力资源总量分别达到 21 930 人和 37 464 人。

以 2008 年有关统计为基础,依据目标年旅游人力资源需求总量、2008 年有关统计比例,可预测湖州旅游业内分布和学历分布情况,如下表:

表 16-7　目标年湖州旅游人力资源业内分布预测

分类		2015 年（人）	2020 年（人）	人才结构平均比例（%）
人才总量		21 930	37 464	100
业内分布	餐饮单位	1 184	2 023	5.4
	住宿单位	13 452	22 980	61.34
	旅行社	1 149	1 963	5.24
	旅游景区	2 548	4 353	11.62
	旅游行政机关及其直属单位	228	390	1.04

分类		2015年（人）	2020年（人）	人才结构平均比例（％）
	车船单位	112	191	0.51
	文化娱乐单位	7	11	0.03
	旅游教育机构	2 193	3 746	10
	旅游工艺品商场	175	300	0.80
	其他	882	1 506	4.02
学历	大学及以上	1 689	2 885	7.7
	专科	3 180	5 432	14.5
	高中及职业学校	8 136	13 899	37.1

纵观湖州市旅游经济的发展,根据《湖州市旅游发展总体规划》(2006),分析湖州市旅游人力资源调查所得的数据,可以推断,在今后的发展过程中,湖州市旅游人力资源的主要需求方向大致如下:

第一,高层次旅游管理人才

主要包括:旅游战略管理人才、旅游规划人才、创意人才、高星级酒店管理、会展组织管理、旅行社高级管理、旅行社计划调度、节庆管理。

第二,导游人才

湖州市旅游行业急需的导游人才主要有:高级导游员、小语种导游员、出国领队、中级导游人员、导游接待部经理等。

第三,高素质的一线旅游服务人才

今后相当长时期内,湖州将形成"太湖、名山、古镇、竹乡、湿地、古生态"六大品牌系列,而从事竹乡、生态、商贸、湿地等特色旅游的一线高素质服务人才十分匮乏。

第二节　湖州市旅游人才的潜在需求分析

　　湖州市旅游业是一个后进发展的产业,近几年,政府及主管部门在旅游人力资源的开发方面做了大量的工作,形成了一支基本适应旅游业发展需求的旅游队伍,但是,在人力资源开发中还存在着不少问题。主要表现在:

　　旅游人力资源开发缺乏整体规划,人力资源分布不平衡。

　　人才是旅游业发展的核心。人力资源的开发是关系整个旅游业发展的关键因素,它涉及旅游行业的各个部门、行业协会、旅游院校和培训机构,旅游企事业单位的共同努力和密切合作。但现在的状况是各自为缺乏一个统一的强有力的组织协调机制,还没有引起各级领导和企业家的足够重视,湖州旅游人力资源开发的速度还比较缓慢。同时,人力资源分布也不平衡,这表现在一是旅游景区景点人才资源稀少,高层次经营管理人才和旅游产品策划、营销、推介人才更为缺乏,影响了我市旅游景区景点上品位、上档次。二是旅游饭店业虽然从业人员总数所占比例较大,但高级管理人员、专业技术人员仍十分欠缺,甚至连经过专业培训的合格的一线服务人员都十分缺乏。

　　旅游院校人才培养缺少创新性和应用性

　　旅游高等院校是培养旅游人才的摇篮。我市目前开办旅游专业的院校 9 个,旅游人才培养模式比较传统、陈旧,缺少必要的创新性和时代性,培养人才缺少创新和实际应用能力,不能满足社会所需。同时,大部分旅游专业师资缺少旅游管理的实际经验,存在专业师资不足的问题,造成旅游专业人才培养存在一定局限,无法真正进行旅游人才培养模式的改革。

旅游人才培养不重视,人才培养投入偏低

在旅游业发展过程中,大量的资金用于基础设施的建设,对旅游人才开发培养、利用方面的投入没有引起足够重视,置于被动从属地位;在人才开发过程中,往往只重视教育方面的投入,而不注重人才队伍建设方面的投入;在人才培养方面,既缺乏对高级人才的培养,又不太注重适用人才的培养。有的从业人员从未经过正规培训便上岗,有的虽然参与了一些培训,但缺乏有计划系统的、全面的培训,不能适应以服务为主的旅游业从业需求。

旅游教育培训工作滞后,人才利用率偏低

旅游教育培训工作落后于旅游业发展需求,使各类人才学习深造的机会不多,知识、信息得不到及时补充,导致我市旅游人才队伍的整体能力有些弱化。突出表现在五个方面:一是培训所涉及的面和层次不平衡;二是培训的专业化程度不高;三是旅游教育结构水平较低,特色不明显;四是培训的市场机制仍有待形成;五是大旅游教育培训的格局还未形成。旅游高校与旅游企业、科研机构、旅游培训机构、政府职能部门相结合的旅游教育网络体系尚未普遍形成,直接影响了旅游人才的培养效果。市场配置人才资源的基础性作用发挥不够,人才利用率不高。

第三节　湖州市旅游人才开发政策分析

以高层次和急需人才培养为重点,全面推进旅游院校的素质教育,建立健全一套既与国际接轨又适合湖州实际的人力资源开发机制,使旅游人力资源供给在数量、质量、结构和布局上满足湖州市旅游业快速发展的需要,为湖州旅游强市提供坚实的人力支撑和智力保障。

以培养高层次人才、急需紧缺人才为重点,注重四种人才的培养和建设:一是旅游业行政领导人才。分层次、有计划地对各级旅游领导干部进行培训,提高其依法行政、有效管理的专业能力;二是职业经理人,培养一支熟悉国际经营规则、外语能力强的具有国际视野的高素质职业经理人的队伍。三是创新型、复合型、协调型的人才,重点培育一批具有新颖的管理营销思路、灵活应变的组团带团能力,或能"一人分饰多种角色"的人才,如从接待到导游、从策划线路到市场调研都很熟悉,或能很好地处理协调游客、团队、领导等相互之间的关系。主要是需求分析中提到的各种人才;四是教育培训师资人才。建立师资培训基地,培养旅游骨干课程和紧缺专业的师资力量,加强具有产学研一体化能力师资的培育。

构建湖州旅游人才教育培训体制。充分调动旅游行政部门、培训中心、旅游学校、旅游行业协会和旅游企业等多方面参与人才培养与开发的积极性、主动性、创造性,建立各方参与、各司其职、齐抓共管的人才培训机制,拓展旅游人才开发合作渠道,积极开展境外培训,整合资源,形成湖州旅游人力资源大开发新格局。

建立与行业管理相结合的旅游人才开发机制。进一步完善旅游人才培训与行业管理相结合的有关政策,把旅游培训与饭店评星、旅行社管理、导游员管理、创建优秀旅游城市、评定旅游景区(点)等级等紧密结合,实施培训达标制度。完善旅游企业从业人员持证上岗和岗位培训制度,坚持先培训、后上岗。

培育发展旅游人才市场机制。制定相关政策,积极推进旅游人才市场建设,发挥市场在旅游人才配置中的基础性作用。建立旅游人才交流中心、导游服务中心,培育专门的旅游企业职业经理人才市场、导游人才市场和培训师资市场,促进旅游人才的合理流动,在合理使用中培养人才。

优化旅游人才培养管理机制。建立、健全旅游人才信息发布制度,定时发布旅游紧缺人才目录、培训项目等信息。旅游行政管理部门要根据旅游业发展和人才市场的需求来指导和调整各种人才培养计划,尽可能做到"以需定产"。

湖州市旅游人力资源培养的对策建议

紧紧围绕湖州旅游人才培养的目标,针对湖州人力资源的现状和人力资源开发中的不足,目前湖州旅游人才开发培训应做到:

1. 树立人才开发新理念,提高旅游人力资源开发的地位。

利用各种手段和途径,进一步转变旅游人力资源开发观念,树立强烈的人才意识,树立人才重在培养的观念,树立人力资源开发国际化的理念和旅游从业人员"终身学习"的理念。尤其是企业要改变短视的做法,树立人才资源是第一资源的思想,加强人才培训力度,有计划地组织各类专题培训和短期轮训班。企业培训是提升员工效率和减少员工流失的重要手段。培训的计划和安排不仅要关注企业在适应市场变化、不断提升核心竞争力、系统储备能力等各方面的问题,同时也要结合员工职业发展的需要,将培训和职业生涯规划的结合有利于培养人才对企业的忠诚度。

2. 建立旅游人才教育培训体系,调动各方面的培训积极性。

按照《湖州市旅游业发展总体规划》的要求,将着手构建覆盖全市的四层教育培训网络,逐步形成系统的、层级式的旅游人才教育培训体系。一是依托旅游培训中心和定点培训机构,因地制宜开展各种形式的行业培训工作,努力提高从业人员的综合素质。二是依托大专院校,走双向联合的模式,培养理论性、实践性兼备的旅游专业人才。三是依托劳动、总工会等相关部门,通过技能培训、技术比武等形式培养技术型旅游人才。四是依托企业自身,抓好企业内部的教育培训工作,加强企业内部培训的长效化、制度化建设。通过建立全市旅游人才教育培训体系,实施旅游人才培养战略,进一步提高全市旅游行业从业人员的综合素质和技能水平。院校教育、继续教育、企业培训三者互为补充、有机结合,完善学历教育和成人培训机制。各教育体系之间要充分利用自身特点和优势,明确培养对象、培养目标和培养重点。

3. 充分发挥旅游培训中心的作用,进行人才的主题化培养。

培训中心是继续教育的重要环节。对于职工学历层次普遍较低的旅游行业来说,继续教育是旅游人才开发一个不可忽视的组成部分。各级培训中心要坚持一手抓技能培训,一手抓学历教育,将持证上岗和在职培训相结合,全过程开发旅游人才,把继续教育作为晋级、晋职、评聘专业技术职务的必备条件,推动继续教育终身化。同时要注重发挥培训中心的特色和优点,培养主题化旅游人才,围绕湖州的生态休闲旅游、地域文化旅游、红色旅游、名山名城古镇旅游和体育健身旅游等做好人才主题化培养。

4. 建立湖州市旅游教育培训信息网,加强对全市教育培训体系各单位的工作指导和信息沟通。

借助市政府大力推广的电子政务平台,依托湖州旅游网,建立全市旅游教育培训信息网络,市旅游局作为旅游教育培训信息网的中心工作站,及时收集和发布相关的信息。各县区旅游局和相关的旅游院校、企业作为基层工作站,及时收集信息上报,按照市工作站提供的信息开展教育培训工作,通过信息网络实现对全市旅游教育培训工作有效指导和信息沟通。

5. 改善教育教学体制,突出职业教育特色。

湖州师范学院等地方高等院校不仅要重视学生综合素质的培

养,更要重视职业素质的教育。旅游教育是带有鲜明职业色彩的专业教育。因此,旅游教育应以行业需求为导向,确立旅游院校三个不同层面的培养目标:本科主要培养既有扎实理论基础又有实务工作能力的高级管理人才。专科重点培养适应能力强,能够从事一线服务与管理的中级人才,还可以作为旅游行业培训基地,根据旅游业发展趋势和市场需求,培训旅游紧缺专业人才和中高级旅游管理人才。中职重点培养一线服务技能人员,同时作为旅游行业中高级技术工的培训基地,开展专业技术岗位培训。对旅游管理学科进行科学的定位,改革课程体系,增加实践性课程以及实习的比例,突出职业性和实用性。注重培养学生的创新能力和实践能力,鼓励学生全面发展,努力实现人才培养模式多样化。

6. 校企联合,大力推进产、学、研一体化。

积极拓展校企联合的产学研相结合的人才培养渠道,开辟校外实习基地,搭建实践检验平台。以联合办学、签协议挂牌、订单式等方式与旅游企业建立紧密联系,开辟校外实习基地,为学生和旅游企业架起了一座共同发展的桥梁。如能建立湖州市旅游职业教育集团,则可为搭建学、研、产一体化平台创造了一定条件,而湖州市旅游协会也应充分发挥行业桥梁作用。学校可以聘请旅游企业经理人为客座教授,经常开设讲座,参与管理教学。院校在企业建立实训基地,教师到企业挂职学习。旅游教育应该结合旅游企业的需要培养实用型的旅游专业人才,坚持院校培养的目标与企业的需要一致。同时旅游企业也应为学生直接参与生产实践提供广阔的舞台。旅游教育的显著特点就是应用性和实践性很强,其培养目标应该是厚基础、宽口径、重实用、讲创新、求特色的高素质旅游专业人才。坚持"院校培养"与"岗前培养"并重、坚持"岗前培训"与"在岗培训"并重、"继续教育"与"终身学习"相结合,以适应现代旅游业发展对旅游人力资源的需要。通过合作办学,真正实现以就业、创业为导向的旅游人才培训模式,提高旅游业人才培训的质量。

7. 建设一支高素质的旅游教育培训师资队伍。

建立旅游院校教师、企业有实践管理经验人才和旅游管理部门的干部三结合的师资网络和师资库,建立一支专职与兼职相结合的旅游教育培训师资队伍,不断总结经验完善师资队伍的建设,提高师资队伍的素质。同时组织旅游教育师资队伍编印一批具有湖州特色的旅游教育培训教材,特别是要加强对导游培训考试教材和乡土旅游教材的编写、修订工作,以此培育出更多了解湖州、熟知湖州的旅游人才。

8. 优化人才培养环境,务实旅游人才工作基础。

要建立健全旅游人才市场,完善人事代理、择业指导、资质评价、信息发布等社会服务功能和公共服务职能。要进一步深化人事制度改革,建立健全旅游从业人员考核、选拔、使用的有效机制,建立以能力和业绩为导向、科学的社会化从业人员执业评价机制,让优秀的旅游人才脱颖而出,营造人尽其才、才尽其用、人才辈出的良好环境。建立旅游人才市场体系,尽快完善湖州市旅游人才储备建设,逐步形成"用事业吸引人,靠环境留住人,以机制激活人"的人才大环境。

合理发挥各种中介组织的作用,做好旅游人才的统计和调查研究工作。尤其应注重发挥湖州旅游研究所参谋、咨询和调查研究的积极作用,使湖州人才培养环境和氛围更为良好和卓越。

第十七章
湖州市非公有制经济和社会
组织人才队伍建设

　　近年来,随着我市经济社会的快速发展,非公有制经济组织和非公有制社会组织得到了蓬勃发展(以下简称"两新"组织,其中,非公有制经济组织是指私营企业、外商投资企业、港澳台商投资企业、股份合作企业、民营科技企业、个体工商户、混合所有制经济组织等各类非国有集体独资的经济组织,非公有制社会组织是指社会团体和民办非企业单位的统称)。实践中我们深切感受到,培育一支结构合理、总量充足、持续增长的人才队伍已成为当前"两新"组织建设的重要任务。深化"两新"组织人才队伍建设,是提振全市民营经济发展水平和竞争实力,促进产业、企业升级转型,实现经济社会平稳和谐发展的关键所在;是有效地化解全球金融危机冲击和国家宏观经济下行趋势对我市经济社会发展带来的不利影响和挑战的根本所在。根据湖州市人才队伍建设中长期规划纲要编制工作方案的统一部署,市委组织部专门成立了课题组,对全市"两新"组织人才工作进行了深入的调研,在全面统计全市"两新"组织人才队伍建设基本情况、开展抽样调查基础上,深入分析了全市"两新"组织人才队伍建设现状、存在问题和面临的机遇与挑战

的基础上,提出了加强"两新"组织人才队伍建设的政策机制与有效措施。现将研究情况总结报告如下:

第一节　湖州市"两新"组织人才队伍建设基本状况分析

(一)"两新"组织人才队伍现状分析

近年来,市委、市府高度重视"两新"组织建设和发展,高度重视"两新"组织的人才队伍建设,全市"两新"组织及其人才队伍建设获得了前所未有的发展。据统计,截至 2008 年底,在行业行政主管部门登记注册或备案的社会组织达 1 055 家(社会团体 726家、民办非企业单位 329 家),共有专兼职人员 8 070 人,其中,女性2 561 人、占 31.7%,35 岁及以下 1 637 人、占 20.3%,36—45 岁1 695 人、占 21.0%,46—55 岁 1 718 人、占 21.3%,56 岁以上3 020 人。截至 2008 年底,全市注册的非公有制经济组织各类在职工人数达到 55 万人,人才队伍基本情况如下:

1. 从人才总量指标看,人才总量偏低。截至 2008 年底,非公经济组织人才总量为 25.5 万人,占所有从业人员总量的 46%。如图 17 - 1 所示。(注:以下图例所用数据均为此次调研抽样问卷数据)。

其他31.98万人 54%　　人才25.5万人 46%

图 17 - 1　非公经济组织人才比例结构图

2. 从人才队伍结构指标看,企业管理人才、技术人才与技能型人才各占半壁江山,企业管理人员相对较多。从抽样调查情况看,企业经营管理人才和专业技术人才各占 1/4 左右,技能型人才占 1/2 左右。如图 17－2 所示。

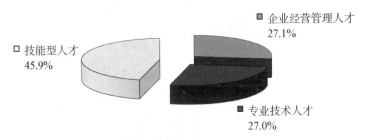

图 17－2　非公经济组织人才队伍结构图

3. 从年龄结构指标看,总体较为合理。抽样调查表明,非公经济组织人才队伍构成中 35 岁以下的中青年已成为主体,人力资源发展潜力大。具体如图 17－3 所示。

图 17－3　非公经济组织人才队伍年龄结构图

4. 从学历结构看,从业人员受教育程度普遍不高,少数高学历人才主要集中在民营科技企业。具体如图 17－4 所示。

5. 从职称(技能等级)结构看,高层次、高技能人才十分缺乏,关键领域、带动力强的科研领军人物更是缺乏。具体如图 17－5 所示。

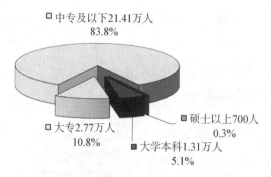

图 17‐4　非公经济组织人才队伍学历结构图

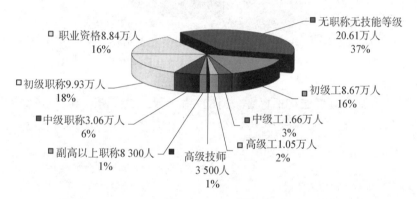

图 17‐5　非公经济组织人才队伍职称(技能等级)结构图

6. 从性别结构看,男性从业人员占据了绝对比例,表明女性人才队伍建设有待加强。具体如图 17‐6 所示。

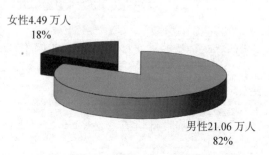

图 17‐6　非公经济组织人才队伍性别结构图

7. 从研发情况看,全市非公经济组织总体研发能力较弱,但也有一定数量的企业拥有较强的自主创新能力。据重点调查的25家非公经济组织,每家非公经济组织都有自己的技术领军人物,曾获得过国家级或省级的荣誉和项目,人才对自己发挥作用的环境比较满意。截至目前,我市非公经济组织中已建有13家博士后科研工作站,60家省级高新技术企业研发中心,但还没有国家级高新技术企业研发中心和重点实验室。

(二)"两新"组织人才队伍建设的现状分析

1. "两新"组织自身人才开发与管理的现状

近年来,着眼为产业、企业升级转型提供强劲的人才和智力支持,不断提升竞争力,全市各级党委政府"两新"组织人才意识不断增强,人才队伍建设力度不断增强,人才队伍建设管理机制、工作运行机制不断健全,在引进人才、留住人才、培养人才、激励人才、用好人才等方面探索出了很多好的做法和经验,人力资源管理水平有了较大的提升。

(1)人力资源管理开始规范化、科学化。一方面,人力资源管理工作具有较强的独立性和专业性,加强人力资源管理首先要健全组织管理。抽样调查表明,53%的"两新"组织设置了专门的人力资源管理部门,配备了专职的人力资源管理人员。另一方面,人力资源管理在组织中的地位作用有了很大提升,管理日趋规范。受调研组织均将人力资源规划置于组织发展规划和战略的高度加以重视,并落实到各项具体工作实践中,人力资源管理的各项制度如人才引进、绩效管理、薪酬管理等制度都得到了建立和健全。

(2)人才引进渠道和方式日趋多元化。被调查的258家企业情况表明,近年来,我市"两新"组织注重人才引进的渠道与方式创新。在人才引进方式上注重刚柔结合,在强化刚性引才的同时,创新思路,扎实搞好柔性引才,业已形成了聘请顾问、委托开发、聘请中高级管理人才、硕博士假期实习、双休日工程师、候鸟工程、借脑开发新产品等14种柔性引才方式,取得了明显的成效;在人才引进渠道上,我市大多数"两新"组织注重向人才市场求人才和向社会公开招聘人才,同时,积极创新渠道,通过校园招聘、人才市场招聘、网站招聘、政府牵线搭桥招聘和猎头公司等各种引才渠道、途径吸纳组织发展急需人才,强化组织发展的人才和智力支持。

(3)人才培养模式日趋成熟化、高效化。近年来,我市"两新"组织人才意识不断增强,在搞好人才引进的同时,注重在提升组织人力资源水平上下功夫、做文章,形成了多种较为成熟的人才培养模式。一是校企合作的"订单式"人才培养。由企业根据产品生产对技术和工种的实际要求,与有关培训学校与机构联合培养人才,企业参与教学计划、课程设置、教学内容及教学方式的制定,有效地保证了培养效果;二是"导师带徒式""岗位锻炼成才"的人才培养。即依托相应培训资源和技术力量,推行新员工"入职引导"制度,安排新员工在实践中向老员工学习,逐步成为熟练工或业务骨干;三是"充电式"人才培养。即通过走出去、请进来的方式,组织员工参加内、外部的各种培训,开阔眼界,提高能力素质;四是在职教育激励培养。即"两新"组织通过政策倾斜,如通过给予报销全部或部分学杂费,对获得一定学历、学位或职称者提高待遇等方式,激励员工参加在职教育。

(4)人才激励机制日趋制度化、多样化。为调动各类人才的积极性,近年来我市"两新"组织建立健全激励机制方面,也进行了多层面、多形式的有益探索。一是物质激励和精神驱动双轮驱动、有机统一,形成集理想事业、福利待遇和企业文化引导于一体的系统激励机制,"两新"组织不重视人才激励或只重物质激励的现象有所改观;二是注重人才激励实效,完善人才激励制度化建设。如抽查的部分企业对营销系统人员实行以销售业绩和货款回笼挂钩提成的目标考核工资制度;对科技人员(主要是产品研发人员)逐步推行"一票到底"的奖励提成制度、期权激励制度;对行政管理系统采用了岗位评估办法,并在此基础上制定"工资级序表",实行岗位工资制。

(5) 社会组织人才工作总体水平不高,有待加强。从我市社会团体成立背景看,主要以政府倡导为主,其中政府部门倡导成立占 59.7%,企业倡导成立的占 10.5%,自发成立的占 25.8%,其他的成立方式占 4%。调查表明,只有 30%左右以自发成立的社会组织为主体的、独立性相对较强的社团能充分利用自己的资源和人才优势,积极发挥社会功能,取得了较好的社会效益,人才工作特色比较明显,相反占极大部分的由政府主导成立的社会组织并未能充分发挥自身人才与资金优势,未能取得良好的经济与社会效益,社会组织人才队伍建设和功能发挥的空间仍非常大。

2. 政府推动"两新"组织人才队伍建设的主要经验

(1) 注重政策统筹,强化措施协调。2003 年以来,市委、市政府先后制定实施了《关于加快民营经济发展的意见》和《进一步优化个体私营经济发展环境的若干意见》。2006 年 9 月又印发了《湖州市"十一五"人才发展规划》,围绕"十一五"人才发展规划目标,市委、市政府先后制定出台了《湖州市"南太湖精英计划"实施意见》《湖州市引进和培养高素质人才实施办法》《湖州市人才柔性流动管理暂行办法》《关于推进创新团队和领军人才队伍建设的若干意见》等相关人才工作配套政策、措施,初步构建"两新"组织人才队伍建设的政策支持体系。正是在政府的扶持引领和大力推动下,我市"两新"组织人才引进和人才队伍建设取得了长足的发展。

（2）发挥党员先进性作用,增强创新思进氛围。充分发挥"两新"组织中的党组织及党员先锋作用,对促进"两新"组织发展至关重要。近年来,市委先后制定实施了《关于进一步加强非公有制企业党建工作的意见》《关于进一步加强"两新"组织党的建设的意见》等政策文件,大力推进非公有制企业党组织覆盖和工作覆盖,不断提升"两新"组织党的建设工作水平。截至 2008 年底,全市共有非公有制企业党组织 1 385 个,党员 16 447 名;全市共有社会组织党组织 86 个,党员 1 136 名。2007 年以来,还着眼发挥"两新"组织党组织和党员在创业创新中的战斗堡垒作用和先锋模范作用,制定实施了《关于服务支持基层党组织和党员干部带头带领创新创业的意见》,全面开展了基层党组织和党员带头带领创业创新活动,形成了企业业主奋发有为创大业、党员干部示范引领干事业、职工群众立足岗位精职业、各类企业回报社会建新业的浓厚氛围,有效提升了"两新"组织人才队伍的建设水平,推动了"两新"组织各项事业的发展。

（3）畅通人才引进渠道,完善相关配套政策。近年来,我市人才引进渠道进一步畅通,各种平台日趋完善,人才管理的信息化水平大大提升。通过构建三大人才服务中心(即市人才交流服务中心、市企业经营管理资质评价推荐中心和市劳动就业管理服务中心),开通人才服务网站,定期发布人才政策等信息,发挥了全市"两新"组织人才引进的主渠道和基础性作用;坚持人才引进刚性和柔性的有机结合,充分发挥湖州的地缘优势,在强化人才刚性引进的同时,着力推进人才柔性引进;完善相关配套政策制度,增强人才引进的实效,走出了一条节省成本、快出效益的引才新路子。

（4）完善运行机制，优化"两新"组织人才队伍建设环境。近年来，围绕促进"两新"组织人才队伍建设的运行机制日益完善，极大地提升"两新"组织的社会地位，促进了"两新"组织人才队伍建设。一是将非公经济组织人才纳入市级优秀人才评选表彰。二是给予民营企业家政治待遇。安排部分名誉声望较高的民营企业家作为党代表，或在人大、政协中任代表、委员等职务。三是鼓励各类人才向"两新"组织流动。鼓励党政机关工作人员和国有企事业单位专业技术人员、管理人员，到非公有制经济单位工作，按有关规定享受优惠政策，大力推进全民创业活动。四是对民营科技企业人才开展职称评定工作。每年开展民营科技企业职称评审工作。

（5）大力实施精英工程，全力推进创新团队和领军人才队伍建设。近年来，我市以推动产业升级和新农村建设为重点，以实施"三五"南太湖精英计划为抓手，初步构建了政府主导、企业主体、项目依托、平台支撑、市场运作"五位一体"的创新团队和领军人才队伍建设新机制，着力打造思想道德素质过硬、学术技术水平领先、业内广泛认可的创新团队和领军人才队伍，充分发挥其在创业富民、创新强市中的引领和支撑作用，业已取得了良好的成效。

第二节　湖州市"两新"组织人才队伍建设的绩效分析

（一）"两新"组织人才队伍建设的主要成绩

1. "两新"组织日益成为吸纳人才的新高地。"两新"组织快速发展，其对人才需求日益强劲，从而促进了跨地域、跨行业、跨所有制的人才大流动。人才流和资金流伴生、波浪式推进的现象,在"两新"组织中表现得尤为突出,表明我市"两新"组织自身发展与人才队伍建设的不断加强之间呈现了明显的正向关系,形成了相互驱动的良好局面。同时,就"两新"组织人才队伍建设来看,伴随着人才数量的快速增长,人才结构明显地出现新的变化,能够驾驭大型或超大型民营企业的管理人才群体逐渐壮大,高级专业技术人才所占比例也呈现出明显的增长趋势。

2."两新"组织人才队伍建设环境不断优化。近年来,在政府人才政策的导向作用下,在"两新"组织人才意识不断增强的趋势下,我市人才受到了社会、企业的普遍重视和尊重,社会地位明显提升,高层次人才作用发挥的客观环境和自我认知的满意度较好。在人才方面,在被调查的 225 家工业企业中,认为我市现有人才政策符合或基本符合要求的有 216 家,占被调查企业的 96%;认为企业经营管理人才规模、层次、结构能基本满足发展要求的有 211 家,占 94%;在人才社会地位方面,被调查的 33 家商贸企业中有 27 家认为我市现有人才政策符合或基本符合要求,有 29 家认为我市"尊重知识、尊重人才"氛围好或较好;在人才创业内外环境方面,从收回的 338 份个人调查表看,共有 209 人对所从事职业满意,占调查总人数 61.8%;满意度一般的 123 人,占 36.4%;不满意的 6 人,占 1.8%。对现任岗位表示能充分发挥才能的 83 人,占 24.6%;基本发挥的 250 人,占 74%;不能发挥的 5 人,占 1.4%。表明近年来我市人才创业环境有了较大改善。

3."两新"组织人才队伍建设的作用日益显现。主要表现为,一是极大地提升了"两新"组织的科技创新能力,推动了企业、产业升级转型和区域竞争力的提升。近年来,我市科技创新出现了"裂变"效应,全市申报的新产品、新发明专利项目持续攀升,这离不开

"两新"组织人才在企业技术攻关、产品研发等方面关键性作用的发挥,他们在推动企业做大、做强、做优、做特,促进全市经济发展和产业结构调整上发挥了突出的作用;二是极大地提高了社会管理水平,在社会各个领域都发挥了积极的作用。近年来,我市各类社团组织,通过深入基层社区,开展形式多样的群众活动,广泛了解群众的要求和愿望,积极向党和政府提出意见与建议,调解社会矛盾,促进人际和谐,密切了党群干群关系;通过采取多样化的手段和灵活的机制,利用各种社会资源,扩大社会服务领域,拓展了就业和再就业渠道,推动了我市社会服务业的发展;通过开展技术服务和产供销服务,帮助农民增产致富,维护农民利益,有力地推动了我市新农村建设;通过发挥协会职能,切实履行政府赋予的部分微观和行业协调管理的职能,维护企业权益,建立行业规范,加强行业自律,促进公平竞争,促进了我市生产发展和技术进步。此外,"两新"组织还充分依托自身的人才和智力集聚优势,充分发挥专家学者、专业技术人员和管理人员的作用,在繁荣文化、发展教育、保护生态、推动科技进步、促进体育卫生事业等建功立业,促进了全市各项社会事业的发展。

(二) 当前我市"两新"组织人才队伍建设存在的主要问题

1. 人才总量不足,人才结构不合理。一是"两高"人才短缺。调研表明(见图17-1和图17-5),我市"两新"组织人才总量不足,"两高"(高层次、高技能)人才十分短缺。目前,我市非公经济组织人才需求缺口普遍较大,尤其是对高层次、高技能人才的需求缺口尤为突出,"人才荒"和"技工荒"问题仍较严重,制约了全市企业、产业升级转型的持续深入,影响全市的经济结构调整和经济的又好又快发展;二是现有人才经验能力储备不足,普遍存在人才能力经验储备与"两新"组织发展要求不匹配的问题。目前,我市"两新"组织引进的很多"新手"不能很快适应组织发展的需要,熟练工和有工作经验的技术人才普遍缺乏。"老手少、新手多"是"两新"组织人才队伍的共性,"老手"(即熟练的技术技能人才)和"新手"(即新走上工作岗位员工)相比,具有培训费用低、工作效率高、成本消耗少、进入角色快的优点;三是人才专业结构和学历结构欠合理,影响了全市"两新"组织的创新发展。目前,一方面,我市一些重点产业如生物医药、高新技术等产业所需的对口专业技术人才严重不足,影响了做大、做强高新技术产业战略目标的实现;另一方面,"两新"组织人才队伍学历结构低度化特点明显,严重影响了"两新"组织尤其是高科技企业的发展,影响了"两新"组织创新创业能力的持续提升。

2. 政府政策存在缺口,服务尚不到位。一是同类人才在体制内外待遇差别较大,"两新"组织人才普遍存在后顾之忧,主要表现为户籍政策、人事政策等对人才流动的制约还存在,计划经济体制对人才流动的限制还没有完全消除。调研表明,不少"两新"组织人才把"两新"组织当作跳板或就业缓冲带,一旦有机会就跳离"两新"组织;二是"两新"组织人才职称评定工作滞后,人才工作信息不对称、服务不到位的问题还不同程度地存在。乡镇一些"两新"组织对人才人事政策信息了解渠道有限,市、县(区)一些人才政策措施不能完全传达到乡镇基层,人才发展环境的优化空间仍较大;此外,"两新"组织中社会组织发展的政策支持和引导还比较缺乏。在调查中,发现不少社会组织感觉"缺乏国家政策支持",仅次于"缺乏资金"。

3. 组织自身管理不够规范,机制缺乏活力。主要表现在部分社会组织在用人制度上依照政府部门的模式执行,没有考虑社会组织工作内容等实际需要,不能体现社会组织自身的特点。如社团协会人才工作机制缺乏活力,社团机构部门化、社团负责人官员化、运作机制行政化,与社会主义市场经济发展的要求不适应。此外,"两新"组织管理规范还不能成为组织文化,成为员工自觉执行的内在行动指南,文化缺失导致规范成为摆设。

4. 培养投入不足,缺乏发展后劲。一方面,我市"两新"组织对人才队伍培养的投入明显滞后于发展需要。企业经营者还是不能从战略高度看待人才培养,人力资源战略的制定与执行存在脱节,同时也由于战略的制定缺乏员工的参与,导致战略执行困难;另一方面,目前我市职业教育、高等教育正处于发展完善过程中,以市场需求为导向的人才培训模式尚未有效确立,人才培养模式、知识结构与"两新"组织发展的实际需要还存在着较大的差距,导致校企合作式的人才培训实效性不强,而学校和相关培训机构是"两新"组织人才培养的主要平台。"两新"组织管理层对投入未能达到培训预期的担忧,也在一定程度上制约了"两新"组织对人才培养投入。

第三节　湖州市"两新"组织人才队伍建设面临的环境分析

(一)"两新"组织人才队伍建设面临的机遇

1. 湖州经济社会加快发展给"两新"组织人才队伍建设带来新机遇。从湖州经济社会发展的阶段性特征来看,2008 年湖州市人均生产总值按常住人口计算达到 5 294 美元,进入了更加活跃、加速发展的新阶段。在这一阶段,由于经济社会的加速发展,必然要求进一步强化人才资本的积累,进一步优化人才结构,全面实现人才队伍量的扩张和质的提高,通过深化人才队伍建设,为经济社会的又好又快发展提供数量充足、结构合理、创新能力强的高素质的人才队伍支撑,推动全市经济社会新一轮发展。同时,我市经济社会加速发展的良好势头,也进一步增强了对人才的吸引力,必将吸引更多的人才来湖创业,推动"两新"组织的发展。

2. **长三角区域一体化的加速发展给"两新"组织人才队伍建设带来新机遇。**自2003年4月长三角19个城市联合发表《长江三角洲人才开发一体化共同宣言》以来,长三角人才资源的合作开发与共享快速推进,为我市深化"两新"组织人才队伍建设提供了良好的共生界面,为我市充分利用周边地区尤其是上海等地人才资源创造了新的机遇。我市地处长三角区域中心,是连接长三角南北两翼的重要节点城市,所处长三角地区是人才资源富聚区,人才资源量广、类多、质优。据统计,至2007年底,苏、浙、沪三省的人才资源总量在1 500万人以上,其中长三角16个城市的人才总量大体在1 000万人以上,约占苏、浙、沪两省一市人才总量的2/3。其中,离湖州较近的上海、苏州、杭州、无锡等主要城市尤其是上海的人才资源集聚度较高,2007年上海的人才资源总量(三支队伍)达到了305.81万人。伴随着上海等地产业结构的升级转型,长三角经济高梯度地区的人才溢出效应也在不断加速,我市可充分利用这些机遇,广引人才、引好人才,为加速发展提供坚实的人才与智力支撑。

3. **交通条件的不断改善为"两新"组织人才队伍建设带来新机遇。**随着2007年申苏浙皖高速公路的开通,及今后几年交通的逐步改善,我市原有的交通区位相对劣势将得到弥补,并在一定程度上凸显出相对优势。根据"十一五"规划,我市将进一步加快建设高速公路、城际快速、干线公路、乡村道路、高等级航道、铁路、城轨和浙北公路客运总站、湖州火车站以及湖州港"七网二站一港"的现代化综合交通运输网络,全面提高综合运输能力和服务水平,成为连接长三角内外区域的交通枢纽,这将为我市"两新"组织人才队伍建设带来新的机遇。一方面"两新"组织发展的空间将进一步拓展,其自身对人才的需求将在量上进一步扩大,质上进一步提升,唯此才能提升竞争能力,赢得发展空间;另一方面交通条件的不断改善带来的区位优势的提升,还将进一步增强我市"两新"组织引才优势,促进"两新"组织的人才队伍建设。

(二)"两新"组织人才队伍建设面临的现实困难和挑战

1. 金融危机给我市"两新"组织人才队伍建设带来新困难。一方面,金融危机对我市经济尤其是非公有制经济组织的影响较大,造成产品滞销、工厂开工情况不理想等,进而带来企业用人减少,制约了"两新"组织人才队伍规模的扩大;另一方面,金融危机造成企业资金链普遍存在风险,迫使企业减少支出,降低成本,导致"两新"组织普遍地削减人才队伍建设的投入,制约了"两新"组织人才队伍质的提升,尤其是"两高"人才队伍的发展。

2. 产业结构调整给我市"两新"组织人才队伍建设带来新困难。首先,人才结构调整的力度和难度加大。"两新"组织人才结构本身需要提升,而产业结构调整加剧了"两新"组织人才结构调整的紧迫性和必要性;第二,增加了引进合适人才的难度。产业结构升级、调整导致人才需求结构的变化,越来越要求高素质、高技能人才,这部分人才的引才难度较大;第三,加大了人才培养的难度。产业结构升级、调整要求人才知能结构的调整,如何培养具有创新能力的高素质实用人才,转变人才培养模式成为我们不得不面对的一道难题。

3. 区域人才竞争加剧给我市"两新"组织人才队伍建设带来新困难。当前,我国的区际竞争已从物质资本、资金资本竞争向人才资本竞争转移,优秀人才成为争夺的重点对象。我市地处长三角经济发达地区,均质化的区域经济发展水平及新一轮产业结构调整、优化,力争前列的区际博弈,使得区域内人才争夺更为直接和激烈。目前,周边地区已纷纷开辟人才引进"直通车",畅通人才流动"绿色通道",不断出台买人才、抢人才、争人才、挖人才的新政策,以优良的创业环境、充裕的资金支持和优厚的薪酬待遇营造人才竞争高地。

第四节 "两新"组织人才队伍建设的战略
目标与有效措施

(一)"两新"组织人才发展需求预测

1. 人才总量需求预测

年度	2004年	2005年	2006年	2007年	2008年
经济增长率	14.9%	14.4%	14.0%	14.4%	10.6%
"两新"组织总人才数(万人)	7.5	9.0	11.0	13.7	25.5

根据上表,利用比率法和回归趋势分析法定量分析:到 2020 年末,"两新"组织对人才的预期需求量为 43.5 万人,考虑到经济

增长与人才的依存度,产业结构转型升级等定性因素,确定"两新"组织对人才的预期需求量大约为 39.5 万人,十二年共需补充 14 万人,平均每年大约需补充 1.2 万人。

2. 人才分布结构预测

首先,从人才产业分布结构而言,按照我市产业结构调整的总体思路,2005 年,我市地区生产总值完成 640 亿元,人均生产总值突破 3 000 美元,三次产业结构比例为 9.8:55.0:35.2;到 2020 年,三次产业结构比例预测达到 6:50:44,产业结构实现"二三一"序列目标。根据三次产业增加值的有关数据,预测到 2020 年第一产业人才需补充人才量为 2.2 万人左右;第二产业人才需补充人才量 7.6 万人左右;第三产业人才需补充人才量 4.2 万人左右。

其次,从人才队伍素质结构而言,预计到 2020 年,企业经营管理人才的总量从 2008 年的 6.94 万人增长到 10 万人左右;专业技术人才的总量从 2008 年的 6.90 万人增长到 11 万人左右;全市技能人才总量从 2008 年的 11.72 万人增长到 18.5 万人左右,其中高技能人才从 1.39 万人增长到 5 万人左右。

(二)"两新"组织人才队伍建设目标体系

1. 总体目标

"两新"组织人才队伍建设,以加强高素质人才队伍建设为重点,力争使我市"两新"组织人才队伍数量显著扩大、人才质量和结构明显优化,造就一支数量充足、结构合理、创新能力强的高素质"两新"组织人才队伍,探索建立"两新"组织人才队伍建设的新机制,培育有利于"两新"组织人才发挥作用的良好社会环境和氛围,提升"两新"组织发展能力,为我市经济结构调整、产业升级转型,实现经济社会又好又快和可持续发展提供强大的人才和智力支持。

2. 具体目标

企业经营管理人才能力明显增强。到 2020 年,全市在全国、全省有一定影响力的企业家达到 250 人以上,以职业经理人、规模以上企业董事长和总经理为主体的市级优秀企业经营管理人才达到 2 500 人以上。

专业技术人才结构比例和素质明显改善。到 2020 年,全市新增专业技术人员 11 万人以上,其中高级专业技术人员 10 000 人以上;每万人口中拥有科技人才 300 人以上;专业技术人才高、中、初级职称人才比例调整至 1∶4∶7。

高技能人才培养进程明显加快。到 2020 年,全市每年新增高级工以上高技能人才 2 000 人以上,高技能人才达到 5 万人以上,占技工总数的比重达到 13%以上。

社会组织人才得以明显成长。到 2020 年,全市社会组织健全发展需要核心社会组织人才数达 5 000 人以上,使全市社会组织内各种人才达到 15 万人以上(包括兼职人员)。

(三) 推进我市"两新"组织人才队伍建设的有效措施

1. 切实壮大"两新"组织,搭建高效人才平台。"两新"组织是"两新"组织人才的载体,发展壮大"两新"组织,打造具有我市特色知名品牌的"两新"组织是"两新"组织人才队伍建设的关键。当前,国际金融危机对"两新"组织,尤其是非公经济组织的影响逐步显现,部分非公经济组织出现订单减少、成本增加、融资困难、减员降薪等问题。要引导业主、经营管理层、党员和员工认清形势,既要看到国际国内各种不利因素的严重性、复杂性和长期性,增强忧患意识；又要看到应对金融危机、消除不利因素的利好政策和有效措施，增强机遇意识和发展信心；要引导和推动"两新"组织实现发展方式的转变，坚持在科学发展观的指导下，加大创新、创造力度，深挖内部潜力，深入开展节能降耗、质量提升、品牌创建、技术创新等活动，加强资源整合、资本运作和成本控制，增强"两新"组织发展的核心竞争力，为"两新"组织化"危"为"机"、走出困境、实现新的发展提供强大支持。

2. **加强领导和协调，完善推进机制**。一是党委政府领导要加强与"两新"组织的联系，选择若干作为重点服务和联系对象，建立工作走访制度，定期召开"两新"组织单位人才工作座谈会；二是组织、人事部门要加强对非公有制企业人才工作的政策研究、宏观指导和组织协调，建立动态的"两新"组织人才流动监控体系，及时掌握"两新"组织人才资源发展变化状况和趋势，不断创新人才工作的方式方法，完善"两新"组织人才工作政策措施，进一步提升"两新"组织人才队伍建设的针对性和实效性；三是各级宣传部门要充分利用报刊、电视、网络等新闻媒体加强对"两新"组织人才工作及其优秀人才的宣传力度。在"两新"组织中创建评选一批人才工作示范单位，总结宣传人才资源开发的好经验、好做法，并给予适当的奖励。

3. **继续创新引才方式，重点把握引才结构**。"两新"组织引才工作方式多样，在深入搞好刚性引才与柔性引才及有机结合的同时，必须进一步解放思想，创新思路与方法，增强引才实效；要积极转变引才思路，重点把握引才结构，在引进人才适用性上下功夫，确保引进人才能有效适应我市"两新"组织的发展需求，符合我市经济社会的现实发展水平，符合我市"十一五"规划确定的重点产业发展方向，引才要做到"三个对接""四个避免"。"三个对接"即

"现实对接""发展对接""组织对接";"四个避免"即避免形式主义，避免光引不留，避免用而不尽，避免只引外才、不用内才。避免形式主义，防止片面强调高学历、高职称，务虚引才，人才效用低。建议结合我市高校相关专业的学科优势，在高校建立人才测评中心，通过人才能力素质的科学定位，为我市引进合适人才铺平道路。避免光引不留，防止只注重人才引进，不注重人才工作环境的改善，导致人才引进再流失。避免用而不尽，防止人才资源的浪费。引进人才的目的是用才，因此必须进一步创设人才作用发挥的环境，实现人才引进效用的最大化，减少人才资源的浪费。避免只用外才、不用内才，防止本地人才资源浪费。在引进外才的同时，也要充分发挥本地人才资源优势。

4. **重点培育壮大企业家人才队伍。**企业家是"两新"组织人才队伍中的龙头和核心，是稀缺的宝贵资源，一个优秀的企业家后面必然有一批优秀的人才队伍。要按照现代市场经济发展的要求，大力扶持全市重点骨干企业的快速发展，重点培育一批高水平的企业家群体，切实建立起一支适应现代管理要求的高素质企业家和职业经理人队伍。要加快推进职业经理人制度的发展和规范，进一步完善职业经理人职业能力认证制度，积极为"两新"组织培养、选拔优秀的职业经理人才，为"两新"组织实现从业主管理型向职业经理人管理型转变、实现家族制向现代企业制度转变创造条件。要建立企业家协会，举办"企业家论坛"，加大培养力度，为企业家成长创造良好条件。

5. **大力改进育才模式，切实提升人才适用性。**一是要大力推进高等教育和职业教育现代化改革，积极搭建平台，完善政策措施，推广以企业为主导、校企合作办学的人才培养模式；二是要着眼于培养技术型人才和技能型人才为一体的复合型人才，加大"双师型"队伍建设,努力为"两新"组织输送大量适用性创新、创业人才;三是积极整合教育资源和师资资源,形成集团优势,创建培训品牌,在公共实训平台建设、师资力量队伍建设和教学模式改革等方面加快步伐,形成有利于企业家生长、有利于企业管理人才、技术人才和各种技能人才脱颖而出的方便、快捷、高效、多层次的人才教育培训载体平台。

6. **建立健全诚信体制,不断优化建设环境**。一是要科学整合信用征集要素和资源,建立完善人才业绩和诚信档案,实行人才信用登记、评估、跟踪制度,为"两新"组织招聘、使用人才提供诚信保障;二是要建立经营管理人才的信用机制,通过有效手段对经营管理人才的职业操守、职业能力进行认定;三是要加强对毕业生的思想政治和道德素质教育,进一步增强他们的社会诚信度和责任感,增强"两新"组织对大学毕业生的吸纳力度;四是要按照《劳动合同法》要求,规范"两新"组织各种用人行为,完善人事仲裁制度,依法保障"两新"组织及各类人才的合法权益,解除"两新"组织人才的后顾之忧。

7. **健全人力资源管理,促进企业现代化**。一是要加强企业人力资源预测和规划能力。未来企业竞争环境日新月异,技术的加速度发展越来越快,要求企业经营者、各级企业管理者必须以前瞻的眼光、战略的思维管理和经营企业,因此只有加强企业人力资源规划和战略管理工作,使企业能够具有足够的预测和规划能力。第二,以绩效评估为突破口,以薪酬管理为重点,大力推进现代化的人力资源管理体系建设。科学的绩效评估、合理的薪酬管理是提升我市企业管理水平的重要手段。而我市非公有制企业人才吸引力不强的主要原因是绩效评估不到位、薪酬不合理;第三,积极营造良好的企业文化环境,以良好的创新、创业文化,留住人才,用好人才。组织文化是一种氛围,一种基于组织的管理、机制、品牌、声誉、效益和可持续发展的总和所产生的向心力和凝聚力。良好的工作环境、学习环境、居住条件、购物条件及交通、子女就学、文化娱乐等相关条件,是留住人才不可缺少的生活环境。组织在努力改善硬件设施的同时,更要注重营造一个良好的人文环境,用文化链条把人才的个人价值观与组织价值观、组织的发展融合在一起。

(四) 创新我市"两新"组织人才队伍建设的政策机制

1. **完善无歧视性人才开发管理政策**。一是完善人才流动的相关政策制度。积极开展人事代理业务,改革户籍、人事档案管理制度,放宽户籍准入政策,推广以引进人才为主导的工作居住证制度,建立社会化的人才档案公共管理服务系统,消除人才流动中的城乡、区域、部门、行业、身份、所有制等限制,疏通三支队伍之间、公有制与非公有制组织之间、不同地区之间的人才流动渠道。消除"两新"组织专业技术人才在流动过程中存在的职称待遇不平等,鼓励国有企事业单位的专业技术人员在完成本职工作和不侵害本单位合法权益的前提下,通过兼职兼薪等灵活方式,为非公有制企业提供管理、技术、咨询等服务。国有企事业单位也可根据工作需要,以项目合作、共同研发等形式从非公有制企业聘用或引进各类人才;二是健全非公有制企业专业技术人员职称评聘制度。要进一步畅通"两新"组织人才申报技术资格或报考职业资格的渠道,因地制宜地设置职称评审条件,简化评价方法,制定符合"两新"组织特点的职称评审办法,放宽学历等传统指标要求,按照重业绩、重水平、重贡献的"三重"原则,探索建立职业经理人的职业能力认证制度和专业技术人员技术等级制度,积极为非公有制企业培养、选拔优秀的职业经理人才和专业技术人才,促进非公有制企业经营管理人才和专业技术人才的专业化、职业化,努力建设素质优良的职业经理人队伍和专业技术队伍;三是进一步强化对"两新"组织人才队伍建设的激励和扶持。对"两新"组织中有突出贡献人才在入党、评先进、表彰、参政议政等做出相应规定,提升其社会地位和影响力,增强"两新"组织人才创业思进的氛围;进一步增强"两新"组织人才队伍建设的政策倾斜。在面向社会的资助、技改、奖励、基金、培训项目、人才信息库等各项公共资源的运用上对"两新"组织平等开放,积极鼓励、支持、资助有条件的"两新"组织建立自己的研发机构、博士后科研工作站,推进"两新"组织与高校的产学研合作,带动"两新"组织人才队伍整体素质的提升。要畅通渠道,牵线搭桥,做好"两新"组织与国有大型企业、国家和省重点实验室、重点高等院校、研究院所对接的红娘,鼓励在"两新"组织建立公共实验室、行业技术中心、区域技术中心,推进"两新"组织技术创新和人才队伍建设。

2. **建立快速、便捷的人才中介服务体系。**一是要加强资源整合,提升服务水平。要利用现有市、县区人才市场网络的资源优势,为非公有制企业人才资源的市场配置设立专用网络窗口和信息互通渠道,强化为非公有制企业服务的功能。当前,要积极推进我市三大人才市场资源和功能的整合,实现人才服务贯通,形成人才市场的整合优势,创建人才服务品牌,提高人才服务的科学化、精细化水平;二是要完善市场功能,全面拓展人事代理业务。通过进一步拓展功能,为"两新"组织提供人才测评、薪酬设计、职业生涯设计、人才租赁等特色服务项目,努力提高人才服务水平,降低"两新"组织人才引进的成本,增强人才引进和人才队伍建设的实效性;三是大力加强人才市场信息化建设,提升人才管理的运行效率。通过大力推进市域内人才市场信息全覆盖进程，全面提高人才信息资源的共享度。为此，要加快建立经营管理人才、高级专业技术人才和海外留学人才资源库，加强与外地相关人才市场的联系与对接，提高人才市场吸引名牌高校毕业生及其他高层次人才的能力。人事部门要积极创造条件开通"人事人才公共服务网"，推行流动人员人事档案管理电子化，不断完善业务受理、人事档案远程查询等网上服务功能，为非公有制企业人才工作提供全方位、快捷、精准的优质服务。

3. 健全"两新"组织人才权益保障监督检查机制。要想留住人才、用好人才，充分发挥人才作用，健全人才权益保障监督检查机制是关键。一是尽快建立健全针对"两新"组织人才权益保障的监督检查制度，对"两新"组织人才流动、职称评审、公共资源运用、评先进、表彰、参政议政等相关权利的落实情况进行检查，切实保障"两新"组织人才的合法权益；二是建立"两新"组织人才权利救济机制，进一步拓宽"两新"组织人才维权申述渠道，确保"两新"组织人才权利落实和维护；此外，我市各级劳动和社会保障部门、公安机关、工会组织及企业主管部门也要积极开展经常性的劳动者权益保障工作，为"两新"组织人才在流动、接受教育、安置、工作中排忧解难。

4. 完善管理体制，优化运行机制。针对目前"两新"组织人才队伍建设中存在的政社不分的现状，必须大力完善管理体制，着力优化运行机制。一是要重点推进新社会组织的管理机制的改革，通过大力发展中介市场、行政机构改革和规范社团设置等方式，推动社团组织向非行政化发展，增强其人才工作的独立性、自主性；二是要着力改革制约"两新"组织发展的双重管理体制（即由民政部门和业务主管部门共同管理），进一步理顺管理关系，为民办非企业的发展提供便利和良好服务;三是要大力规范新社会组织的运作行为,督促它们建立健全各种内部规章制度,引导"两新"组织提高自身素质,增强自我约束、自我管理、自我教育、自我服务的能力和社会公信力,切实树立良好的社会形象。

第十八章

湖州市人才引进"南太湖精英计划"的问题和对策研究

　　创新型人才队伍建设,特别是创新团队和领军人才队伍建设,是我市提升自主创新能力,加快推进经济转型升级、建设创新型城市的核心要素。为了深入实施科教兴市、人才强市战略,湖州市于2008年制定出台《"南太湖精英计划"实施意见》和年度实施办法,全面启动实施"南太湖精英计划",提出5年内在生物医药、新材料等我市重点发展产业,选拔50名左右海外归国领军人才,建设50个左右的优秀创新团队的工作目标。对入选的领军人才,给予50万元~300万元创业资助,提供风投担保、住房场地、税收减免、科技扶持等配套优惠政策。

　　自2008年开始启动实施"南太湖精英计划"以来,已累计入选领军人才及项目54个,成功签约47个,实现了海外高层次人才的快速集聚。根据2011年"南太湖精英计划"实施办法,今年,我市将力争新引进海外领军人才及其创新团队30个左右,涉及生物医药、先进装备、新材料、新能源等产业。"南太湖精英计划"是湖州人才工作的一大亮点和特色,是我市引进海外领军人才的重要载体,是一项重大人才工程,也是推动我市产业结构转型升级的重要抓手。因此,"南太湖精英计划"引进项目产业化问题是非常值得重视和关注的紧迫问题。为准确了解引进项目产业化现状及其进程中存在的问题,课题组于 2011 年 5 月至 7 月间对全市 08 年、09 年引进的 47 项项目进行了间接或直接的调查研究。

第一节　"南太湖精英计划"引进项目产业化的挑战和问题

"南太湖精英计划"08、09 年引进项目 75％以上都已完成注册,60％以上都已建有或租有产房,绝大多数已进入产业化阶段,在产业化进程中存在的困难和问题主要集中在:

(一) 配套人力资源不易获得

在产业化过程中缺乏各个层次的人才,面临着人力资源数量和质量不能满足项目产业化所需的状况,是引进项目领军人才提到最为集中的问题。项目面临招工困难,有一定技术和经验的技术工人和底层雇员非常缺乏。很多大学生和技术工人所学所掌握的技能,已经存在与高新技术企业需要的技能相脱节的现象,他们的专业技能对于高新技术企业来说,要么太陈旧太落后,要么空洞无物不可用、不能满足高新技术企业的需要。

项目很难找到具有能力和经验的中高层管理人才。在本地没有足够的具有一定技术水平的人员,当地难以获得适当研发人才、土地、企业管理人才,湖州公司人员无法到位,其他地方的工作人员不愿来湖州工作,研发只能主要放在杭州上海周边城市。而且"大学毕业生在接受公司培养后就想跳槽",即使是创新团队人员也会因住房、配偶工作等原因，流动性大、稳定性差。

（二）项目资金不够雄厚

项目产业化初级阶段，资金不足是一个普遍的问题，很多项目人才都表示资金紧张。高科技创业企业一般都不能拿出有效的担保，鉴于公司处于轻资产状态，缺乏必要的融资平台，创业人员很难从银行或者风险投资得到资金，融资贷款困难，在一定程度上制约了本项目的生产规模及市场拓展的进度，或者流动资金缺口较大，大订单不敢承接。

"南太湖精英计划"体现了"雪中送炭"式的政府资金模式，在企业处于发展的关键阶段、瓶颈期或者遇到一些困难时，政府的资助资金非常重要，能够起到巨大的作用，这也是"南太湖精英计划"生命力所在。但在资金投入的深度和及时性上还有提升的空间，尽快按合同约定的投入政府资助资金和风险资金。

（三）政策协调相对欠缺

创业需要一个稳定的政策环境，但目前政府给予高层次人才的优惠政策还存在延续性和稳定性不足、已有优惠政策未能完全落实的情况。一些部门在工作中往往由于利益冲突而没有做好协调配合甚至存在相互推诿扯皮的情况。有些政策涉及各个政府部门的利益冲突，高层又没有提出具体的协调方案，各个部门在操作过程中相互扯皮。

从服务观念和意识上来看，政府部门中高级官员的观念和意识相当先进和开明，但底层具体负责执行的一些公务员的观念和意识仍然很落后。从政府的不同部门来看，负责招商的部门服务意识和态度较好，其他部门在这方面就做得一般。

（四）产业化要素不齐备

高新技术产业化本身存在很多无法克服的风险，即使是最成熟、优秀的技术在产业化过程中也会面临外部不确定的风险。据调查现有项目产业化过程中主要问题有：产品的稳定性、后续技术的研发，原料等相关上下游产业要素的不齐全导致的原料供应不稳当，产品应用推广、销售等问题。

湖州周围的苏州、上海、宁波、杭州等地都有大量力量很强的工业园，湖州在产业配套上很难与他们展开全面竞争。高新技术园的发展存在一个"正反馈"的机制，越大越强的高新技术园，越能够吸引最有前途和潜力的企业和创业者入驻，就容易更强更大。反之，一个凋敝的园区，很少有企业或创业者会有意进入，于是越来越萧条。

第二节　"南太湖精英计划"引进项目产业化推进路径

（一）构建人才多中心治理体系，齐心协力解决人才不足问题

积极进行社会管理创新，构建人才多中心治理体系，确保人才公共服务和公共政策的卓越、优秀。要完善党委统一领导，组织部门牵头抓总，有关部门各司其职、密切配合，社会力量广泛参与的人才工作格局。发挥高级专家（海外留学回国创业优秀人才）服务中心的作用，严格按湖州市"南太湖精英计划"领军人

才及企业服务管理暂行办法提供优质服务,还要把目光关注到行业协会、企业协会和人才中介等具有人才带动、人才蓄容功能的组织机构,进行人才中介体制机制的创新,充分利用社会组织和社会中介搞活人才市场,多用民众自主的力量、市场机制的力量引导、培育和使用人才,还要充分发挥普通群众的智慧和力量,通过搭建大沟通平台,让普通百姓至少新生代劳动者也了解、理解基本的人力资源管理知识,来创造和谐、有利的人才环境。形成全社会各界联动,齐抓共管、多方协同的治理机制。这样才能营造一个人才备受尊重的人文环境,备受关爱的成长环境,备受支持的创业环境,打造一个"远者来,来者安"的卓越人才发展环境。

(二) 引导、规范和激活民间资本,多种渠道解决资金不足的问题

注重发挥政府的主导作用,加大对引进项目产业化的投入力度和帮扶机制,进一步提升相关产业园区的专业化、特色化水平,全面提高自主研发和产业化能力。以风投、担保、科创三类企业为基础,引导更多的风险投资支持引进项目初创企业的前期研发投入;银行监管部门加强与地方政府和相关职能部门的沟通协作,探索建立辖区信贷政策与产业政策的协调工作机制;搭建银企合作平台,加强银企之间的信息沟通交流,使生物医药企业的有效贷款需求能得到满足;建立重点行业、重点企业风险监测与交流机制,切实防范行业和集团企业贷款风险。汲取温州民间资本借贷失序的教训,借鉴金融改革引导、规范及激活民间资本的做法,破解小企业融资难,为富裕的民间资本提供更多的投资渠道,把民间借贷转入到有监管、透明化的正式轨道。

（三）推进整体性政府建设，以顾客为导向协同政策与部门

要持续深化服务型政府建设，当前阶段重点就是要推进整体性政府建设。整体性政府是通过协调部门间关系，整合各自独立的资源，以政策工具作为达成公共行政目标的载体，形成政府与社会、公民的协同治理机制，来满足公共需求。地方政府功能转型的目的就是发挥公共领域资源整合的优势，以信息技术为媒介，运用多中心的治理主体，实现政府公共行政的绩效。以顾客为导向，进行机制整合，做到政策和部门协同。在人才发展环境的所有要素中，人才政策居于核心地位，必须把创新完善人才政策作为着力点，努力营造发展人才、服务人才、凝聚人才的良好环境。要优化行政审批服务，减少审批环节，减轻涉企收费，提高服务效率。建立健全领导联系服务企业长效机制，积极帮助引进项目解决产业化进程中遇到的实际困难，提高服务水平。

（四）集中发展产业集群，以点带面有重点地健全产业要素

坚持走新型工业化道路，在某一个产业领域集中力量进行资助扶持，集中引进建立从事该产业的较多数目的企业，发展该产业的产业集群，突破一点、带动全局。在引进项目中符合产业集群方向，要突出保障它的产业发展要素资源，整合优化市、县（区）各类各层次要素资源，加大土地资源、信贷资金、财政资金等优质资源的倾斜力度，培育一批龙头企业、抓好一批"大好高"项目，扶持和促进重点特色产业加快发展。组建湖州市高新技术产业化促进中心，作为市政府面向全社会服务并推进高新技术产业化的平台，具体承担高新技术产业化的信息发布、政策咨询、项目受理、技术服务、配套对接、平台聚焦、绩效评估等工作。

第三节 "南太湖精英计划"引进项目
产业化管理策略

（一）有效激励和合理保障，激发引进项目领军人才的事业心和责任心

思想政治工作是我们共产党人的一项法宝，在新的时代背景下要创新思想政治工作的机制和方法，对引进项目人才做工作的时候也可以进行类似的创新，要积极搭建平台，让这些领军人才与地方群众、地方同行、研究工作者建立乡土连接，促使他们对这片土地及其土地上的人民是有感情的、具体、生动的，激发他们的使命感和责任感。要使他们认识到引进项目产业化的成败不仅关系到他们自身事业的成败，更关系到我市产业布局、产业转型升级、经济增长方式转变的成败，提高到爱国、爱乡土的高度。他们从事的工作不仅仅是对自己负责，而且对千万普通群众和地方政府负有责任。这也可以提升他们工作的事业心和意义。

当然在人才多中心治理的体制下，会有自发的力量，如中间组织、社会志愿者团队来做这项工作，现在更多的是依靠政府、依靠高级专家(海外留学回国创业优秀人才)服务中心来做这项工作。可以发挥湖州特色，由市政府组织，免费向高层次人才开展书画培训；湖州大剧院、湖州市图书馆等公共文化设施制定相关办法，优先、优惠向高层次人才开放；依托湖州市硕博联合会，定期开展联谊联欢活动，加强高层次人才之间的联合和互动。完善人才公寓建设和管理，不断加快周边文体中心等生活配套设施建设，改善区

内人才生活居住环境,使人才乐居乐业;加快城市整体建设,突出湖城"国家园林城市"山水生态优势,再现"人生只合住湖州"的美好意境。

(二)高效服务和优质政策,提供项目产业化的良好引才氛围

对南太湖精英计划引进人才和创新团队实行专人负责制,设立专门的人才联络员,负责完成引进人才和团队进入开发区相关手续、人事代理、人才生活保障、子女入学等事务性工作,复杂问题及时由"南太湖人才发展改革实验区工作领导小组"协调解决;公布南太湖人才发展改革实验区工作领导小组负责人、开发区分管人才工作领导、相关产业人才联络员等人员的联系方式,允许人才第一时间、一步到位反映问题,集中反映、集中处理,杜绝问题久拖不决。

我市先后出台了《湖州市引进和培养高素质人才实施办法》、《湖州市人才柔性流动管理暂行办法》等政策性文件70多个,在编制管理、疏通入口、科研经费、排除后忧、要素分配等方面进行改革创新,有力地推动了我市高层次人才队伍的建设。但与别地相比较,我们还有不足。江苏、广东两省的海外引才政策力度很大,江苏省设立了每年2个亿的海外人才工作专项经费,江苏各市已纷纷推出重金吸引海外高层次人才政策;广东省对引进的带高新技术产业化项目的高层次创新团队,省财政给予8000万元到1亿元的经费资助,对海外高层次人才来粤创业的资助可达500万元。因此,我们要结合自身优势和发展需要,加大支持力度,赢得地区间海外引才竞争的优势地位。可以灵活化人才引进载体。加强高层次人才柔性引进,探索项目委托、技术攻关、课题研究、见习实习

基地等多种人才引进实现载体,立足企业实际需要,以解决企业实际问题为现实出发和根本目的。通过项目、课题等的合作,加深人才与用人单位之间的了解,深化合作意向。逐步用"分步走"的方法,实现人才由"柔性被动引进"转变为"刚性主动进入"。

(三) 本地培育和存量增优,提供项目产业化的人力资源支撑

解决湖州高新技术企业缺乏技术人才和管理人才的问题有两个关键,一是技术工人;二是本地人才的培养。对于高新技术企业来说,不懂相关技术的人很难成为优秀的管理人才,高新技术企业的优秀管理者和中高层雇员一般都是从技术较好、经验丰富的基层雇员成长起来的,因此解决高新技术企业人力资源匮乏的关键在于培养和引进足够的技术人才。湖州从外地大规模引进技术工人不太现实,即使引进后也容易流失,关键在于培养本地熟练技工,把本地未来劳动者高技能化,把本地存量技术工人技能优化。

加强湖州的中高等职业技术类学校、高等学校与企业之间的联系,适时调整办学方向,培养企业需要的技术人才。探索学生实习机制,建立健全各种社会实习、实践基地,让各类中高等职业技术类学校学生在校期间在湖州的企业中完成较长时间的实习,从而培养出务实的技术人才。这需要政府和社会各界的共同关注和共同努力,学校要对此有充分的认识和坚实的行动。改革职业资格教育的体制和机制,切实提高职业资格考试的作用,提高职业资格考试的实用性和适用性,提高职业资格证书的含金量。对湖州现有熟练工人、技术工人的再教育和再学习,政府可以以一定的形式提供支持,或采用政策杠杆、评估杠杆促使企业重视和提升工人技能。健全各类人才合理流动制度,流动制度应该确保企业舍得

对员工投入，无投入的后顾之忧，现在很多企业不敢对员工投入就是害怕员工无序流动。

(四) 创新形式和提升水平，为项目产业化的提供良好载体支撑

建设公共创新服务平台。借助湖州市科技创业园原有"生物医药技术公共实验服务平台""工业生物技术中心"和"电子信息技术服务平台"三个技术支撑平台，根据产业分布和转型升级需要，打造"新能源""环保设备"等公共创新服务平台。打造面向行业的公共创新服务平台。以满足企业的科技创新需求为导向，以建立共享服务机制为核心，对创新资源进行有效整合和战略重组，联合高校、科研院所、企业组成产学研战略联盟，进行基础性共性技术的研发，为广大企业、科研人员提供科研条件。同时提供咨询和培训服务，辅助中小企业技术升级，增强企业的自主创新能力，提高行业的技术服务水平，为行业的发展构建强有力的科技支撑体系。

打造科技成果转化推广平台。主动"走出去"，扩大引智借智半径，加强与周边苏浙沪地区著名高校（南京大学、中国人民大学苏州研究院、浙江大学、复旦大学、上海交通大学等）重点学科、重点科研院所的合作联系，实现政府"牵线搭桥"，企业与高校合作联合"登台唱戏"，通过引进项目或者直接建立相关科研院所，形成"产、学、研"相结合的科研成果转化推广机制。

(五) 产业集群和要素配套，为项目产业化提供完善的产业链支撑

做大做强产业，既要从纵向延伸产业链，又要开拓发展新产业领域，形成产业间配套与互动。推动产业链配套建设。建立中小

企业对接高新技术产业化重点项目的工作机制,定期向中小企业发布需求信息、召开对接会议等。围绕项目实施主体,培育一批"专精特新"的中小企业,形成专业化配套。

建议集中发展生物医药环保产业。首先,这个产业方向在新时代有巨大的市场前景,因为人们对健康的生活越来越重视。其次,在湖州周围的几个大城市还没有形成知名的生物医药和环保产业集群。再次,湖州有发展生物医药和环保产业的现实性。在已经来湖创业的 14 家留学回国人员创业企业中,有 9 家属于这个产业。2008 年"南太湖精英计划"报名后通过初审的 100 个项目中有生物医药类项目 41 项,环保类项目 10 项,共计 51 项,有超过一半的项目属于生物医药和环保产业。很多人都看中湖州、报名来湖州开拓生物医药和环保产业,说明湖州有集中推进这个产业发展的现实性。

(六) 多方整合和方向明确,为项目产业化提供必要的资金支持

首先,对于银行机构来讲,要创新机制、改进服务。一是"掘",发掘引进项目的发展潜力。加大对成长型、科技型小企业的信贷支持,因地制宜地提供应收账款质押、专利权质押、仓单质押、供应链融资等创新型信贷品种,支持企业转型升级、加快发展。二是"拓",建立多种形式的科技金融合作平台。探索一种既充分发挥政府部门的引导、组织协调职能和项目、专家、信息优势,又结合银行业机构融资优势和金融产品创新能力的商业信贷合作模式,实现对企业自主创新的资金支持、服务支持和信息支持。

有必要在通过评审之后落户湖州的企业和项目中选拔少量进行重点资助扶持。在各个方面平均用力的效果一般不如抓住重点

进行突破,一家树立了品牌的高效益企业一般要胜过数十家经营很一般的企业,对创业过程中涌现出的有希望成功的企业,应该集中力量重点培养,给予资助,并主动去帮助、去解决其面对的困难,为其顺利成长护航。

附录

人才信任营造经典案例及其启示

案例一：人才信任营造之包容

卷八十九　张耳陈馀列传第二十九

张耳者，大梁人也。其少时，及魏公子毋忌为客。张耳尝亡命，游外黄。外黄富人女甚美，嫁庸奴，亡其夫，去抵父客。父客素知张耳，乃谓女曰："必欲求贤夫，从张耳。"女听，乃卒为请决，嫁之张耳。张耳是时脱身游，女家厚奉给张耳，张耳以故致千里客。乃宦魏为外黄令。名由此益贤。陈馀者，亦大梁人也，好儒术，数游赵苦陉。富人公乘氏以其女妻之，亦知陈馀非庸人也。馀年少，父事张耳，两人相与为刎颈交。

秦之灭大梁也，张耳家外黄。高祖为布衣时，尝数从张耳游，客数月。秦灭魏数岁，已闻此两人魏之名士也，购求有得张耳千金，陈馀五百金。张耳、陈馀乃变名姓，俱之陈，为里监门以自食。两人相对。里吏尝有过笞陈馀，陈馀欲起，张耳蹑之，使受笞。吏去，张耳乃引陈馀之桑下而数之曰："始吾与公言何如？今见小辱而欲死一吏乎？"陈馀然之。秦诏书购求两人，两人亦反用门者以令里中。自以其名而号令里中，诈更别求也。

陈涉起蕲，至入陈，兵数万。张耳、陈馀上谒陈涉。涉及左右生平数闻张耳、陈馀贤，未尝见，见即大喜。

陈中豪杰父老乃说陈涉曰："将军身被坚执锐，率士卒以诛暴秦，复立楚社稷，存亡继绝，功德宜为王。且夫监临天下诸将，不为王不可，原将军立为楚王也。"陈涉问此两人，两人对曰："夫秦为无道，破人国家，灭人社稷，绝人後世，罢百姓之力，尽百姓之财。将军瞋目张胆，出万死不顾一生之计，为天下除残也。今始至陈而王之，示天下私。原将军毋王，急引兵而西，遣人立六国後，自为树党，为秦益敌也。敌多则力分，与众则兵彊。如此野无交兵，县无守城，诛暴秦，据咸阳以令诸侯。诸侯亡而得立，以德服之，如此则帝业成矣。今独王陈，恐天下解也。"言天下诸侯见陈胜称王王陈，皆解堕不相从也。陈涉不听，遂立为王。

陈馀乃复说陈王曰："大王举梁、楚而西，务在入关，未及收河北也。臣尝游赵，知其豪桀及地形，原请奇兵北略赵地。"於是陈王以故所善陈人武臣为将军，邵骚为护军，以张耳、陈馀为左右校尉，予卒三千人，北略赵地。

武臣等从白马渡河，至诸县，说其豪桀曰："秦为乱政虐刑以残贼天下，数十年矣。北有长城之役，南有五岭之戍，外内骚动，百姓罢敝，头会箕敛，以供军费，财匮力尽，民不聊生。重之以苛法峻刑，使天下父子不相安。陈王奋臂为天下倡始，王楚之地，方二千里，莫不响应，家自为怒，人自为斗，各报其怨而攻其雠，县杀其令丞，郡杀其守尉。今已张大楚，王陈，使吴广、周文将卒百万西击秦。於此时而不成封侯之业者，非人豪也。诸君试相与计之！夫天下同心而苦秦久矣。因天下之力而攻无道之君，报父兄之怨而成割地有土之业，此士之一时也。"豪桀皆然其言。乃行收兵，得数万人，号武臣为武信君。下赵十城，馀皆城守，莫肯下。

乃引兵东北击范阳。范阳人蒯通说范阳令曰："窃闻公之将死,故吊。虽然,贺公得通而生。"范阳令曰："何以吊之?"对曰："秦法重,足下为范阳令十年矣,杀人之父,孤人之子,断人之足,黥人之首,不可胜数。然而慈父孝子莫敢倳刃。公之腹中者,畏秦法耳。今天下大乱,秦法不施,然则慈父孝子且倳刃公之腹中以成其名,此臣之所以吊公也。今诸侯畔秦矣,武信君兵且至,而君坚守范阳,少年皆争杀君,下武信君。君急遣臣见武信君,可转祸为福,在今矣。"

范阳令乃使蒯通见武信君曰："足下必将战胜然後略地,攻得然後下城,臣窃以为过矣。诚听臣之计,可不攻而降城,不战而略地,传檄而千里定,可乎?"武信君曰："何谓也?"蒯通曰:"今范阳令宜整顿其士卒以守战者也,怯而畏死,贪而重富贵,故欲先天下降,畏君以为秦所置吏,诛杀如前十城也。然今范阳少年亦方杀其令,自以城距君。君何不赍臣侯印,拜范阳令,范阳令则以城下君,少年亦不敢杀其令。令范阳令乘朱轮华毂,使驱驰燕、赵郊。燕、赵郊见之,皆曰此范阳令,先下者也,即喜矣,燕、赵城可毋战而降也。此臣之所谓传檄而千里定者也。"武信君从其计,因使蒯通赐范阳令侯印。赵地闻之,不战以城下者三十馀城。

至邯郸,张耳、陈馀闻周章军入关,至戏却;出骊山。又闻诸将为陈王徇地,多以谗毁得罪诛,怨陈王不用其筴不以为将而以为校尉。乃说武臣曰:"陈王起蕲,至陈而王,非必立六国後。将军今以三千人下赵数十城,独介居河北,不王无以填之。且陈王听谗,还报,恐不脱於祸。又不如立其兄弟;不,即立赵後。将军毋失时,时间不容息。"索隐以言举事不可失时,时几之迅速,其间不容一喘息顷也。武臣乃听之,遂立为赵王。以陈馀为大将军,张耳为右丞相,邵骚为左丞相。

使人报陈王，陈王大怒，欲尽族武臣等家，而发兵击赵。陈王相国房君谏曰："秦未亡而诛武臣等家，此又生一秦也。不如因而贺之，使急引兵西击秦。"陈王然之，从其计，徙系武臣等家宫中，封张耳子敖为成都君。

陈王使使者贺赵，令趣发兵西入关。张耳、陈馀说武臣曰："王王赵，非楚意，特以计贺王。楚已灭秦，必加兵於赵。原王毋西兵，北徇燕、代，南收河内以自广。赵南据大河，北有燕、代，楚虽胜秦，必不敢制赵。"赵王以为然，因不西兵，而使韩广略燕，李良略常山，张黡略上党。

韩广至燕，燕人因立广为燕王。赵王乃与张耳、陈馀北略地燕界。赵王间出，为燕军所得。燕将囚之，欲与分赵地半，乃归王。使者往，燕辄杀之以求地。张耳、陈馀患之。有厮养卒谢其舍中曰："吾为公说燕，与赵王载归。"舍中皆笑曰："使者往十馀辈，辄死，若何以能得王？"乃走燕壁。燕将见之，问燕将曰："知臣何欲？"燕将曰："若欲得赵王耳。"曰："君知张耳、陈馀何如人也？"燕将曰："贤人也。"曰："知其志何欲？"曰："欲得其王耳。"赵养卒乃笑曰："君未知此两人所欲也。夫武臣、张耳、陈馀杖马箠，下赵数十城，此亦各欲南面而王，岂欲为卿相终己邪？夫臣与主岂可同日而道哉，顾其势初定，未敢参分而王，且以少长先立武臣为王，以持赵心。今赵地已服，此两人亦欲分赵而王，时未可耳。今君乃囚赵王。此两人名为求赵王，实欲燕杀之，此两人分赵自立。夫以一赵尚易燕，况以两贤王左提右挈，而责杀王之罪，燕将以为然，乃归赵王，养卒为御而归。

李良已定常山，还报，赵王复使良略太原。至石邑，曰："良尝事我得显幸。良诚能反赵为秦，赦良罪，贵良。"良得书，疑不信。乃还之邯郸，益请兵。未至，道逢赵王姊出饮，从百馀骑。李良望见,以为王,伏谒道旁。王姊醉,不知其将,使骑谢李良。李良素贵,起,惭其从官。从官有一人曰:"天下畔秦,能者先立。且赵王素出将军下,今女儿乃不为将军下车,请追杀之。"李良已得秦书,固欲反赵,未决,因此怒,遣人追杀王姊道中,乃遂将其兵袭邯郸。邯郸不知,竟杀武臣、邵骚。赵人多为张耳、陈馀耳目者,以故得脱出。收其兵,得数万人。客有说张耳曰:"两君羁旅,而欲附赵,难;乃求得赵歇,立为赵王,居信都。李良进兵击陈馀,陈馀败李良,李良走归章邯。

章邯引兵至邯郸,皆徙其民河内,夷其城郭。张耳与赵王歇走入钜鹿城,王离围之。陈馀北收常山兵,得数万人,军钜鹿北。章邯军钜鹿南棘原,筑甬道属河,饷王离。王离兵食多,急攻钜鹿。钜鹿城中食尽兵少,张耳数使人召前陈馀,陈馀自度兵少,不敌秦,不敢前。数月,张耳大怒,怨陈馀,使张黡、陈泽正义音释。往让陈馀曰:"始吾与公为刎颈交,今王与耳旦暮且死,而公拥兵数万,不肯相救,安在其相为死! 苟必信,胡不赴秦军俱死? 且有十一二相全。"正义十中冀一两胜秦。陈馀曰:"吾度前终不能救赵,徒尽亡军。且馀所以不俱死,欲为赵王、张君报秦。今必俱死,如以肉委饿虎,何益?"张黡、陈泽曰:"事已急,要以俱死立信,安知後虑!"陈馀曰:"吾死顾以为无益。必如公言。"乃使五千人令张黡、陈泽先尝秦军,至皆没。

当是时,燕、齐、楚闻赵急,皆来救。张敖亦北收代兵,得万馀人,来,皆壁馀旁,未敢击秦。项羽兵数绝章邯甬道,王离军乏食,项羽悉引兵渡河,遂破章邯。章邯引兵解,诸侯军乃敢击围钜鹿秦军,遂虏王离。涉间自杀。卒存钜鹿者,楚力也。

於是赵王歇、张耳乃得出钜鹿,谢诸侯。张耳与陈馀相见,责让陈馀以不肯救赵,及问张黡、陈泽所在。陈馀怒曰:"张黡、陈泽以必死责臣,臣使将五千人先尝秦军,皆没不出。"张耳不信,以为杀之,数问陈馀。陈馀怒曰:"不意君之望臣深也! 岂以臣为重去将哉?"或云重,惜也。乃脱解印绶,推予张耳。张耳亦愕不受。陈馀起如厕。客有说张耳曰:"臣闻'天与不取,反受其咎'。今陈将军与君印,君不受,反天不祥。急取之!"张耳乃佩其印,收其麾下。而陈馀还,亦望张耳不让,遂趋出。张耳遂收其兵。陈馀独与麾下所善数百人之河上泽中渔猎。由此陈馀、张耳遂有郤。

赵王歇复居信都。张耳从项羽诸侯入关。汉元年二月,项羽立诸侯王,张耳雅游,然素亦故也。故游,言惯游从,故多为人所称誉。人多为之言,项羽亦素数闻张耳贤,乃分赵立张耳为常山王,治信都。信都更名襄国。

陈馀客多说项羽曰:"陈馀、张耳一体有功於赵。"项羽以陈馀不从入关,闻其在南皮,即以南皮旁三县以封之,而徙赵王歇王代。

张耳之国,陈馀愈益怒,曰:"张耳与馀功等也,今张耳王,馀独侯,此项羽不平。"及齐王田荣畔楚,陈馀乃使夏说说。田荣曰:"项羽为天下宰不平,尽王诸将善地,徙故王王恶地,今赵王乃居代!原王假臣兵,请以南皮为扞蔽。"田荣欲树党於赵以反楚,乃遣兵从陈馀。陈馀因悉三县兵袭常山王张耳。张耳败走,念诸侯无可归者,曰:"汉王与我有旧故,而项羽又彊,立我,我欲之楚。""汉王之入关,五星聚东井。东井者,秦分也。先至必霸。楚虽彊,後必属汉。"故耳走汉。汉王亦还定三秦,方围章邯废丘。张耳谒汉王,汉王厚遇之。

陈馀已败张耳,皆复收赵地,迎赵王於代,复为赵王。赵王德陈馀,立以为代王。陈馀为赵王弱,国初定,不之国,留傅赵王,而使夏说以相国守代。

汉二年,东击楚,使使告赵,欲与俱。陈馀曰:"汉杀张耳乃从。"於是汉王求人类张耳者斩之，持其头遗陈馀。陈馀乃遣兵助汉。汉之败於彭城西，陈馀亦复觉张耳不死，即背汉。

汉三年，韩信已定魏地，遣张耳与韩信击破赵井陉，斩陈馀泜水上，汉五年，张耳薨，谥为景王。

太史公曰：张耳、陈馀，世传所称贤者；其宾客厮役，莫非天下俊桀，所居国无不取卿相者。然张耳、陈馀始居约时，相然信以死，岂顾问哉。谓相和同诺者何也。谓然诺相信，虽死不顾也。及据国争权，卒相灭亡，何乡者相慕用之诚，後相倍之戾也！岂非以势利交哉？名誉虽高，宾客虽盛，所由殆与大伯、延陵季子异矣。[1]

【人才发展案例评论及其反思】

余高二时，阅读《史记故事》，未尝不无限感慨，秦乱，天下英雄、豪杰涌现，而张耳、陈余为其独特者。运用到人才发展领域，此经典案例颇有借鉴意义。对于领导而言，用人不疑，疑人不用，尤其是特殊人才。对于张耳、陈馀，其实他们并非都是优秀的领导者，以至于出现对故交怀疑的问题，最后彼此仇杀，让人遗憾。事实上，在人力资源开发时，高级别领导更需要一个包容的心，允许人才的多面性，既不需要过分依赖道德化取人，更不应该仅仅以技术性取向责人。

《张耳陈馀列传》讲述了张耳、陈馀等人领导的叛乱斗争。其中包括张耳对士兵的选拔、培育和训练等方面的描述，为我们提供了一些关于人才培育的启示。

---

[1] 本文资料源自国学导航网《史记》，正文有多家注脚，均删之，内容有所删节，请读者注意。

首先,要善于发现和使用人才。张耳从流亡时期就结交了一批忠诚有能力的人,并在起义后在这些人的帮助下壮大了自己的军队。同时,张耳和陈馀都是非常擅长用人的领袖,他们能够发掘士兵和将领的长处,建立科学和公正的人才选拔制度,将领和士兵都是通过考核和实战表现来选拔的,把合适的人才放到合适的岗位上。

其次,要重视人才培养和训练。张耳和陈馀都非常注重军队将士的训练和培养,采取了严格的训练制度,使士兵在短时间内得到了较为全面的训练,培养出了一批勇敢、善战的将士。在现代的组织管理中,也需要注重对员工的培养和提升,包括通过内部培训、导师制度、岗位轮换、项目经验激励等方式,培养和提升员工的能力和素质。建立多元化的培训、学习和技能提升机制,为员工的成长提供必要的支持和保障。

最后,要尊重和激励人才。张耳把征战中的功绩作为考量军官任用的首要标准,尊重人才,善于给予表扬和奖励,这也使得他的军队士气高涨,士兵们也更愿意为他打败敌人。张耳和陈馀都非常善于赏罚分明,并给予表扬和奖励。这些正向激励可以激励士兵做出更好的表现,也可以增强士兵的信心和归属感。建立多元化的激励机制,包括薪酬激励、晋升机会、福利待遇、员工参与等,增加员工的工作满意度和归属感,从而提高员工的忠诚度和稳定性。

案例二:人才信任营造之欣赏

第一卷 俞伯牙摔琴谢知音

浪说曾分鲍叔金,谁人辨得伯牙琴!

干今交道好如鬼,湖海空悬一片心。

古来论文情至厚,莫如管鲍。管是管夷吾,鲍是鲍叔牙。他两个同为商贾,得利均分。时管夷吾多取其利,叔牙不以为贪,知其贫也;后来管夷吾被囚,叔牙脱之,荐为齐相。这样朋友,才是个真正相知。这相知有几样名色:恩德相结者,谓之知己;腹心相照者,谓之知心;声气相求嗜,谓之知音,总来叫作相知。

今日听在下说一桩俞伯牙的故事。列位看官们,要听者,洗耳而听;不要听者,各随尊便。正是,"知音说与知音听,不是知音不与谈。"话说春秋战国时,有一名公,姓俞名瑞字伯牙,楚国郢都人氏,即今猢广荆州府之地也。那俞伯牙身虽楚人,官星却落于晋国,仕至上大夫之位。因奉晋主之命,来楚国修聘。伯牙讨这个差使,一来是个大才,下辱君命;二来就便省视乡里,一举两得。当时从陆路至于郢都,朝见了楚王,致了晋主之命,楚王设宴款待,十分相敬。那郢都乃是桑梓之地,少不得去看一看坟墓,会一会亲友。然虽如此,各事其主,君命在身,不敢迟留。公事已毕,拜辞楚王。楚王赠以黄金采缎,高车驷马。伯牙离楚一十二年,思想故国江山之胜,欲得恣情观览,要打从水路大宽转而回。乃假奏楚王道:"臣不幸有犬马之疾,不胜车马驰骤。乞假臣舟揖,以便医药。"楚王准奏,命水师拨大船二只,一正一副。正船单坐晋国来使,副船安顿仆从行李。都是兰桡画桨,锦帐高帆,甚是齐整。群臣直送至江头而别。

只因览胜探奇,不顾山遥水远。伯牙是个风流才子,那江山之胜,正投其怀。张一片风帆,凌千层碧浪,看不尽遥山叠翠,远水澄清。不一日,行至汉阳江口。时当八月十五日中秋之夜,偶然风狂浪涌,大雨如注。舟楫不能前进,泊于山崖之下。不多时,风恬浪静,雨止云开,现出一轮明月。那雨后之月,其光倍常。伯牙在船舱中,独坐无聊,命童子焚香炉内,"待我抚琴一操,以遣情怀。"童子焚香罢，捧琴囊置于案间。伯牙开囊取琴，调弦转轸，弹出一曲。曲犹未终，指下"刮刺"的一声响，琴弦断了一根。伯牙大惊，叫童子去问船头："这住船所在是甚么去处？"船头答道："偶因风雨，停泊于山脚之下，虽然有些草树，并无人家。"伯牙惊讶，想道："是荒山了。若是城郭村庄，或有聪明好学之人，盗听吾琴，所以琴声忽变，有弦断之异。这荒山下，那得有听琴之人？哦，我知道了，想是有仇家差来刺客；不然，或是贼盗伺候更深，登舟劫我财物。"叫左右："与我上崖搜检一番。不在柳阴深处，定在芦苇丛中！"左右领命，唤齐众人，正欲搭跳上崖。忽听岸上有人答应道："舟中大人，不必见疑。小子并非奸盗之流，乃樵夫也。因打柴归晚，值骤雨狂风，雨具不能遮蔽，潜身岩畔。闻君雅操，少住听琴。"伯牙大笑道："山中打柴之人，也敢称'听琴'二字！此言未知真伪，我也不计较了。左右的，叫他去罢。"那人不去，在崖上高声说道："大人出言谬矣！岂不闻'十室之邑，必有忠信。''门内有君子，门外君子至。'大人若欺负山野中没有听琴之人，这夜静更深，荒崖下也不该有抚琴之客了。"

伯牙见他出言不俗，或者真是个听琴的，亦未可知。止住左右不要罗唣，走近舱门，回嗔作喜地问道："崖上那位君子，既是听琴，站立多时，可知道我适才所弹何曲？"那人道："小子若不知，却也下来听琴了。方才大人所弹，乃孔仲尼叹颜回，谱入琴声。其词云：'可惜颜回命蚤亡，教人思想鬓如霜。只因陋巷箪瓢乐，……'到这一句，就断了琴弦，不曾抚出第四句来，小子也还记得：'留得贤名万古扬。'"伯牙闻言大喜道："先生果非俗士，隔崖遥远，难以问答。"命左右："掌跳，看扶手，请那位先生登舟细讲。"左右掌跳，此人上船，果然是个樵夫：头戴箬笠，身披蓑衣，手持尖担，腰插板斧，脚踏芒鞋。手下人哪知言谈好歹，见是樵夫，下眼相看："咄！那樵夫下舱去，见我老爷叩头，问你甚么言语，小心答应。官尊着哩！"樵大却是个有意思的，道："列位不须粗鲁，待我解衣相见。"除了斗笠，头上是青布包巾；脱了蓑衣，身上是蓝布衫儿；搭膊拴腰，露出布棍下截。那时不慌不忙，将蓑衣、斗笠、尖担、板斧，俱安放舱门之外。脱下芒鞋，骊去泥水，重复穿上，步入舱来。官舱内公座上灯烛辉煌。樵夫长揖而不跪，道："大人施礼了。"俞伯牙是晋国大臣，眼界中那有两接的布衣。下来还礼，恐失了官体，既请下船，又不好吐他回去。伯牙没奈何，微微举手道："贤友免礼罢。"叫童子看坐的。童子取一张杌坐儿置于下席。怕牙全无客礼，把嘴向樵夫一弩，道："你且坐了。"你我之称，怠慢可知。那樵大亦不谦让，俨然坐下。

伯牙见他不告而坐，微有嗔怪之意，因此不问姓名，亦不呼手下人看茶。默坐多时，怪而问之："适才崖上听琴的，就是你么？"樵夫答言："不敢。"伯牙道："我且问你，既来听琴，必知琴之出处。此琴何人所造？ 抚他有甚好处？"正问之时，船头来禀话："风色顺了，月明如昼，可以开船。"伯牙分付："且慢些！"樵夫道，"承大人下问，小子若讲话絮烦，恐担误顺风行舟。"伯牙笑道："惟恐你不知琴理。若讲得有理，就不做官，亦非大事，何况行路之迟速乎！"樵夫道："既如此，小子方敢僭谈。此琴乃伏羲氏所琢，见五星之精，飞坠梧桐，凤皇来仪。凤乃百鸟之王，非竹实不食，非悟桐不栖，非醴泉不饮。伏羲以知梧桐乃树中之良材，夺造化之精气，堪为雅乐，令人伐之。其树高三丈三尺，按三十三天之数，截为三段，分天、地、人三才。取上一段叩之，其声太清，以其过轻而废之；取下一段叩之，其声太浊，以其过重而废之；取中一段叩之，其声清浊相济，轻重相兼。送长流水中，浸七十二日，按七十二候之数。取起阴干，选良时吉日，用高手匠人刘子奇制成乐器。此乃瑶池之乐，故名瑶琴。

长三尺六寸一分,按周天三百六十一度;前阔八寸,按八节;后阔四寸,按四时;厚二寸,按两仪。有金童头,玉女腰,仙人背,龙池,凤沼,玉轸,金徽。那徽有十二,按十二月;又有一中徽,按闰月。先是五条弦在上,外按五行:金、木、水、火、土;内按五音:宫、商、角、徵、羽。尧舜时操五弦琴,歌'南风'诗,天下大治。后因周文王被囚于羑里,吊子伯邑考,添弦一根,清幽哀怨,谓之文弦。后武王伐纣,前歌后舞,添弦一根,激烈发扬,谓之武弦。先是宫、商、角、徵、羽五弦,后加二弦,称为文武七弦琴。此琴有六忌,七不弹,八绝。何为六忌?一忌大寒,二忌大暑,三忌大风,四忌大雨,五忌迅雷,六忌大雪。何为七不弹?闻丧者不弹,奏乐不弹,事冗不弹,不净身不弹,衣冠不整不弹,不焚香不弹,不遇知音者不弹。何为八绝?总之,清奇幽雅,悲壮悠长。此琴抚到尽美尽善之处,啸虎闻而不吼,哀猿听而不啼。乃雅乐之好处也。"

伯牙听见他对答如流,犹恐是记问之学。又想道:"就是记问之学,也亏他了。我再试他一试。"此时已不似在先你我之称了,又问道:"足下既知乐理,当时孔仲尼鼓琴于室中,颜回自外入,闻琴中有幽沉之声,疑有贪杀之意,怪而问之。仲尼曰:'吾适鼓琴,见猫方捕鼠,欲其得之,又恐其失之。此贪杀之意,遂露于丝桐。'始知圣门音乐之理,入于微妙。假如下官抚琴,心中有所思念,足下能闻而知之否?"樵夫道:"《毛诗》云:'他人有心,予忖度之。'大人试抚弄一过,小子任心猜度。若猜不着时,大人休得见罪。"伯牙将断弦重整,沉思半晌。其意在于高山,抚琴一弄。樵夫赞道:"美哉洋洋乎,大人之意,在高山也!"伯牙不答。又凝神一会,将琴再鼓,其意在于流水。樵夫又赞道:"美哉汤汤乎,志在流水!"只两句,道着了伯牙的心事。伯牙大惊,推琴而起,与子期施宾主之礼。连呼:"失敬!失敬!石中有美玉之藏,若以衣貌取人,岂不误了天下贤士！先生高名雅姓？"樵大欠身而答："小子姓钟，名徽，贱字子期。"伯牙拱手道："是钟子期先生。"子期转问："大人高姓？荣任何所？"伯牙道："下官俞瑞，仕于晋朝，因修聘上国而来。"子期道："原来是伯牙大人。"伯牙推子期坐于客位，自己主席相陪，命童子点茶。茶罢，又命童子取酒共酌。伯牙道："借此攀话，休嫌简亵。"子期称："不敢。"

　　童子取过瑶琴，二人入席饮酒。伯牙开言又问："先生声口是楚人了，但不知尊居何处？"子期道："离此不远，地名马安山集贤村，便是荒居。"伯牙点头道："好个集贤村。"又问："道艺何为？"子期道："也就是打柴为生。"伯牙微笑道："子期先生，下官也不该僭言，似先生这等抱负，何不求取功名，立身于廊庙，垂名于竹帛；却乃资志林泉，混迹樵牧，与草木同朽？窃为先生不取也。"子期道："实不相瞒，舍间上有年迈二亲，下无手足相辅。采樵度日，以尽父母之余年。虽位为三公之尊，不忍易我一日之养也。"伯牙道："如此大孝，一发难得。"二人杯酒酬酢一会。子期宠辱无惊，伯牙愈加爱重。又问子期："青春多少？"子期道："虚度二十有七。"伯牙道："下官年长一旬。子期若不见弃，结为兄弟相称，不负知音契友。"子期笑道："大人差矣！大人乃上国名公，钟徽乃穷乡贱子，怎敢仰扳，有辱俯就。"伯牙道："相识满天下，知心能几人？下官碌碌风尘，得与高贤结契，实乃生平之万幸。若以富贵贫贱为嫌，觑俞瑞为何等人乎！"遂命童子重添炉火，再熟名香，就船舱中与子期顶礼八拜。伯牙年长为兄，子期为弟。今后兄弟相称，生死不负。拜罢，复命取暖酒再酌。子期让伯牙上坐，伯牙从其言。换了杯箸，子期下席，兄弟相称，彼此谈心叙话。正是："合意客来心不厌，知音人听话偏长。"

　　谈论正浓，不觉月淡星稀，东方发白。船上水手都起身收拾篷索,整备开船。子期起身告辞,伯牙捧一杯酒递与子期,把子期之手,叹道:"贤弟,我与你相见何太迟,相别何太早!"子期闻言,不觉泪珠滴于杯中。子期一饮而尽,斟酒回敬伯牙。二人各有眷恋不舍之意。伯牙道:"愚兄余情不尽,意欲曲延贤弟同行数日,未知可否?"子期道:"小弟非不欲相从。怎奈二亲年老,'父母在,不远游。'"伯牙道:"既是二位尊人在堂,回去告过二亲,到晋阳来看愚兄一看,这就是'游必有方'了。"子期道:"小弟不敢轻诺而寡信,许了贤兄,就当践约。万一禀命于二亲,二亲不允,使仁兄悬望于数千里之外,小弟之罪更大矣。"伯牙道:"贤弟真所谓至诚君于。也罢,明年还是我来看贤弟。"子期道:"仁兄明岁何时到此?小弟好伺候尊驾。"伯牙屈指道:"昨夜是中秋节,今日天明,是八月十六日了。贤弟,我来仍在仲秋中五六日奉访。若过了中旬,迟到季秋月分,就是爽信,不为君子。"叫童子:"分付记室将钟贤弟所居地名及相会的日期,登写在日记簿上。"子期道:"既如此,小弟来年仲秋中五六日,准在江边侍立拱候,不敢有误。天色已明,小弟告辞了。"伯牙道:"贤弟且住。"命童子取黄金二笏,不用封帖,双手捧定道:"贤弟,些须薄礼,权为二位尊人甘旨之费。斯文骨肉,勿得嫌轻。"子期不敢谦让,即时收下。再拜告别,含泪出舱,取尖担挑了蓑衣、斗笠,插板斧于腰间,掌跳搭扶手上崖。伯牙直送至船头,各各洒泪而别。

不题子期回家之事。再说俞伯牙点鼓开船,一路江山之胜,无心观览,心心念念,只想着知音之人。又行了几日,舍舟登岸。经过之地,知是晋国上大夫,不敢轻慢,安排车马相送。直至晋阳,回复了晋主,不在话下。

光阴迅速,过了秋冬,不觉春去夏来。伯牙心怀子期。无日忘之。想着中秋节近,奏过晋主,给假还乡。晋主依允。伯牙收拾行装,仍打大宽转,从水路而行。下船之后,分付水手,但是湾泊所在,就来通报地名。事有偶然,刚刚八月十五夜,水手禀复,此去马安山不远。伯牙依稀还认得去年泊船相会子期之处。分付水手,将船湾泊,水底抛锚,崖边钉橛。其夜晴明,船舱内一线月光,射进朱帘。伯牙命童子将帘卷起,步出舱门,立于船头之上,仰观斗柄。水底天心,万顷茫然,照如白昼。思想去岁与知己相逢,而止月明。今夜重来,又值良夜。他约定江边相候,如何全无踪影,莫非爽信?又等了一会,想道:"我理会得了。江边来往船只颇多。我今日所驾的,不是去年之船了。吾弟急切如何认得?去岁我原为抚琴惊动知音。今夜仍将瑶琴抚弄一曲,吾弟闻之,必来相见。"命童子取琴桌安放船头,焚香设座。伯牙开囊,调弦转轸,才泛音律,商弦中有哀怨之声。伯牙停琴不操:"呀!商弦哀声凄切,吾弟必遭忧在家。去岁曾言父母年高。若非父丧,必是母亡。他为人至孝,事有轻重,宁失信于我,不肯失礼于亲,所以不来也。来日天明,我亲上崖探望。"叫童子收拾琴桌,下舱就寝。

　　伯牙一夜不睡,真个巴明不明,盼晓不晓。看看月移帘影,日出山头。伯牙起来梳洗整衣,命童子携琴相随,又取黄金十镒带去:"倘吾弟居丧,可为赠礼。"踹跳登崖,行于樵径,约莫十数里,出一谷口,伯牙站住。童子禀道:"老爷为何不行?"伯牙道:"山分南北,路列东西。从山谷出来,两头都是大路,都去得。知道那一路在集贤村去?等个识路之人,问明了他,方才可行。"伯牙就石上少憩,童儿退立于后。不多时,左手官路上有一老叟,髯垂玉线,发挽银丝,箬冠野服,左手举藤杖,右手携竹篮,徐步而来。伯牙起身整衣,向前施礼。那老者不慌不忙,将右手竹篮轻轻放下,双手举藤杖还礼,道:"先生有何见教?"伯牙道:"请问两头路,那一条路,往集贤村去的?"老者道:"那两头路,就是两个集贤村。左于是上集贤村,右手是下集贤村,通衢三十里官道。先生从谷出来,正当其半。东去十五里,西去也是十五里。不知先生要往那一个集贤村?"

伯牙默默无言,暗想道:"吾弟是个聪明人,怎么说话这等糊涂!相会之日,你知道此间有两个集贤村,或上或下,就该说个明白了。"伯牙却才沈吟,那老者道:"先生这等吟想,一定那说路的,不曾分上下,总说了个集贤村,教先生没处抓寻了。"伯牙道:"便是。"老者道:"两个集贤村中,有一二十家庄户,大抵都是隐遁避世之辈。老夫在这山里,多住了几年,正是'土居二十载,无有不亲人'。这些庄户,不是舍亲,就是敝友。先生到集贤村必是访友,只说先生所访之友,姓甚名谁,老夫就知他住处了。"伯牙道:"学生要往钟家庄去。"老者闻"钟家庄"二字,一双昏花眼内,扑簌簌掉下泪来,道:"先生别家可去,若说钟家庄,不必去了。"伯牙惊问:"却是为何?"老者道:"先生到钟家庄,要访何人?"伯牙道:"要访子期。"老者闻言,放声大哭道:"子期钟徽,乃吾儿也。去年八月十五采樵归晚,遇晋国上大夫俞伯牙先生。讲论之间,意气相投。临行赠黄金二笏。吾儿买书攻读,老拙无才,不曾禁止。旦则采樵负重,暮则育读辛勤,心力耗废,染成怯疾,数月之间,已亡故了。"

伯牙闻言,五内崩裂,泪如涌泉,大叫一声,傍山崖跌倒,昏绝于地。钟公用手搀扶,回顾小童道,"此位先生是谁?"小童低低附耳道:"就是俞伯牙老爷。"钟公道:"原来是吾儿好友。"扶起伯牙苏醒。伯牙坐于地下,口吐痰涎,双手捶胸,恸哭不已。道:"贤弟呵,我昨夜泊舟,还说你爽信,岂知已为泉下之鬼!你有才无寿了!"钟公拭泪相劝。伯牙哭罢起来,重与钟公施礼,不敢呼老丈,称为老伯,以见通家兄弟之意。伯牙道:"老伯,令郎还是停枢在家,还是出瘗郊外了?"钟公道:"一言难尽!亡儿临终,老夫与拙荆坐于卧榻之前。亡儿遗语嘱付道：'修短由天，儿生前不能尽人子事亲之道，死后乞葬于马安山江边。与晋大夫俞伯牙有约，欲践前言耳。"老夫不负亡儿临终之言。适才先生来的小路之右，一丘新土，即吾儿钟徽之家。今日是百日之忌，老夫提一陌纸钱，往坟前烧化，何期与先生相遇！"伯牙道："既如此，奉陪老伯，就坟前一拜。"命小童代太公提了竹蓝。

钟公策杖引路，伯牙随后，小童跟定，复进谷口。果见一丘新土，在于路左。伯牙整衣下拜："贤弟在世为人聪明，死后为神灵应。愚兄此一拜，诚永别矣！"拜罢，放声又哭。惊动山前山后，山左山右黎民百姓，不问行的住的，远的近的，闻得朝中大臣来祭钟子期，回绕坟前，争先观看。伯牙却不曾摆得祭礼，无以为情。命童子把瑶琴取出囊来，放于祭石台上，盘膝坐于坟前，挥泪两行，抚琴一操。那些看者，闻琴韵铿锵，鼓掌大笑而散。伯牙问："老伯，下官抚琴，吊令郎贤弟，悲不能已，众人为何而笑？"钟公道："乡野之人，不知音律。闻琴声以为取乐之具，故此长笑。"伯牙道："原来如此。老伯可知所奏何曲？"钟公道："老夫幼年也颇习。如今年迈，五官半废，模糊不懂久矣。"伯牙道："这就是下官随心应手一曲短歌，以吊令郎者，口诵于老伯听之。"钟公道："老夫愿闻。"伯牙诵云：

> 忆昔去年春，江边曾会君。今日重来访，不见知音人。
>
> 但见一抔土，惨然伤我心！
>
> 伤心伤心复伤心，不忍泪珠纷。
>
> 来欢去何苦，江畔起愁云。
>
> 子期子期兮，你我千金义，历尽天涯无足语，此曲终兮不复弹，三尺瑶琴为君死！

伯牙于衣夹间取出解手刀，割断琴弦，双手举琴，向祭石台上，用力一摔，摔得玉轸抛残，金徽零乱。钟公大惊，问道："先生为何摔碎此琴？"伯牙道：

摔碎瑶琴凤尾寒，子期不在对谁弹！
春风满面皆朋友，欲觅知音难上难。

钟公道："原来如此，可怜！可怜！"伯牙道："老伯高居，端的在上集贤村，还是下集贤村？"钟公道："荒居在上集贤村第八家就是。先生如今又问他怎的？"伯牙道："下官伤感在心，下敢随老伯登堂了。随身带得有黄金二镒，一半代令郎甘旨之奉，一半买几亩祭田，为令郎春秋扫墓之费。待下官回本朝时，上表告归林下。那时却到上集贤村，迎接老伯与老伯母，同到寒家，以尽天年。吾即子期，子期即吾也。老伯勿以下官为外人相嫌。"说罢，命小僮取出黄金，亲手递与钟公，哭拜于地。钟公答拜，盘桓半晌而别。

这回书，题作《俞伯牙摔琴谢知音》。

后人有诗赞云：

势利交怀势利心，斯文谁复念知音！
伯牙不作钟期逝，千古令人说破琴。[①]

[①] 本文资料亦源自国学导航网(明)冯梦龙编撰《警世通言》，第一卷，内容有所删节，故请读者注意。

【人才发展案例评论及其反思】

在封建社会,故而怀才不遇问题更为普遍。余研究生时,读此案例,伤心月余,亦冯梦龙处于晚明时代,人才不易出世,颇有无限伤感。尤其是钟子期英年早逝,朋友难得,更是让人唏嘘万千。

俞伯牙摔琴谢知音的故事告诉我们,在人才治理中,忠诚、信任、情感等因素同样重要。

首先,要尊重和珍惜人才。在故事中,俞伯牙在独自游历时结识了钟子期,二人建立了深厚的友谊。在企业中,我们也应该尊重和珍惜人才,欣赏他们的才华和贡献。同时,还需要通过建立良好的人际关系,增强与员工之间的共情和情感关联。

其次,要建立公平公正的激励机制。在故事中,钟子期把自己的位置让给了更为优秀的岑参,因为他认为优秀的人才应该得到应有的认可和奖励。在企业中也要建立这样的激励机制,尽可能公平公正地对待员工,并给予他们应有的奖励和表扬。这不仅可以激发员工的工作热情和积极性,而且还可以增强员工的忠诚度和归属感。

最后,要讲究人才培育和领导力发挥。俞伯牙能够通过音乐才华得到钟子期的认可,而钟子期也能够通过精湛的琴艺让俞伯牙感到敬佩。在企业中,也需要注重人才培育,帮助员工不断提升自身能力,并花费时间和精力提高自己的领导力,让员工得到更好的发展,同时也能使企业所需要的人才成长壮大。

案例三:人才信任营造之真诚

第三十七回　刘玄德三顾草庐

却说玄德正安排礼物,欲往隆中谒诸葛亮,忽人报:"门外有一先生,峨冠博带,道貌非常,特来相探。"玄德曰:"此莫非即孔明否?"遂整衣出迎。视之,乃司马徽也。玄德大喜,请入后堂高坐,拜问曰:"备自别仙颜,因军务倥偬,有失拜访。今得光降,大慰仰慕之私。"徽曰:"闻徐元直在此,特来一会。"玄德曰:"近因曹操囚其母,似母遣之驰书,唤回许昌去矣。"徽曰:"此中曹操之计矣! 吾素闻徐母最贤,虽为操所囚,必不肯驰书召其子;此书必诈也。元直不去,其母尚存;今若去,母必死矣!"玄德惊问其故,徽曰:"徐母高义,必羞见其子也。"玄德曰:"元直临行,荐南阳诸葛亮,其人若何?"徽笑曰:"元直欲去,自去便了,何又惹他出来呕心血也?"玄德曰:"先生何出此言?"徽曰:"孔明与博陵崔州平、颍川石广元、汝南孟公威与徐元直四人为密友。此四人务于精纯,惟孔明独观其大略。尝抱膝长吟,而指四人曰:'公等仕进可至刺史、郡守。'众问孔明之志若何,孔明但笑而不答。每常自比管仲、乐毅,其才不可量也。"玄德曰:"何颍川之多贤乎!"徽曰:"昔有殷馗善观天文,尝谓'群星聚于颍分,其地必多贤士。'"时云长在侧曰:"某闻管仲、乐毅乃春秋、战国名人,功盖寰宇;孔明自比此二人,毋乃太过?"徽笑曰:"以吾观之,不当比此二人;我欲另以二人比之。"云长问:"那二人?"徽曰:"可比兴周八百年之姜子牙、旺汉四百年之张子房也。"众皆愕然。徽下阶相辞欲行,玄德留之不住。徽出门仰天大笑曰:"卧龙虽得其主,不得其时,惜哉!"言罢,飘然而去。玄德叹曰:"真隐居贤士也!"

次日,玄德同关、张并从人等来隆中。遥望山畔数人,荷锄耕于田间,而作歌曰:"苍天如圆盖,陆地似棋局;世人黑白分,往来争荣辱:荣者自安安,辱者定碌碌。南阳有隐居,高眠卧不足!"玄德闻歌,勒马唤农夫问曰:"此歌何人所作?"答曰:"乃卧龙先生所作也。"玄德曰:"卧龙先生住何处?"农夫曰:"自此山之南,一带高冈,乃卧龙冈也。冈前疏林内茅庐中,即诸葛先生高卧之地。"玄德谢之,策马前行。不数里,遥望卧龙冈,果然清景异常。后人有古风一篇,单道卧龙居处。诗曰:"襄阳城西二十里,一带高冈枕流水;高冈屈曲压云根,流水潺湲飞石髓;势若困龙石上蟠,形如单凤松阴里;柴门半掩闭茅庐,中有高人卧不起。修竹交加列翠屏,四时篱落野花馨;床头堆积皆黄卷,座上往来无白丁;叩户苍猿时献果,守门老鹤夜听经;囊里名琴藏古锦,壁间宝剑挂七星。庐中先生独幽雅,闲来亲自勤耕稼;专待春雷惊梦回,一声长啸安天下。"玄德来到庄前,下马亲叩柴门,一童出问。玄德曰:"汉左将军、宜城亭、侯领豫州牧、皇叔刘备,特来拜见先生。"童子曰:"我记不得许多名字。"玄德曰:"你只说刘备来访。"童子曰:"先生今早少出。"玄德曰:"何处去了?"童子曰:"踪迹不定,不知何处去了。"玄德曰:"几时归?"童子曰:"归期亦不定,或三五日,或十数日。"玄德惆怅不已。张飞曰:"既不见,自归去罢了。"玄德曰:"且待片时。"云长曰:"不如且归,再使人来探听。"玄德从其言,嘱付童子:"如先生回,可言刘备拜访。"遂上马,行数里,勒马回观隆中景物,果然山不高而秀雅,水不深而澄清;地不广而平坦,林不大而茂盛;猿鹤相亲,松篁交翠。观之不已,忽见一人,容貌轩昂,丰姿俊爽,头戴逍遥巾,身穿皂布袍,杖藜从山僻小路而来。玄德曰:"此必卧龙先生也!"急下马向前施礼,问曰:"先生非卧龙否?"其人曰:"将军是谁?"玄德曰:"刘备也。"其人曰:"吾非孔明,乃孔明之友,博陵崔州平也。"玄德曰:"久闻大名,幸得相遇。乞即席地权坐,请教一言。"二人对坐于林间石上,关、张侍立于侧。州平曰:"将军何故欲见孔明?"玄德曰:"方今天下大乱,四方云扰,欲见孔明,求安邦定国之策耳。"州平笑曰:"公以定乱为主,虽是仁心,但自古以来,治乱无常。自高祖斩蛇起义,诛无道秦,是由乱而入治也;至哀、平之世二百年,太平日久,王莽篡逆,又由治而入乱;光武中兴,重整基业,复由乱而入治；至今二百年，民安已久，故干戈又复四起：此正由治入乱之时，未可猝定也。将军欲使孔明斡旋天地，补缀乾坤，恐不易为，徒费心力耳。岂不'闻顺天者逸，逆天者劳'；'数之所在，理不得而夺之；命之所在，人不得而强之'乎？"玄德曰："先生所言，诚为高见。但备身为汉胄，合当匡扶汉室，何敢委之数与命？"州平曰："山野之夫，不足与论天下事，适承明问，故妄言之。"玄德曰："蒙先生见教。但不知孔明往何处去了？"州平曰："吾亦欲访之，正不知其何往。"玄德曰："请先生同至敝县，若何？"州平曰："愚性颇乐闲散，无意功名久矣；容他日再见。"言讫，长揖而去。玄德与关、张上马而行。张飞曰："孔明又访不着，却遇此腐儒，闲谈许久！"玄德曰："此亦隐者之言也。"

三人回至新野，过了数日，玄德使人探听孔明。回报曰："卧龙先生已回矣。"玄德便教备马。张飞曰："量一村夫，何必哥哥自去，可使人唤来便了。"玄德叱曰："汝岂不闻孟子云：欲见贤而不以其道，犹欲其入而闭之门也。孔明当世大贤，岂可召乎！"遂上马再往访孔明。关、张亦乘马相随。时值隆冬，天气严寒，彤云密布。行无数里，忽然朔风凛凛，瑞雪霏霏：山如玉簇，林似银妆。张飞曰："天寒地冻，尚不用兵，岂宜远见无益之人乎！不如回新野以避风雪。"玄德曰："吾正欲使孔明知我殷勤之意。如弟辈怕冷，可先回去。"飞曰："死且不怕，岂怕冷乎！但恐哥哥空劳神思。"玄德曰："勿多言，只相随同去。"将近茅庐，忽闻路傍酒店中有人作歌。玄德立马听之。其歌曰："壮士功名尚未成，呜呼久不遇阳春！君不见：东海老叟辞荆榛，后车遂与文王亲；八百诸侯不期会，白鱼入舟涉孟津；牧野一战血流杵，鹰扬伟烈冠武臣。又不见：高阳酒徒起草中，长揖芒砀隆准公；高谈王霸惊人耳，辍洗延坐钦英风；东下齐城七十二，天下无人能继踪。二人功迹尚如此，至今谁肯论英雄？"

歌罢,又有一人击桌而歌。其歌曰:"吾皇提剑清寰海,创业垂基四百载;桓灵季业火德衰,奸臣贼子调鼎鼐。青蛇飞下御座傍,又见妖虹降玉堂;群盗四方如蚁聚,奸雄百辈皆鹰扬,吾侪长啸空拍手,闷来村店饮村酒;独善其身尽日安,何须千古名不朽!"

二人歌罢,抚掌大笑。玄德曰:"卧龙其在此间乎!"遂下马入店。见二人凭桌对饮:上首者白面长须,下首者清奇古貌。玄德揖而问曰:"二公谁是卧龙先生?"长须者曰:"公何人?欲寻卧龙何干?"玄德曰:"某乃刘备也。欲访先生,求济世安民之术。"长须者曰:"我等非卧龙,皆卧龙之友也:吾乃颍川石广元,此位是汝南孟公威。"玄德喜曰:"备久闻二公大名,幸得邂逅。今有随行马匹在此,敢请二公同往卧龙庄上一谈。"广元曰:"吾等皆山野慵懒之徒,不省治国安民之事,不劳下问。明公请自上马,寻访卧龙。"

玄德乃辞二人,上马投卧龙冈来。到庄前下马,扣门问童子曰:"先生今日在庄否?"童子曰:"现在堂上读书。"玄德大喜,遂跟童子而入。至中门,只见门上大书一联云:"淡泊以明志。宁静而致远。"玄德正看间,忽闻吟咏之声,乃立于门侧窥之,见草堂之上,一少年拥炉抱膝,歌曰:"凤翱翔于千仞兮,非梧不栖;士伏处于一方兮,非主不依。乐躬耕于陇亩兮,吾爱吾庐;聊寄傲于琴书兮,以待天时。"

玄德待其歌罢,上草堂施礼曰:"备久慕先生,无缘拜会。昨因徐元直称荐,敬至仙庄,不遇空回。今特冒风雪而来。得瞻道貌,实为万幸,"那少年慌忙答礼曰:"将军莫非刘豫州,欲见家兄否?"玄德惊讶曰:"先生又非卧龙耶?"少年曰:"某乃卧龙之弟诸葛均也。愚兄弟三人:长兄诸葛瑾,现在江东孙仲谋处为幕宾;孔明乃二家兄。"玄德曰:"卧龙今在家否?"均曰:"昨为崔州平相约,出外闲游去矣。"玄德曰:"何处闲游?"均曰:"或驾小舟游于江湖之中,或访僧道于山岭之上，或寻朋友于村落之间，或乐琴棋于洞府之内；往来莫测，不知去所。"玄德曰："刘备直如此缘分浅薄，两番不遇大贤！"均曰："少坐献茶。"张飞曰："那先生既不在，请哥哥上马。"玄德曰："我既到此间，如何无一语而回？"因问诸葛均曰："闻令兄卧龙先生熟谙韬略，日看兵书，可得闻乎？"均曰："不知。"张飞曰："问他则甚！风雪甚紧，不如早归。"玄德叱止之。均曰："家兄不在，不敢久留车骑；容日却来回礼。"玄德曰："岂敢望先生枉驾。数日之后，备当再至。愿借纸笔作一书，留达令兄，以表刘备殷勤之意。"均遂进文房四宝。玄德呵开冻笔，拂展云笺，写书曰："备久慕高名，两次晋谒，不遇空回，惆怅何似！窃念备汉朝苗裔，滥叨名爵，伏睹朝廷陵替，纲纪崩摧，群雄乱国，恶党欺君，备心胆俱裂。虽有匡济之诚，实乏经纶之策。仰望先生仁慈忠义，慨然展吕望之大才，施子房之鸿略，天下幸甚！社稷幸甚！先此布达，再容斋戒薰沐，特拜尊颜，面倾鄙悃。统希鉴原。"玄德写罢，递与诸葛均收了，拜辞出门。均送出，玄德再三殷勤致意而别。方上马欲行，忽见童子招手篱外，叫曰："老先生来也。"玄德视之，见小桥之西，一人暖帽遮头，狐裘蔽体，骑着一驴，后随一青衣小童，携一葫芦酒，踏雪而来；转过小桥，口吟诗一首。诗曰："一夜北风寒，万里彤云厚。长空雪乱飘，改尽江山旧。仰面观太虚，疑是玉龙斗。纷纷鳞甲飞，顷刻遍宇宙。骑驴过小桥，独叹梅花瘦！"玄德闻歌曰："此真卧龙矣！"滚鞍下马，向前施礼曰："先生冒寒不易！刘备等候久矣！"那人慌忙下驴答礼。

诸葛均在后曰："此非卧龙家兄，乃家兄岳父黄承彦也。"玄德曰："适间所吟之句，极其高妙。"承彦曰："老夫在小婿家观《梁父吟》，记得这一篇；适过小桥，偶见篱落间梅花，故感而诵之。不期为尊客所闻。"玄德曰："曾见令婿否？"承彦曰："便是老夫也来看他。"玄德闻言,辞别承彦,上马而归。正值风雪又大,回望卧龙冈,悒怏不已。后人有诗单道玄德风雪访孔明。诗曰:"一天风雪访贤良,不遇空回意感伤。冻合溪桥山石滑,寒侵鞍马路途长。当头片片梨花落,扑面纷纷柳絮狂。回首停鞭遥望处,烂银堆满卧龙冈。"

玄德回新野之后,光阴荏苒,又早新春。乃令卜者揲蓍,选择吉期,斋戒三日,薰沐更衣,再往卧龙冈谒孔明。关、张闻之不悦,遂一齐入谏玄德。正是:高贤未服英雄志,屈节偏生杰士疑。

未知其言若何,下文便晓。①

【人才发展案例评论及其反思】

刘备三顾茅庐,成为历代开国皇帝重要的人才发展政策,无论是唐宋开国,还是明清开国,都是如此。俗话说,国难思将,国危思相,人才决定一个朝代的走向。

除了物质奖励,领导精神感动人才,也是很重要的。对于重量级人才的引进,一把手亲自登门拜访,是最好的办法。

刘备三顾草庐拜访诸葛亮,最终找到了一个能够协助自己扶持汉室的人才,这给我们关于人才治理提供了以下启示:

首先,需要树立正确的人才观。刘备能够不分高低贵贱、身居何位,不失时机地找到适合自己的人才,说明他对人才的看法是客观的、不带个人情感色彩的。企业在管理人才时,也应该树立正确的人才观:注重人才的能力和实际表现,而不是关注个人背景或是职位等外部条件。

其次,需要有远见和眼光。刘备能够看到诸葛亮作为人才的价值和潜力,同时也看到自己的需要,知道适合自己的人才有哪些

---

① 材料源自国学导航网站《三国演义》,有所删节改变。

方面的特点,因此,他三次拜访最终得到了自己的心仪之才。在现代企业中,也需要有远见和眼光,了解公司未来需要的人才形象和特点,寻找适合自己的人才。

最后,要营造良好的工作环境和文化氛围。刘备在三顾草庐时,表现得非常敬重、信任和坦诚,营造了一种良好的工作环境和人际关系。企业中也需要营造积极向上、和谐稳定的公司文化和组织氛围,增加员工的凝聚力和归属感。这可以提高员工的工作积极性和效率,并吸引到更多的人才加入企业里。

案例四:人才信任营造之情义

第一回　宴桃园豪杰三结义

滚滚长江东逝水,浪花淘尽英雄。是非成败转头空。青山依旧在,几度夕阳红。

白发渔樵江渚上,惯看秋月春风。一壶浊酒喜相逢。古今多少事,都付笑谈中。

调寄《临江仙》

话说天下大势,分久必合,合久必分。周末七国分争,并入于秦。及秦灭之后,楚、汉分争,又并入于汉。汉朝自高祖斩白蛇而起义,一统天下,后来光武中兴,传至献帝,遂分为三国。推其致乱之由,殆始于桓、灵二帝。桓帝禁锢善类,崇信宦官。及桓帝崩,灵帝即位,大将军窦武、太傅陈蕃,共相辅佐。时有宦官曹节等弄权,窦武、陈蕃谋诛之,机事不密,反为所害,中涓自此愈横。

建宁二年四月望日,帝御温德殿。方升座,殿角狂风骤起。只见一条大青蛇,从梁上飞将下来,蟠于椅上。帝惊倒,左右急救入宫,百官俱奔避。须臾,蛇不见了。忽然大雷大雨,加以冰雹,落到半夜方止，坏却房屋无数。建宁四年二月，洛阳地震；又海水泛溢，沿海居民，尽被大浪卷入海中。光和元年，雌鸡化雄。六月朔，黑气十余丈，飞入温雄殿中。秋七月，有虹现于玉堂；五原山岸，尽皆崩裂。种种不祥，非止一端。帝下诏问群臣以灾异之由，议郎蔡邕上疏，以为蜺堕鸡化，乃妇寺干政之所致，言颇切直。帝览奏叹息，因起更衣。曹节在后窃视，悉宣告左右；遂以他事陷邕于罪，放归田里。后张让、赵忠、封谞、段珪、曹节、侯览、蹇硕、程旷、夏恽、郭胜十人朋比为奸，号为"十常侍"。帝尊信张让，呼为"阿父"。朝政日非，以致天下人心思乱，盗贼蜂起。

时巨鹿郡有兄弟三人，一名张角，一名张宝，一名张梁。那张角本是个不第秀才，因入山采药，遇一老人，碧眼童颜，手执藜杖，唤角至一洞中，以天书三卷授之，曰："此名《太平要术》，汝得之，当代天宣化，普救世人；若萌异心，必获恶报。"角拜问姓名。老人曰："吾乃南华老仙也。"言讫，化阵清风而去。角得此书，晓夜攻习，能呼风唤雨，号为"太平道人"。中平元年正月内，疫气流行，张角散施符水，为人治病，自称"大贤良师"。角有徒弟五百余人，云游四方，皆能书符念咒。次后徒众日多，角乃立三十六方，大方万余人，小方六七千，各立渠帅，称为将军；讹言："苍天已死，黄天当立；岁在甲子，天下大吉。"令人各以白土，书"甲子"二字于家中大门上。青、幽、徐、冀、荆、扬、兖、豫八州之人，家家侍奉大贤良师张角名字。角遣其党马元义，暗赍金帛，结交中涓封谞，以为内应。角与二弟商议曰："至难得者，民心也。今民心已顺，若不乘势取天下，诚为可惜。"遂一面私造黄旗，约期举事；一面使弟子唐周，驰书报封谞。唐周乃径赴省中告变。帝召大将军何进调兵擒马元义，斩之；次收封谞等一干人下狱。张角闻知事露，星夜举兵，自称"天公将军"，张宝称"地公将军"，张梁称"人公将军"。申言于众曰："今汉运将终,大圣人出。汝等皆宜顺天从正,以乐太平。"四方百姓,襄黄巾从张角反者四五十万。贼势浩大,官军望风而靡。何进奏帝火速降诏,令各处备御,讨贼立功。一面遣中郎将卢植、皇甫嵩、朱俊,各引精兵,分三路讨之。

且说张角一军,前犯幽州界分。幽州太守刘焉,乃江夏竟陵人氏,汉鲁恭王之后也。当时闻得贼兵将至,召校尉邹靖计议。靖曰:"贼兵众,我兵寡,明公宜作速招军应敌。"刘焉然其说,随即出榜招募义兵。

榜文行到涿县,引出涿县中一个英雄。那人不甚好读书;性宽和,寡言语,喜怒不形于色;素有大志,专好结交天下豪杰;生得身长七尺五寸,两耳垂肩,双手过膝,目能自顾其耳,面如冠玉,唇若涂脂;中山靖王刘胜之后,汉景帝阁下玄孙,姓刘,名备,字玄德。昔刘胜之子刘贞,汉武时封涿鹿亭侯,后坐酎金失侯,因此遗这一枝在涿县。玄德祖刘雄,父刘弘。弘曾举孝廉,亦尝作吏,早丧。玄德幼孤,事母至孝;家贫,贩屦织席为业。家住本县楼桑村。其家之东南,有一大桑树,高五丈余,遥望之,童童如车盖。相者云:"此家必出贵人。"玄德幼时,与乡中小儿戏于树下,曰:"我为天子,当乘此车盖。"叔父刘元起奇其言,曰:"此儿非常人也!"因见玄德家贫,常资给之。年十五岁,母使游学,尝师事郑玄、卢植,与公孙瓒等为友。

及刘焉发榜招军时,玄德年已二十八岁矣。当日见了榜文,慨然长叹。随后一人厉声言曰:"大丈夫不与国家出力,何故长叹?"玄德回视其人,身长八尺,豹头环眼,燕颔虎须,声若巨雷,势如奔马。玄德见他形貌异常,问其姓名。其人曰:"某姓张,名飞,字翼德。世居涿郡,颇有庄田,卖酒屠猪,专好结交天下豪杰。恰才见公看榜而叹,故此相问。"玄德曰:"我本汉室宗亲,姓刘,名备。今闻黄巾倡乱,有志欲破贼安民,恨力不能,故长叹耳。"飞曰:"吾颇有资财,当招募乡勇,与公同举大事,如何。"玄德甚喜,遂与同入村店中饮酒。

正饮间,见一大汉,推着一辆车子,到店门首歇了,入店坐下,便唤酒保:"快斟酒来吃,我待赶入城去投军。"玄德看其人:身长九尺,髯长二尺;面如重枣,唇若涂脂;丹凤眼,卧蚕眉,相貌堂堂,威风凛凛。玄德就邀他同坐,叩其姓名。其人曰:"吾姓关,名羽,字长生,后改云长,河东解良人也。因本处势豪倚势凌人,被吾杀了,逃难江湖,五六年矣。今闻此处招军破贼,特来应募。"玄德遂以己志告之,云长大喜。同到张飞庄上,共议大事。飞曰:"吾庄后有一桃园,花开正盛;明日当于园中祭告天地,我三人结为兄弟,协力同心,然后可图大事。"玄德、云长齐声应曰:"如此甚好。"

次日,于桃园中,备下乌牛白马祭礼等项,三人焚香再拜而说誓曰:"念刘备、关羽、张飞,虽然异姓,既结为兄弟,则同心协力,救困扶危;上报国家,下安黎庶。不求同年同月同日生,只愿同年同月同日死。皇天后土,实鉴此心,背义忘恩,天人共戮!"誓毕,拜玄德为兄,关羽次之,张飞为弟。祭罢天地,复宰牛设酒,聚乡中勇士,得三百余人,就桃园中痛饮一醉。来日收拾军器,但恨无马匹可乘。正思虑间,人报有两个客人,引一伙伴当,赶一群马,投庄上来。玄德曰:"此天佑我也!"三人出庄迎接。原来二客乃中山大商:一名张世平,一名苏双,每年往北贩马,近因寇发而回。玄德请二人到庄,置酒管待,诉说欲讨贼安民之意。二客大喜,愿将良马五十匹相送;又赠金银五百两,镔铁一千斤,以资器用。

玄德谢别二客,便命良匠打造双股剑。云长造青龙偃月刀,又名"冷艳锯",重八十二斤。张飞造丈八点钢矛。各置全身铠甲。共聚乡勇五百余人,来见邹靖。邹靖引见太守刘焉。三人参见毕,各通姓名。玄德说起宗派，刘焉大喜，遂认玄德为侄。不数日，人报黄巾贼将程远志统兵五万来犯涿郡。刘焉令邹靖引玄德等三人，统兵五百，前去破敌。玄德等欣然领军前进，直至大兴山下，与贼相见。贼众皆披发，以黄巾抹额。当下两军相对，玄德出马，左有云长，右有翼德，扬鞭大骂："反国逆贼，何不早降！"程远志大怒，遣副将邓茂出战。张飞挺丈八蛇矛直出，手起处，刺中邓茂心窝，翻身落马。程远志见折了邓茂，拍马舞刀，直取张飞。云长舞动大刀，纵马飞迎。程远志见了，早吃一惊，措手不及，被云长刀起处，挥为两段。后人有诗赞二人曰：英雄露颖在今朝，一试矛兮一试刀。初出便将威力展，三分好把姓名标。

众贼见程远志被斩，皆倒戈而走。玄德挥军追赶，投降者不计其数，大胜而回。刘焉亲自迎接，赏劳军士。次日，接得青州太守龚景牒文，言黄巾贼围城将陷，乞赐救援。刘焉与玄德商议。玄德曰："备愿往救之。"刘焉令邹靖将兵五千，同玄德、关、张，投青州来。贼众见救军至，分兵混战。玄德兵寡不胜，退三十里下寨。

玄德谓关、张曰："贼众我寡；必出奇兵，方可取胜。"乃分关公引一千军伏山左，张飞引一千军伏山右，鸣金为号，齐出接应。次日，玄德与邹靖引军鼓噪而进。贼众迎战，玄德引军便退。贼众乘势追赶，方过山岭，玄德军中一齐鸣金，左右两军齐出，玄德麾军回身复杀。三路夹攻，贼众大溃。直赶至青州城下，太守龚景亦率民兵出城助战。贼势大败，剿戮极多，遂解青州之围。后人有诗赞玄德曰：运筹决算有神功，二虎还须逊一龙。初出便能垂伟绩，自应分鼎在孤穷。

龚景犒军毕，邹靖欲回。玄德曰："近闻中郎将卢植与贼首张角战于广宗，备昔曾师事卢植，欲往助之。"于是邹靖引军自回，玄德与关、张引本部五百人投广宗来。至卢植军中，入帐施礼，具道来意。卢植大喜，留在帐前听调。①

【人才发展案例评论及其反思】

桃园三结义，历来被传颂，是优秀人才之间互相尊敬的典型案例。人才不易得，更不易维持持久的关系，而兄弟义气最能维持人才的可持续性。

人才发展还是要凝聚人心，做好优秀人才之间的协调工作。既生瑜，何生亮？就是后代学者对优秀人才彼此嫉妒的表现，人才不易团结。

桃园三结义是非常著名的故事，通过三位好友刘备、关羽和张飞结义的故事，我们可以得到一些人才治理的启示：

首先，关注人才的品格和素质。在故事中，三位好友结义时都表现出了比较高的品格和素质，例如志向远大、为公为义、忠诚不二，这些品质恰恰符合当时的社会需要。企业在挑选人才时，也应该注重候选人的素质和品质，选出合适的人才。

其次，注重人才间的协作和配合。在故事中，三位好友结义后都团结一致，互相支持和帮助，形成了一个相对稳定的团队。在企业中，一个好的团队需要互相协作和配合，知道如何更好地发挥每个人的特长和能力。

最后，注重激励机制。在故事中，三位好友结义后深厚的情感和默契成为了他们所有的动力和支撑。在企业中，也应该通过一些激励机制，如好的管理制度、薪酬福利、晋升机会等，激励员工工作积极性和士气，增强员工的忠诚度和归属感。

总的来说，桃园三结义启示我们应该注重人才的素质和品格、注重人才之间的协作和配合，以及应该建立良好的激励机制，营造

---

① 材料源自国学导航网站《三国演义》，有所删节改变。

一个团队成员之间深厚的情感和默契。其实,这是三国(魏国、蜀国、吴国)不同的人力资源管理模式一部分。魏国是依靠功绩来发现、团结和使用人才的,建立了相关的功绩为基础的相对合理的制度和文化,人才梯队生产力很强,但也导致了自己被替代。蜀国是依靠能人及其能人文化来进行人才治理的,义薄云天传千年,但也导致后期能用的人才有反骨,吴国是依靠家族来培养、发现和获取使用人才的,江东人才济济,但也导致后期的人才缺乏后继无人。

案例五:人才信任营造之尊重

卷九十二 淮阴侯列传第三十二 萧何月下追韩信

淮阴侯韩信者,淮阴人也。始为布衣时,贫无行,不得推择为吏,又不能治生商贾,常从人寄食饮,人多厌之者,常数从其下乡南昌亭长寄食,数月,亭长妻患之,乃晨炊蓐食。食时信往,不为具食。信亦知其意,怒,竟绝去。

信钓於城下,诸母漂,有一母见信饥,饭信,竟漂数十日。信喜,谓漂母曰:"吾必有以重报母。"母怒曰:"大丈夫不能自食,吾哀王孙而进食,岂望报乎!"

淮阴屠中少年有侮信者,曰:"若虽长大,好带刀剑,中情怯耳。"众辱之曰:"信能死,刺我;不能死,出我袴下。"於是信孰视之,俛出袴下,蒲伏。一市人皆笑信,以为怯。

及项梁渡淮,信杖剑从之,居戏下,无所知名。项梁败,又属项羽,羽以为郎中。数以策干项羽,羽不用。汉王之入蜀,信亡楚归汉,未得知名,为连敖。坐法当斩,其辈十三人皆已斩,次至信,信乃仰视,適见滕公,曰:"上不欲就天下乎?何为斩壮士!"滕公奇其言,壮其貌,释而不斩。与语,大说之。言於上,上拜以为治粟都尉,上未之奇也。

　　信数与萧何语，何奇之。至南郑，诸将行道亡者数十人，信度何等已数言上，上不我用，即亡。何闻信亡，不及以闻，自追之。人有言上曰："丞相何亡。"上大怒，如失左右手。居一二日，何来谒上，上且怒且喜，骂何曰："若亡，何也？"何曰："臣不敢亡也，臣追亡者。"上曰："若所追者谁何？"曰："韩信也。"上复骂曰："诸将亡者以十数，公无所追；追信，诈也。"何曰："诸将易得耳。至如信者，国士无双。王必欲长王汉中，无所事信；必欲争天下，非信无所与计事者。顾王策安所决耳。"王曰："吾亦欲东耳，安能郁郁久居此乎？"何曰："王计必欲东，能用信，信即留；不能用，信终亡耳。"王曰："吾为公以为将。"何曰："虽为将，信必不留。"王曰："以为大将。"何曰："幸甚。"於是王欲召信拜之。何曰："王素慢无礼，今拜大将如呼小兒耳，此乃信所以去也。王必欲拜之，择良日，斋戒，设坛场，具礼，乃可耳。"王许之。诸将皆喜，人人各自以为得大将。至拜大将，乃韩信也，一军皆惊。

　　信拜礼毕，上坐。王曰："丞相数言将军，将军何以教寡人计策？"信谢，因问王曰："今东乡争权天下，岂非项王邪？"汉王曰："然。"曰："大王自料勇悍仁彊孰与项王？"汉王默然良久，曰："不如也。"信再拜贺曰："惟信亦为大王不如也。然臣尝事之，请言项王之为人也。项王暗噁，叱咤，千人皆废，然不能任属贤将，此特匹夫之勇耳。项王见人恭敬慈爱，言语呕呕，人有疾病，涕泣分食饮，至使人有功当封爵者，印刓敝，忍不能予，此所谓妇人之仁也。项王虽霸天下而臣诸侯，不居关中而都彭城。有背义帝之约，而以亲爱王，诸侯不平。诸侯之见项王迁逐义帝置江南，亦皆归逐其主而自王善地。项王所过无不残灭者，天下多怨，百姓不亲附，特劫於威彊耳。名虽为霸，实失天下心。故曰其彊易弱。今大王诚能反其道：任天下武勇，何所不诛！以天下城邑封功臣，何所不服！以义兵从思东归之士,何所不散! 且三秦王为秦将,将秦子弟数岁矣,所杀亡不可胜计,又欺其众降诸侯,至新安,项王诈阬秦降卒二十馀万,唯独邯、欣、翳得脱,秦父兄怨此三人,痛入骨髓。今楚彊以威王此三人,秦民莫爱也。大王之入武关,秋豪无所害。除秦苛法,与秦民约,法三章耳,秦民无不欲得大王王秦者。於诸侯之约,大王当王关中,关中民咸知之。大王失职入汉中,秦民无不恨者。今大王举而东,三秦可传檄而定也。”于是汉王大喜,自以为得信晚。遂听信计,部署诸将所击。

八月,汉王举兵东出陈仓,定三秦。汉二年,出关,收魏、河南,韩、殷王皆降。合齐、赵共击楚。四月,至彭城,汉兵败散而还。信复收兵与汉王会荥阳,复击破楚京、索之间,以故楚兵卒不能西。①

【人才发展案例评论及其反思】

如果仅仅以道德化视角看项羽、刘邦与韩信,视乎难以完美解释楚河汉争的全过程及其最终结局,陷入道德制高点的困境。但如果历史又仅仅以能力本位的视野,似乎很难与历史本身自洽,走入法家的暴力主义。当韩信分析项羽的个性,似乎又能看到韩信具有的开阔的洞察力,以及科学分析楚、汉战争结局,由此进而分析刘、项的未来态势,而韩信的加盟,历史的天平最终对刘氏的国家大业倾斜。

韩信所具有的独特人才洞察力,在当时是罕见的,而萧何对韩信的优点扩大化,这是作为未来大汉首辅所具有的知人善任的能力。“萧何月下追韩信”,一直成为中国挽回人才、破格提拔用奇特人才的经典案例,并一直被传颂。在这个经典案例的反复思考中,我们察觉萧何所具有的更为远见的人才开发大格局,这是领导保

---

① 材料源自国学导航网站《史记》,有所删节改变。

护人才的经典体现。

"萧何月下追韩信"体现一个上级对下级的完美呵护,是人才发展的惺惺相惜之道,不仅有助于国家大业的奠基,更体现出领导大格局的独特视野。

案例六:人才信任营造之自我成长
对三家上市公司的总结

从1999年到2010年,差不多十年的时间里,我创立和参与创立了三家企业(携程、如家、汉庭),最后这三家企业都在美国纳斯达克成功上市了,市值也都超过了10亿美元。

综合起来看,这三家企业有许多共同点。

第一个特点,实际商业模型和最初融资的不完全一样。携程从网上旅行社到订房中心,如家从酒店联盟到经济型直营,汉庭从中档有限服务到经济型酒店。这过程中关键的是创业团队要有变通的能力,不断摸索和创新。如果守在当初不现实的理想模型里,这些初创企业可能都会夭折在摇篮里。当理想的模型在实践中经受检验的时候,我们要能够敏锐地找到一条现实可行的道路出来,然后不断坚持,扩大战果,才能成就大业。

第二个特点,基本上这三家企业都在三年左右就已经成型了。携程1999—2002,如家从2003—2005,汉庭从2007—2010。就像生长发育一样,三年之中,这个企业的商业模型、团队、框架、性格、特质、文化等基础都长好了,后面就是进一步的生长。中国创业企业,三年是一个坎儿,三年内能够达到一定程度,将来的希望就比较大。这是因为中国的创业企业成长速度比较快,仿效、跟进者众多,没有能够在三年左右的时间脱颖而出,就容易混杂在一群同质的企业里,平庸下去。

第三个特点，都经历过一次重大的考验。携程经历过互联网泡沫，如家经历过非典时期，汉庭碰上了金融危机，而我也同意危机往往是企业的催化剂：

一是因为碰到危机，内部为了应对危机，企业需要将自己最优秀的部分调动出来，将自己的潜力逼到最大。危机反而成为了我们成长的动力。就像高尔基的《海燕》里所说：让暴风雨来得更猛烈些吧！

二是危机同时也消灭或削弱了许多同行和竞争者，使得危机过后一些具备优秀基因的企业更加容易生长。危机是对投机与否的检验，认真执着的企业才能经历风雨而更加强大，而不是被泡沫淹没，或者被暴风雨摧毁。

第四个特点，都是企业家精神和专业管理者的完美结合。携程由我开局，建章（梁建章）奠定扎实基础，范敏发扬光大，南鹏（沈南鹏）在融资、法律等方面也是绝对专业和优秀；如家是我奠定基础，孙坚顺利接棒；汉庭也是我开局，张拓、张敏加入和我一起奠定基础。

光是我这种企业家精神极强的创业者，如果没有系统的管理经验和知识，要造就一个大企业很困难，风险也很大。而专业管理者在初创期优势不强，甚至会碍事。不管是有意无意，我们这三个企业都将这两者结合得很好。

在中国，企业家（Entrepreneur）和经理人（Professional）都是宝贵的稀缺资源，应该相互尊重，平等相处。不要"有钱人"看不起"读书人"，也不要"海龟"看不起"土鳖"，其实这两种人谁也代替不了谁，谁不遵循这个规律，就会付出惨重的代价。

在当前的商业生态环境下，一个理想的企业家应该贯通中西：不仅要熟悉本土的商业逻辑和环境，还要深谙东方历史文化和传统；不仅要懂得西方做生意的语言和规则，还要学会运用现代企业的高效管理手段和工具。

第五个特点、都是传统行业再造。携程由传统旅行代理升级为现代旅行服务公司；如家和汉庭都是传统酒店业升级成现代酒店连锁。也都是我经常鼓吹的"中国服务"的代表案例。

在借鉴欧美发达国家商业模式的情况下，结合中国具体情况，进行改造式创新和应用，变得很有成效。因为人类的物质、精神需求和享受，总是从低级到高级，从简单到复杂。欧美的服务业已经先于我们发展，已经经过了客户的需求选择。

中国的服务业也大体会遵循他们的发展轨迹，因此，在服务行业，继承欧美的成熟商业模型特别有价值；研究他们成长的轨迹和成败的原因，对于我们这些后来者也非常有益。

管理团队的心得

这些年我有一个发现，企业的创始团队都是人才，一个企业做大了以后，能干的人都是最早加入公司的人。从我创办的三个企业都验证了这一点，我们企业的这些干部都是最早就跟着一起打拼出来的。

相信有很多创业者，在早期都为组建团队而发愁过，我过往对此的经验就可以总结成"三个 shu"，怎么理解呢？

第一个 shu：熟人，你一定要找自己身边的人，熟人、朋友、同学、亲戚，我觉得这是一种找人的方法，而且也是最有效的方法。

第二个 shu：俗人，也就是平常人，但你一定要找有饥饿感的平常人。

第三个 shu：淑人，也就是品德好的人。才能不好还可以给他换岗位，但是品德不好替换的成本就很高了。在初始团队里面，成员的品德或者人品依然是非常重要的。

你不要找这两类人：

1）千万不要找外企里面的高管，他们都是雅人。

2）不要找创业成功的人，一般这类的人都会觉得自己很牛了。有过曾经沧海的人，对团队不好，他个人保持的成本高，改变的成本也高。

如果你找不到一流的人才，只能找平常人。那你唯一可以做的事情就是聚焦，做的事情聚焦，关注的点聚焦，决策也要聚焦。

在创业的初期，你要中心化，甚至独裁化。要所有的权利，所有的思想都要聚焦在一个人身上，最好是一个人，不要两个人。因为创业的时候，资源是非常宝贵的，尤其是时间，如果你的对手比你快，抢先融资了，那你将会很被动。

我过去有一个方法叫三三制，经过我们亲自验证，它的确能提高我们内部的组织管理效率，节省很多的成本。这个方法最初是林彪的一个战法，以三个人为主，一个擅长进攻，一个擅长防守，一个擅长掩护，以三个人作为一个小组，因为打仗的时候没有互联网，也没有对讲机，只能自己独立生存。如果三个人死了一个人，把其他打散的小组再形成一个新的小组，这个林彪运用得非常好。

我受了林彪的启发，在企业上也用了三三制。一开始我将三个酒店合成一个酒店，三个酒店的销售一起做，后来我们就逐渐形成了以3作为基本单位来管理业务。

这带来了一个好处，首先是人力上省出了一笔钱，然后公司又可以拿着这笔钱雇佣更好的员工，比如原来三个店长，经过这样一调整，就缩成了一个店长。我们三三制这个账算下来不得了，当时2千个店省出很多的人力成本，这样一个小的组织机构变革，就有这么大的效果。

创业思维

在我创业的过程中，有两个观点对我影响非常深：

第一个观点：丛林法则。

很多人以为"丛林法则"仅仅是你死我活，弱肉强食，但他们忽视了「丛林法则」的另一面：共生法则，这指的就是大树会和苔藓、小草、灌木丛、鲜花一起生长。没有这些，大树的营养就没法来；这些东西没有大树的庇护，也没法存活。

一棵参天大树，在成长的过程中，跟同类争夺阳光、雨露，失败者只能萎缩、折断、腐朽。最后，在大树的周围形成一个多姿多彩、繁荣和谐的共生世界。一个社会你往广了看，那就是一个多彩的共生丛林。要做一个伟大的企业，就必须会和社会各态共生，自私自利、唯我独尊是不行的。

怎样去说服、打动资源主，我觉得就是共生共赢。每一个交往、交易、相处，都是共生原则的试验场。夫妻、父子、恋人、公司企业之间，都是共生关系。学会共生，这个世界才会和谐。用这样的角度来看合作，就会心平气和许多。

第二个观点：顺水推舟。

创业应该是顺水推舟，而所谓的顺水推舟，就是顺大势，不要指望一个小公司去掀起波浪，这不太可能。你可以用木头，顺着这个水流、水势走，这就是最好的创业渠道。

具体到中国，现在中国人创业要把握的五大行业就是五个字：衣、食、住、行、娱。中国的优势是人多，而且是中产阶级最多。同时，中央政府实行重商主义的政策，地方政府在招商上更是不遗余力，在税收、土地、资金等方面给予支持。

而今中国移动、工商银行、腾讯、淘宝等已经是全球同行内最大规模的企业，这样的情形将会在许多服务领域出现：电子商务、游戏、旅行预订、服装、餐饮……从基本的吃、住、行出发到进一步的消费升级，如果从这一块来创业的话，能够覆盖最基础的消费，赢得市场空间。

所以，我建议你在选择创业方向的时候，一定要考虑两点：

1）要选贴近民生，衣食住行娱；

2）要考虑到消费升级。

我觉得现在跟过去五年前、十年前一样，还有很多非常好的机会，这个时代你不创业会后悔的，如果要创业，我建议你能做顺水推舟的事情，而不要做逆水行舟的事情！

创业最大的收获

一般人以为，我创办了三家十亿美金级的上市企业，收获最多的应该是金钱和名声。我不会矫情地说：我视金钱和虚名如粪土。金钱确实让我们实现了财富上的自由，从此不必为了生计而奔波，让我们可以更加自由地去选择。

但我又想起了自己年轻的时候，大家坐在一起讨论的不是赚钱，是讨论尼采，非常有人文精神、有情怀。那个时候我们缺钱，但心里不想钱，那时候的书都很便宜，而现在这个时代缺精神、缺人文，所以大家要去卖精神和人文。

但是，真正的精神和情怀比任何时候都重要。创业者要多看人文的东西，多看哲学、历史、诗歌、文学等等，把你的人文视野打开，你一定要有自己的精神归属，你要思考，要想人类终极的命运，你要理解物理学的定义，你开心的时候可以用诗歌来表达，而不是靠卡拉 OK 去抒发。

对于我而言，创业带给我最大的收获绝不只是财富自由。

做携程，我实现了原先的财富梦想，没有了生活的压力，心态变得从容和淡定。

做如家,经历了太多的事情,但这些锻炼了我,让我心胸更加开阔,学会了宽容和容忍。

做汉庭,让我看清了自己这一辈子的使命,知道我这辈子要什么。但在前面两个企业没有这种境界。当时充斥自己内心的是欲望:金钱的欲望,名气的欲望,个人成就的欲望。所谓"去人欲,存天理"讲得很有道理。你内心的欲望平静下来,能够更加明了和清晰生命的本质和意义。

有一次和雅高的创始人(他和他的伙伴创立了当今世界上市值最高的酒店集团,也是我敬仰的前辈和老师)之一,在北京后海边《非诚勿扰》那家咖啡馆前谈论人生。我问他:你一生如此辉煌,有什么遗憾的地方吗?他回答说:一是觉得在从政上花的时间太多(他曾经是法国参议员,还担任过枫丹白露市长),二是事业上很成功,但在家庭上有些遗憾。

当时我想:假如我也是一个70多岁的老头,坐在北海边,有位后生问我同样的问题,如果我也这么回答,我这一生挺悲哀的。我觉得我不该这么过。既然前辈能告诉我他这一路上的遗憾,我是不是能够做得更好一些呢?

现在我的人生目标非常清晰:

第一、要和伙伴们一起,把汉庭做成全球最大也是最好的酒店集团。也就是要实现"一群志同道合的朋友,快乐地成就伟大的事业"的理想。

第二、我就是要过我自己想过的生活,不以物喜,不为名累。真正过好自己的一生更重要,我要珍惜上天给我的生命,我要把这一生过得非常有意思。当我70多岁坐在海边有年轻后生问我的时候,我会跟他平淡从容地说我这一生过得非常有意思,过了我想过的一生。这是通过三个创业企业,尤其是汉庭,让我学到和悟到的道理。

随着年龄的增加、事业的发展,自己的心态、人生观、价值观也随之在改变,而且是往好的方向在发展。变得从容、淡泊、宽容和利他。也许跟年轻的时候相比,少了些冲动,但多了些成熟和睿智。

这才是我创业,最有收获、最有价值的地方——随着我们的成长,我们在向善,而且变得单纯和简单。①

【人才发展案例评论及其反思】

著名管理学家彼得·圣吉提出远景展望与改善心智模式推进企业发展,而对于一个我国本土成长的最为著名的经济实惠型酒店完美诠释这一管理规则。在推进全国化的过程,季琦以其独特的个人魅力成为中国人才自我完善的经典案例。

余跟踪汉庭酒店十多年,也一直是汉庭酒店的永久铂金会员,即便是三年疫情时期,汉庭酒店也没有剥夺我的永久会员权利。笔者出差对全国大调研,也唯一选择的就是华住汉庭酒店,这不仅是一种信仰,更是一种彼此的战略合作。十年对下属管理人才的实践培育,尤其是汉庭大规模小个子女孩的独特风景线,让我们不得不佩服汉庭的用人特色。

汉庭酒店用人、择人并不以外貌为原则,而是对小个子女孩的绝对支持,我最开始并不理解。但观察十余年汉庭的快速发展,慢慢看出其对人才的独特视野,依托地方人才,关注女权,实在是中国管理模式的新创新,值得中国酒店业取经、学习和推广。

---

① 选自季琦:《一辈子的事业:我的创业非传奇》,广东经济出版社,2011,参阅《经理人杂志》网站,内容与全书有所删节。

案例七：人才信任营造之文化

霍华德发现一个颇具讽刺的事实：零售业与餐饮业的成败在很大程度上取决于它服务顾客的水平，而这些企业雇员的收入却是最低的，福利也最差。所以为自己的员工提供优质的服务是保证员工给顾客提供优质服务的保证。星巴克对员工的服务主要体现在：全面的医疗计划及福利，24小时培训，"咖啡豆股票 Bean Stock"，全面的职业发展规划。另外，星巴克注重整洁的员工仪表，是经营决胜的关键之一。星巴克的员工十分年轻、富有活力，员工的服装干净、整洁，带上印有星巴克图腾的棒球帽，身着休闲的 T 恤长裤及围裙，看起来很有个性，加上员工脸上亲切的微笑，让顾客感觉好像是置身于家中。

第四章　幸运只眷顾有规划的人

每当你看见一个成功的企业，必定是有人做出过勇敢的决策。

——彼得·德鲁克布兰奇·里基（BranchRickey）是布鲁克林道奇队的总经理，是他签下了黑人棒球手杰基·罗宾逊，打破了种族肤色歧视，他经常说的一句话是："幸运只眷顾有规划的人。"

人们有时会说阳光总是照耀在星巴克身上，我们的成功似乎是来自运气。当然，我们赶在了北美第一波社会热潮——广泛流行的咖啡馆文化的风口浪尖上，这是实情。我不能说自己早已预见了这股热潮，但我确实在意大利看出了咖啡杯中的浪漫风情的诱惑力，经过三年的深思熟虑，把它引介到美国，使之成为美国社会生活的一部分。

但凡一个企业或是个人从群体中脱颖而出，飞黄腾达，其他人很快就会把这归结为好运气。

当然啦，那些成功者则认为这是天赋予勤奋的结果。

我同意布兰奇·里基的话，坏运气的到来往往像晴天霹雳，说来就来，让你措手不及；而好运气呢，却更像是有意为之的结果。

好主意，我们干点别的吧！你是否有过这样的经历—你有一个绝棒的主意—但那些能够使之成为现实的人却告诉你这不值得做？

这样的事就发生在我从意大利回到西雅图以后。我觉得自己的想法绝对是一流的，我们可以建立一个全新的企业机制，改变美国人喝咖啡的方式。但在我的老板们的眼里，我却成了个过分热心的市场经理。

星巴克是一个零售企业，不是餐馆或酒吧—他们不屑地说。供应浓缩咖啡会使他们转变成做饮料的企业，他们害怕这种转变会有损他们视为使命的咖啡店的尊严。他们也向我指出星巴克目前的成功：企业虽小，但运作有序，很私密，而且每年有盈余，干吗要自己往船上装石头呢？

可是据我所知，我的主意不受欢迎还有更直接的原因：杰瑞一直在考虑一个机会—这个机会能让他更加兴奋。

星巴克的历史上有着某些不曾预计的转折和变化，但最奇特的是接下去的一步，1984 年，星巴克买下了"毕特咖啡与茶"。

这已经成为星巴克既往的一页，所以不常被人提起，而当时星巴克和毕特咖啡在旧金山湾区成了竞争对手。大多数顾客对两家曾有过的纠葛并不知情。

这就像是儿子买下了老子。星巴克的创办者们毕竟是从毕特那里得到灵感，在阿尔弗雷德·毕特手把手的指导下学会了咖啡烘焙技术的。但毕特于 1979 年卖掉了他的企业，新的老板在1983 年又准备将其卖掉。

对杰瑞·鲍德温来说，这是他一生中的一个重要机会，是更有希望的扩张方式，这比新开一家浓缩咖啡吧要让他兴奋得多。作为一个纯粹的艺术家,他还是把毕特公司奉为咖啡的终极供应者。他那儿的规模和星巴克差不多大,也有 5 家店铺。但在杰瑞脑子里,毕特一直是真正有权威的人,是美国重烘焙咖啡的鼻祖。他觉得,西雅图的市场已经玩得够好的了,而旧金山和北加利福尼亚是更为广阔的地区,还有很大的发展空间。

为了收购企业,星巴克陷入了债务危机。我记得,我们收购毕特的那一天,债务与股值的比率是 6 : 1。只有在快速发展的 20 世纪 80 年代,银行才会允许这样的负债率存在。

背上这个包袱后,我的心一下子沉了下去,这些店束缚住了我们的手脚,使我们丧失了尝试新点子的伸缩余地。公司背上了沉重的举债经营的包袱,没有钱来发展和创新了。

星巴克和毕特公司的联盟后来被证明比我们想象的还要困难。除了我们原来就共有的重烘焙咖啡,公司的文化也遭到了冲击。当时是星巴克的人对毕特公司的传奇经历心存感激和敬意,而毕特方面的人则害怕星巴克的新贵暴发户会把他们给吞了。更糟糕的是,收购搅乱了经营的注意力。1984 年的大部分时间里,星巴克的经理们都忙着在西雅图和旧金山之间飞来飞去。我自己就几乎每隔一个星期要去监管一下毕特公司的市场和零售的操作状况。

一些星巴克的雇员感到被忽视了。有 1/4 的雇员没有得到奖金。他们到杰瑞的办公室去,要求更平等的工资待遇,他们为股票权益人提要求,特别是为兼职雇员伸张诉愿,要求恢复他们的奖金。但当时杰瑞的心思不在这儿,根本未予答复。后来工厂方面愤怒的雇员们发了请愿书,请求工会介入。管理层还没有意识到他们的不满有多深,情况恶化的程度有多严重。门店的雇员那边似乎没什么不满的,他们的人数要超过工厂方面,所以杰瑞盘算着他们会在投票中让工会退出。但在正式投票的那天，工会却以3票胜出。

杰瑞大为震惊。这个公司是他创办的，是他所钟爱的，而现在雇员们却不再信任他了。在随后的几个月里，他的心似乎已经不在这里了，他的头发白了许多，公司失去了主心骨。

这次事件给了我一个重要的教训：没有什么贵重的商品能比得上公司雇员间的信任和信心。一旦人们觉得管理层奖赏机制不公正，他们就会产生疏离的感觉。一旦他们不信任管理层了，公司的前途就会受到危害。

从这次事件中我学到的另一个教训是：举债创办公司并非最佳方式。许多经营企业的人喜欢从银行借钱，因为这让他们有全权掌控大局的感觉，而通过出售股票来筹集资金，会使个人对于整个运作失去控制力。我相信对于企业经营者来说，维持掌控力的最好方式是以经营绩效来取悦各大股东，他（或她）自己的份额哪怕在50%以下也没关系。这比背上沉重债务的危险要有利得多，大肆举债限制了未来发展和创新的可能性。

我得说，当时我能吸取这样的教训是幸运的。在那段日子里，除了星巴克，我不可能去想我还能去领导其他什么公司。我目睹了管理层和雇员间的信任发生断裂导致的后果，所以我明白了维护这种信任有多么重要。我看到了大肆举债的坏影响，所以日后我才能正确选择入股或卖股票的方式为星巴克筹措资金。这两个策略后来在星巴克的成功中成为至关重要的因素。

我已经证明了自己，让我们放弃吧！在许多公司里，中层经理们，甚至那些刚进入公司的雇员们，在大胆、冒险的激进计划前往往是充满激情的狂热鼓吹者。重要的是，管理层要能听取新的想法，愿意进行试验并采纳这些想法——而一般来说，公司总裁总是持保守态度。我在 1984 年是星巴克的雇员,后来我成为星巴克总裁时就很快明白了这个道理。作为老板,如果你对新想法充耳不闻,就可能错失许多大好机遇。

说服杰瑞让星巴克供应浓缩咖啡着实花费了我一年工夫。由于收购毕特公司的因素,也由于担心这样一来会改变星巴克的核心价值观,杰瑞并不很赞同我这个想法。在那段时间里,我的挫折感与日俱增。

最后,星巴克第 6 家店开张时,杰瑞同意尝试开一家浓缩咖啡吧,那家店设在西雅图市中心"独立日与春天"的角上,于 1984 年 4 月开张。这是星巴克第一个被设计为既供应成磅的咖啡豆也供应咖啡饮品的店铺,也是公司第一家开设在闹市区的门面—位于西雅图的商业区中心地带。我确信,星巴克的雇员们也会像我在米兰时一样迷上浓缩咖啡吧。

在那 1500 平方英尺的营业面积中,我要求划出一半用作意大利风格的咖啡吧,可是后来我只得到了 300 平方英尺。我的伟大的实验只能被挤进一个狭窄的角落里,后面竖起一排吧台,前面就没地方摆放桌椅和货品了,只有柜台上那点小小的空间可以搁置一些牛奶和糖。梦想是实现了,但这规模跟我想象的大不一样。虽然如此,我还是本能地坚信结果一定会不错。

我们没有筹划开业前的任何广告营销,甚至都没打出"现在供应浓缩咖啡"的告示牌。我们只是决定开门纳客,然后看情况如何。

1984 年 4 月,气候是反常的阴冷,天空中还飘着毛毛雨,好在没有下大。计划是早上 7 点钟开门,比通常要早了两小时。我 6 点半左右到达那里,紧张不安地从落地玻璃窗向外面的街上望去。这种时候,只有最爱表现的公司职员才会在西雅图起伏不平的街头往坡上走。

我在店里开始踱步，想打着精神帮着把最后的准备工作再安排一下。左边是咖啡豆柜台，陈列着一罐罐的咖啡豆。柜台后面是系着星巴克棕色围裙的咖啡师，他正检查着金属勺子、天平和咖啡研磨机。他核实了每一罐咖啡豆的牌子是否与所装的货品相符，准备好一排橡皮印章，以便随时印在售出的不同名称的咖啡袋上。他把那些大咖啡杯和咖啡机、茶叶小罐摆好，星巴克的狂热爱好者对星巴克的货品已经很熟悉了。

店堂右侧后面的角落里，我的试验将要开始。如同米兰的咖啡大师傅那样，两个热心的雇员正在摆弄着闪闪发光的保温瓶一类的机器，挤压着一股股浓缩咖啡，操练着他们新学到的把牛奶蒸出泡沫做卡布奇诺的技术。

7点整，我们打开店门。一个接一个，上班的人们好奇地走了进来。许多人点了普通咖啡，也有人点了没见识过的印在意大利文饮品单上的浓缩咖啡。咖啡大师傅快活、麻利地调制着新饮品，笑逐颜开地向顾客介绍。他们向顾客推荐我在维罗纳喝过的咖啡，许多顾客压根儿都没听说过拿铁咖啡、蒸牛奶配浓缩咖啡。据我所知，拿铁是这天早晨才被介绍到美国来的。

我观察着顾客怎么啜他们第一口咖啡。就像我以前一样，许多人把眼睛睁得大大的，这是对不熟悉的、如此浓烈的风味的初次反应。他们犹豫一下，再喝一口，品味着牛奶温暖的甜意。我看见满口含着浓烈咖啡的人们开始微笑了。

早高峰时节奏比较快，后来就慢了下来。在那么狭窄的店堂里供应咖啡真是很糟糕的事，顾客们挤在那处狭小的空间里，而零售柜台那边却空着。如果这家店是一艘船，这艘船就要倾覆了。

打从我们开门的那一刻起我就非常清楚：星巴克已经进入了

另外一个领域,不可能再走回头路了。

到打烊时,大约有 400 名顾客进过这道门——远远高于星巴克最好的门店 250 名的平均数。更重要的是,我分明感觉出曾在意大利感受过的人与人之间那种温情。那天回到家,我兴奋得就像当初在意大利一样。

一个又一个星期过去了,生意越来越好,而且几乎都集中在饮品区。两个月内,门店里日客流量超过 800 人。咖啡大师傅们做咖啡的速度都跟不上了,排队的人群一直排到了门外的人行道上。每次我去店里查看我的试验状况时,顾客们就会过来急切地要与我分享他们对咖啡的热情,完全是一片叫好声。

"独立日与春天"店堂成了一个聚会场所,那儿的气氛很有凝聚力。我成功了,当然也包括星巴克那几个支持我的人,像盖·尼文,他从 1979 年开始在星巴克做货品采购员,还有德勃拉·蒂帕·霍克,他是我在 1982 年雇来管理门店的。

这正是我追求的效果。因为第一家浓缩咖啡吧的成功,我开始憧憬未来的许多可能性。我们开始在城里各处开设咖啡馆,所有的咖啡馆都供应浓缩咖啡饮品,这对于星巴克不仅是一种激励,也是建立更为广泛的新顾客群体的一个途径。

我想当然地认为"独立日与春天"的人气会克服杰瑞·鲍德温的债务危机带来的影响,他会像我一样看到星巴克发展到一个新的高度的生动景象。

但我的梦想又一次破灭了。

对杰瑞来说,这个咖啡吧的成功给他的感觉是不对的。虽然我还是一如既往地非常尊重他,但杰瑞和我对咖啡与这个世界的理解是不一样的。对他来说,浓缩咖啡是对销售阿拉比卡优质咖啡豆事业核心价值观的扭曲。他不想看到顾客来星巴克只是很快地喝上一杯咖啡就走人。

对我来说,浓缩咖啡是咖啡体验的灵魂和精神。咖啡店的意义不仅在于教顾客如何懂得优质咖啡,而且在于教顾客如何享用咖啡。

在"独立日与春天"开张的那几个月里,我在杰瑞的眼里一定非常可恶。我每天都冲进他的办公室,告诉他销售业绩和顾客的反应。他不能否认这一尝试是成功的,但他还是不想再往前推进。

在我们整个合作期间内,杰瑞和我从来没有争吵过,但彼此都意识到我们之间已经搞僵了,我们的分歧并不仅仅在于企业的某种不合常规的新做法,而且是针对一种潜在的大转变的不同思路。像他那么精明的人也知道,我内心燃烧着一团火,而这团火正找不到出口。

我花了几个星期的时间试图说服他。一天我走进杰瑞的办公室,想要对这个问题最后再作一次讨论。

"顾客的反应应该说明问题了吧,"我说,"这是一个大好机会,我们应该继续下去。"

"我们是咖啡烘焙商,我不想做成餐饮企业。"他疲惫地说,我意识到我们又在老地方开始兜圈子了。

"这并不是办成一个餐饮企业!"我坚持自己的意见,"是让人们用我们提供的方式去享受我们为他们准备好的咖啡。"

"霍华德,听我说,我只是觉得这样做不行。如果我们太注重供应成杯的咖啡,就会成为又一家餐馆或是又一家饮食店。也许这么走每一步都有道理,但到最后,我们就会失掉咖啡之源。"

"但我们会重新找到咖啡之源的!"我争辩道,"这会把更多的顾客带到我们的店里来。"

看着我那么固执,杰瑞在他桌子后面默不作声地坐了几分钟,最后他说："也许我们会再多开一两家浓缩咖啡店。"

"但还可以更多一些，把规模做得更大一些，"我又说，我知道如果我接受了这个让步，这就是我能把公司带到的最远的地方了。

"星巴克不需要做得比那种规模更大，如果你让更多的顾客进进出出，我们就不可能用以前那样的方式来了解他们了。"

"在意大利，咖啡师傅都认识他们的顾客。"我回答。

"再说，我们对于实行这个计划也着实负担不起，我们负债太多了。"他站起来，准备回家去了，可是见我不肯结束谈话，便又强调说："我很抱歉，霍华德，我们不能这么干，你得明白这一点。"

我郁闷了好几个月，被不确定的情形弄得几乎崩溃。我似乎被两种情感撕成了两半：一边是对星巴克的忠诚，一边是对意式浓缩咖啡吧的前景的信心。

我每天的工作很忙，经常在旧金山和西雅图之间飞来飞去协调两个公司的运作，这弄得我心烦意乱，把这个念头暂时丢在一边了。但我不肯完全放弃这个想法。浓缩咖啡吧的事业大有前途，这一点我深信不疑，我不会轻易放弃的。

大约是在一个周末，我跟往常一样到位于闹市区的运动俱乐部去玩球，这回和一个肌肉结实的瘦高个搭档，此人白肤金发，跟我年纪相仿。他比我高一些，是个篮球高手。

比赛结束后，我们聊上了，他说他叫斯考特·格林伯格，是城里一家大公司的律师。知道我的身份后，他告诉我他很喜欢星巴克的咖啡。于是后来每次篮球比赛时我都给他带上一磅咖啡。我们有时会碰头喝上一杯啤酒，在此期间，我发现自己和他竟有相似的遭遇。

斯考特当时是一个法人律师，他的工作是为企业的诸多事务提供咨询服务，从私募资金到公募资金。当我告诉他我正考虑自己独立出来开一家浓缩咖啡馆时,他说他将会很有兴趣投资这样一家店。

在我与斯考特和雪莉的不断交谈中,我越来越意识到我该做什么事了。这是我的时刻,如果我不抓住这个机会,如果我不走出这个舒适的安乐窝去承担风险,如果我把太多的时间花在内耗上,我的时刻就会过去。我明白,如果这次不抓住机会,以后的一生我都会不停地追问自己:如果我做了会怎么样?为什么我没去做?这是我的机会。哪怕做不好,我也得先试一下。

我下决心离开星巴克去创立我自己的公司。我的想法是开几家供应成杯的咖啡和咖啡饮料的店面,选址就在闹市区的交通要道附近。我要重新创造如同意大利那般充满温情的浪漫与有艺术感的气氛。

经过几个月的计划,我最后还是决定要试一试。我内心有深深的挫败感,还好杰瑞和戈登都支持我的想法,他们让我保留自己的工作,直到 1985 年下半年我的办公室完全弄好后,我才搬了出去。

从某些方面来说,离开原来的公司去开自己的公司真是需要莫大的勇气。我下决心走人那当儿,发觉雪莉怀孕了。如果我没有工资收入,我们就得靠她的收入过活,直到我的新公司建立起来并开始运转。她愿意在 1 月份生完孩子后就返回工作岗位,我讨厌这样做,因为我作出这样一个决定,她没得选择,只能回去工作。

可是在某种层面上,我感到自己前半辈子的生命早已对走出这一步有所准备。具有讽刺意味的是,父母双方相悖的价值观对我竟有着同样的教诲。从我老爸身上,我知道丢了工作会导致家庭的不稳定甚至瓦解。而我母亲挂在嘴边的口头禅是:"你有一份好工作,为什么放弃呢?"

问题是，我觉得这个变动与我生命中的梦想完全一致，也符合我最早的向往：即为我自己和家人做些事情，做些独特的事情，把命运掌握在自己手里。那段时间里，失去工作的不安全感，要出人头地的渴望，要永远摆脱父母在苦境中挣扎带给我的影响，各种情绪同时在我的脑海里交织。

我的密友肯尼·基后来对我说了他自己与此相似的一段经历。1980 年时，他在一家小有名气的管乐队任职，有着稳定的工作和收入（那是远在他成为一个著名的萨克斯演奏家之前的事）。但他认识到，如果他想寻找自己的乐风，就必须离开乐队。从音乐的角度考虑，他离开了乐队，并完全按那样做了。如果当初他舍不得离开，现在可能还只是小乐团里的萨克斯乐手而已。

如何识别一个有天赋且已经表现出来的人和一个更有天赋却还没有机会表现出来的人呢？瞧瞧纽约那些列在候补名单上的志向高远的演员们吧，他们许多人也许并不比明星罗伯特·德尼罗或是苏珊·萨兰登缺少天赋。

时运好坏或许是成功与否的要素之一。可我们大多数人必须在别人看不到机会的时候去创造自己的机会，并准备起跳。

这是一件梦想之事，当时机来临之际，你就得作决定离开原来熟悉的环境去发现自我。这就是我在 1985 年做的事。如果我不这么做，星巴克就不会是今天的样子。[①]

【人才发展案例评论及其反思】

麦当劳与肯德基的全球化之后，随后出现星巴克的全球化普及，不仅是资本力量的胜利，更是一种城市青年在焦躁现代生活里对社区融入的渴望。

---

① 感谢天天读书网对星巴克咖啡创始人舒尔茨自传的推广和普及。

在市中心，人群中，喝咖啡本是一种高雅文化，星巴克以恢宏志向传播一直是高品质生活的经典范式。

在星巴克，你可以休息，也可以工作，甚至可以约见朋友，低矮的桌椅，宽敞的空间，无不传递一种简单之美。

尊重人，培育人，关心人，给你一杯咖啡，点亮你的前程，让优秀人才，一起飞翔吧！

参考文献[①]

习近平:《习近平谈治国理政》,第一卷,外文出版社,2014。

习近平:《习近平谈治国理政》,第二卷,外文出版社,2017。

习近平:《习近平谈治国理政》,第三卷,外文出版社,2020。

习近平:《习近平谈治国理政》,第四卷,外文出版社,2022。

吴运铎:《把一切献给党》,中国工人出版社,1983。

季琦:《我的创业非传奇:一辈子的事业》,广东省出版集团图书发行有限公司(广东经济),2011。

[美]舒尔茨、琼斯·扬:《将心注入》,文敏译,浙江人民出版社,2010。

[美]韦尔奇、拜恩:《杰克·韦尔奇自传》,彦博、孙立明、丁浩译,中信出版社,2002。

[美]德鲁克:《卓有成效的管理者》,机械工业出版社,2009。

[美]德鲁克:《巨变时代的管理者》,机械工业出版社,2009。

[美]德鲁克:《管理者的实践》,机械工业出版社,2009。

[美]沃纳、德西蒙:《人力资源开发》,徐芳、董恬斐译,中国人民大学出版社,2009。

[美]斯旺森、霍尔德:《人力资源开发》,王晓晖译,清华大学出版社,2008。

[美]奥斯特罗姆等:《公共服务的制度建构》,上海三联书店,2000。

---

① 本书的写作,参阅了大量的知网论文,在公开发表时,已经标明出处。但此次著作版中,由于交稿在即,对上述大量文献,没有一一标注,敬请读者谅解。如涉及引用到知网的相关论文却没有出注,特此表示歉意。

［美］奥斯特罗姆：《公共事物的治理之道》，上海三联书店，2000。

［美］雷恩：《管理思想史》（第五版），孙建敏、黄小勇、李原译，中国人民大学出版社，2010。

［美］伊万切维奇等：《人力资源管理》，机械工业出版社，2015。

［美］格林、沙皮罗：《理性选择理论的病变：政治学应用批判》，徐湘林、哀瑞军译，广西师范大学出版社，2004。

［美］帕特南：《使民主运转起来：现代意大利的公民传统》，土列、赖海榕译，江西人民出版社，2001。

［美］艾克斯罗德：《对策中的制胜之道：合作的进化》，吴坚中译，上海人民出版社，1996。

［古希腊］亚里士多德：《政治学》，吴寿彭译，商务印书馆，1965 年。

［美］达尔：《现代政治分析》，王沪宁、陈峰译，上海译文出版社，1987。

黄光国：《面子中国人的权力游戏》，中国人民大学出版社，2004。

丁煌：《西方行政学说史》，武汉大学出版社，1999。

唐亚林：《从边缘到中心：当代中国政治体系构建之路》，华东理工大学出版社，2006。

谢晋宇：《人力资源开发概论》，清华大学出版社，2005。

杨河清：《人才开发概论》，中国人事出版社，2014。

费孝通：《江村经济》，商务印书馆，2001。

费孝通：《乡土中国》，中华书局，1998。

于建嵘：《岳村政治》，商务印书馆，2001。

后　记

　　因缘际会,无心插柳,听从好友邹建锋先生(湖州师范学院2003—2010年行政管理系讲师)的建议,把工作以来有关人才的文章、调研报告做一系统性的总结、优化和进一步修缮,形成我职业生涯的一段独特的学术旅途。一开始感觉分量太轻了,但系统优化后,看看,觉得也还行,主要是年近五十却有点迷茫的自己,重读自己的文字竟还能听到心跳的声音,有种回味,有丝微笑,那么,做一次回顾也是好的,也为了更好的出发。所以,不因浅薄而珍藏了。

　　文稿始于2003年入职湖州师范学院后,硕士一毕业就走上工作岗位的视角是自我的、理想的,很多时候是以学生时代自我的感受为基点的,总想着如何解决自己学生时的困难,如何能真正帮助学生。因此,自然而然地在班主任工作现实中关注到了职业生涯规划,想着以大学生职业生涯规划来统领、推动学生学业、心灵和人格的全方位发展,也在工作中有个可用的抓手,因此我对大学生职业生涯的关注是比较早的,是现实需要推动思考的结果,是一个比较愉快的过程,四五年时间写发了四篇相关文章,也参加了学校

《大学生职业生涯规划》课程开发和教研室成立的一些初始工作。后来，在系里任务逐渐加重，关注的视角也转到了专业建设、课程建设，在我自己个体层面考虑的是培养的学生核心能力是什么，于是就有了"问题提出能力"培养的系列思考，发了两篇相关文章，做了一个省课堂教学改革项目。

后在湖州师范学院领导的关心下，相关党组织的积极推荐下，笔者荣幸地在湖州市委组织部挂职了一年多时间，后续也断断续续参与了一些工作，对人才、人才培养的理解进一步加深了，也更多认识、理解了社会现实运作规则和机制，思考对象从学生扩展到了失地农民、城市新居民、特定行业部门人才的成长、适应和能力培养的问题，思维方式也从单一主体、单一方式的创新改革扩展到了政产学研合作育人机制建设上来，看了一些书，也与一些学者进行了相关探讨，但苦于琐事而没能形成较深入的研究，这段时光无疑是快乐的、丰盈的，师生和谐，一片亲切声，同事相敬，欢声笑语。到评副教授时吃到了苦头，很多文章都是工作思考导向的，理论创新性明显不足，理论创新能力几乎没有进步，后面硬是想了几个题目写发了事，但过程痛苦不想写，不想写又不得不写而更加痛苦，好在同仁宽容结果还行。后续，在人才培养、人才政策方面做了些探索，在行政职务、学生教学间也更多的是工作导向、应用导向的，其中也做了几个人才方面任务取向的调查研究。就是我全书的全貌。是无奈、是惭愧、是回首、是展望，敝帚自珍吧，幼稚但真实，初生但锐利，随遇却思考，无力却蓬勃。

也就来到了我评教授的痛苦，痛苦于研究领域的选择，痛苦于研究素养的提升，痛苦于理论创新的突破，痛苦于想给自己一个更好的交代，文集也一定程度上加剧了我的困惑。大多文章都是我工作的反思，基本都是实践性、实用性导向，重视抓手、落地和执行,而在自己以及很多同事的认知中自己是以哲学问题思考为导向、以哲学思维见长的,这个导向、这个思维为何没有落在纸面,倒显现在了言行上? 或许自己哲学根本性思考表面上是祖祖辈辈早已深入骨髓的生存思维、生活方式,随血脉、随群体日常生活早已注满成为人格的底色,生存思维、生活方式是一种悠远的文脉,是群体共存的一种已然选择,一种新文化、新理性的养成需要自身持久的刻意练习,在与传统融合中点滴进步,否则只能是一种意向,落实不到真正的实践中。也或许更重要的是所在组织、所在城市发展脉络在个体成长路上的必经骄傲和痛苦,是所在组织从地方性教学型本科高校向教学研究综合性高校转型发展的必然反映,是所在城市全方位发展下微观个体成长的必然映照。

感谢回顾,见自己见不足;感谢爱人,见支持见鼓励;感谢学校、学院领导、同事,见支持见帮助……心怀感恩,愿自己能迎来自觉的蜕变;愿祖国更加繁荣、人民更加幸福。

是为后记!

吴　坚

2023 年 3 月 23 日书于杭州

图书在版编目(CIP)数据

人才发展的市场与政府互动/吴坚著.—上海:上海三联书
店,2023.6
ISBN 978-7-5426-8155-3

Ⅰ.①人… Ⅱ.①吴… Ⅲ.①人才-发展-研究-中国
Ⅳ.①C964.2

中国国家版本馆 CIP 数据核字(2023)第 115808 号

人才发展的市场与政府互动

著　　者 / 吴　坚

责任编辑 / 郑秀艳
装帧设计 / 一本好书
监　　制 / 姚　军
责任校对 / 王凌霄

出版发行 / 上海三联书店
　　　　　(200030)中国上海市漕溪北路 331 号 A 座 6 楼
邮　　箱 / sdxsanlian@sina.com
邮购电话 / 021-22895540
印　　刷 / 上海普顺印刷包装有限公司

版　　次 / 2023 年 6 月第 1 版
印　　次 / 2023 年 6 月第 1 次印刷
开　　本 / 890mm×1240mm　1/32
字　　数 / 220 千字
印　　张 / 9.25
书　　号 / ISBN 978-7-5426-8155-3/C·633
定　　价 / 55.00 元

敬启读者,如发现本书有印装质量问题,请与印刷厂联系 021-36522998